평양 대동강면 무덤떼의 축조 집단 연구

김영섭 지음

평양 대동강면 무덤떼의 축조 집단 연구

지은이 | 김영섭
펴낸이 | 최병식
펴낸날 | 2024년 7월 15일
펴낸곳 | 주류성출판사 www.juluesung.co.kr
　　　　서울특별시 서초구 강남대로 435 주류성빌딩 15층
　　　　TEL | 02-3481-1024(대표전화) · FAX | 02-3482-0656
　　　　e-mail | juluesung@daum.net

값 22,000원
잘못된 책은 교환해 드립니다.
ISBN 978-89-6246-537-2   93910

평양 대동강면 무덤떼의 축조 집단 연구

김영섭 지음

목차

I
서론

1. 연구 목적

기원전 108년 서한(西漢) 무제(武帝)는 위만조선(衛滿朝鮮)을 멸망시킨 뒤 그 강역(疆域)에 4군(郡)[낙랑군(樂浪郡), 현토군(玄菟郡), 진번군(眞番郡), 임둔군(臨屯郡)]을 설치했다. 기원전 82년 서한 소제(昭帝)는 진번군과 임둔군을 폐지하고 그 소속 현(縣)을 낙랑군과 현토군에 편입했다. 3세기 초 동한(東漢)의 요동태수(遼東太守) 공손강(公孫康)은 낙랑군 남쪽을 나눠 대방군(帶方郡)을 설치했다.

한 4군 설치 지역은 고조선(단군조선)·위만조선의 강역뿐 아니라 고구려·백제의 초기 중심지를 추정할 수 있는 단서를 제공해 한국 고대사에서 중요한 문제로 인식된다. 『삼국사기』「지리지」에 고구려 주몽(朱蒙)이 처음 도읍한 곳인 흘승골성(紇升骨城)이 현토군의 경계라는 기록이 있다.[1] 백제 온

---

[1] 『三國史記』卷第三十七 雜志 第六 地理4 高句麗
『玄菟郡, 距洛陽東北四千里, 所屬三縣, 高句麗是其一焉. 則所謂朱蒙所都紇升骨城

조왕은 처음 위례성(慰禮城)에 도읍했지만, 낙랑군과 계속해서 군사적으로 충돌했기에 도읍을 한성(漢城)으로 옮길 수밖에 없었다.

한 4군의 설치 지역은 낙랑군을 중심으로 추정되고 있다. 낙랑군은 여러 역사책(史書)에 나머지 3군보다 그 설치 지역을 추정할 수 있는 기록이 많이 남아 있기 때문이다. 낙랑군의 설치 지역은 조선 후기의 역사 지리 관련 저술에서 여러 지역으로 추정하기 시작했고, 대일항쟁기를 거쳐 현재까지 이어지고 있다.

이익은 『성호사설(星湖僿說)』에서 조위(曹魏) 관구검(毌丘儉)이 고구려의 환도(丸都)를 공격할 때 현토군에서 나와 낙랑군으로 돌아갔음을 지적하며, 환도는 압록강(鴨綠江) 서쪽에 있었으므로 현토군과 낙랑군은 중국 요녕성(遼寧省) 요하(遼河)의 동쪽에 있었다고 주장한다.[2] 박지원은 『열하일기(熱河日記)』에서 평양(平壤)이 지금의 대동강 지역뿐만 아니라 여러 곳에 있을 수 있다고 주장하며, 낙랑군을 지금의 중국 요녕성 요양(遼陽)으로 추정한다.[3] 한백겸은 『동국지리지(東國地理誌)』에서 지금의 대동강 지역에 기자가 만들었다는 정전(井田)과 기자의 무덤(箕子墓)이 남아 있다고 주장하며,

---

卒本者, 蓋漢玄菟郡之界

2 『星湖僿設』卷三「天地門」朝鮮四郡
漢取朝鮮地爲四郡, 則四郡本屬我東者也, 魏毌丘儉出玄菟侵句麗, 王走沃沮, 魏將追到肅愼南界刻石記功, 又屠丸都, 銘不耐城, 遂自樂浪而退, 丸都者國內城也, 丸都經亂不可復都故, 遂移平壤城, 平壤者王儉城也, 丸都既在鴨綠之西, 而出自玄菟退自樂浪, 則二郡之在遼可知

3 『熱河日記』「渡江錄」二十八日 乙亥
愚以爲箕氏初居永廣之間, 後爲燕將秦開所逐, 失地二千里, 漸東益徙, 如中國晉宋之南渡 所止皆稱平壤, 今我大同江上平壤, 即其一也 … 漢樂浪郡治在遼東者, 非今平壤, 乃遼陽之平壤, 及勝國時, 王氏高麗, 遼東及渤海一境, 盡入契丹, 則謹畫慈, 鐵兩嶺而守之, 並棄先春, 鴨綠而不復顧焉, 而况以外一步地乎, 雖內幷三國, 其境土武力, 遠不及高氏之强大, 後世拘泥之土, 戀慕平壤之舊號, 徒憑中國之史傳 津津隋唐之舊蹟曰, 此浿水也此平壤也已不勝其逕庭, 此城之爲安市爲鳳凰, 惡足辨哉,

낙랑군 지역을 지금의 대동강 지역으로 추정한다.[4] 정약용은 『아방강역고(我邦疆域考)』에서 『한서(漢書)』 지리지(地理志) 낙랑군 항목(條)에 적힌 '패수(浿水)'를 지금의 대동강으로 고증하고, 낙랑군 치소인 조선현(朝鮮縣)이 지금의 대동강 일대에 있었다고 주장한다.[5] 한치윤은 『해동역사(海東繹史)』에서 『수경주(水經注)』을 근거로 하여 『한서』 「지리지」 낙랑군 항목의 '패수'를 지금의 대동강으로 고증하고, 낙랑군 치소인 조선현을 지금의 대동강 일대로 추정한다. 그는 북위(北魏)가 낙랑·대방 등의 군현을 요하 서쪽에 설치한 것은 우리나라와 관련이 없으며, 중국 서책에서 요하 동쪽의 여러 현을 한나라 낙랑군이라고 한 것은 잘못되었다고 주장한다.[6]

정인보는 『사기(史記)』 「조선 열전」의 한이 고조선과 경계로 삼은 '패수(浿水)'는 지금의 중국 요녕성 대릉하(大凌河)로, 『한서』 「지리지」 낙랑군 항목의 '패수(浿水)'는 지금의 중국 요녕성 개주시(盖州市) 남쪽의 어니하(淤泥河)로 각각 고증한다. 그는 낙랑군이 발해(渤海)를 사이에 두고 요동반도(遼東半島)와 중국 하북성(河北省) 난하(灤河)에서 요녕성 대릉하까지 걸쳐 있

---

4 『東國地理誌』
　漢武帝元封三年, 討朝鮮王右渠遂定其地, 以朝鮮縣爲樂浪, 東暆縣爲臨芚, 霅縣郡爲眞番, 沃沮城爲玄菟, 而高句麗爲玄菟屬縣是爲四郡, 朝鮮縣今之平壤, 東暆縣今之江陵, 沃沮城今之咸鏡道, 高句麗今之平安道江邊一帶

5 『我邦疆域考』 「樂浪考」
　鏞案, 樂浪郡治本在朝鮮縣, 縣卽今之平壤也, 浿水者今大同江之沿地也, 黏蟬者今之延安白川地也

6 『海東繹史 續』 卷第四 地理考 四郡
　鏞書謹按, 朝鮮縣卽樂浪郡之治也, 據水經注今平壤府是也, 浿水縣據班志及水經注當在浿水發源處, 浿水卽大同江, 今寧遠縣是也, 含資縣當在帶水上谷之地, 帶水卽臨津江, 今之漣川麻田等之是也, 黏蟬縣據班志當在列水入海處, 而列水卽漢水, 今交河等處是也, 遂成卽遂城, 似在平壤以南, 太康志及通典謂秦長城所起者, 恐未允, … (중략) … 至元魏時, 置樂浪帶方等郡縣於遼西, 此則與我邦無涉矣. … 中國書, 或以遼東諸縣, 爲漢樂浪之地, 誤矣.

었다고 주장한다.[7] 시라토리 구라키치(白鳥庫吉)는 『만주역사지리(滿洲歷史地理)』에서 낙랑군의 설치 지역을 평양 대동강 남쪽 지역으로 확정한다.[8]

이병도는 『한서』 「지리지」 낙랑군 항목의 '패수(浿水)'를 지금의 청천강(淸川江)으로 고증한다. 그는 낙랑군이 청천강의 남쪽 지역인 지금의 평안남도 일대와 황해도 북쪽에 설치되었고, 낙랑군 치소인 조선현은 지금의 대동강 남쪽에 있었다고 주장한다.[9] 윤내현은 고조선의 서쪽 경계가 지금의 하북성 난하 일대였고, 위만조선은 고조선의 계승과 관계없이 고조선 서북 경계에 있었던 국가였다고 주장한다. 그는 『태강지리지』에 나오는 "낙랑군 수성현(遂城縣) 갈석산(碣石山)에서 진(秦) 장성(長城)이 시작된다."라는 기록을 중심으로, 중국의 여러 문헌 자료를 종합해 『태강지리지』의 갈석산을 지금의 하북성 창리현(昌黎縣)에 있는 갈석산으로 고증한다. 그는 갈석산의 위치를 근거로 하여 낙랑군의 설치 지역을 난하의 하류 유역이라고 주장한다.[10] 리지린은 『사기』 「조선 열전」의 한이 고조선과 경계로 삼은 '패수(浿水)'는 지금의 중국 요녕성 대릉하로, 『한서』 「지리지」의 낙랑군 항목의 '패수(浿水)'는 지금의 중국 요녕성 개주시 남쪽의 어니하(淤泥河)로 각각 고증한다. 그는 『삼국지(三國志)』에 인용된 「위략(魏略)」에 나오는 "고조선이 중국 전국(戰國)시대 연(燕)에 동북 2천여 리를 빼앗겼다."라는 기록을 언급하며, 고조선의 서쪽 경계와 고조선을 계승한 위만조선의 서쪽 경계는 모두 대릉하였다

---

7 정인보, 『조선사 연구』; 문성재 역주, 2012, 『조선사연구 上』, 우리역사연구재단, 393-472쪽

8 南滿洲鐵道株式會社 滿鮮歷史地理調查府, 1913, 『滿洲歷史地理』 1卷 「第1篇 漢時代の朝鮮」

9 이병도, 1976, 『韓國古代史硏究』, 「眞番郡考」·「樂浪郡考」·「玄菟郡考」·「臨屯郡考」, 박영사, 102-209쪽.

10 윤내현, 1994, 『고조선 연구』, 「제5장 위만조선·한 4군·창해군」, 일지사, 358-424쪽.

고 주장한다. 그는 낙랑군이 요동반도(遼東半島)를 중심으로 설치되었고, 중국의 문헌 자료에서 고조선의 위치 관련 기록이 지금의 난하 일대로 등장하는 이유는 고조선이 연에 동북 2천여 리를 빼앗기기 전에 그 지역을 점령하고 있었기 때문으로, 후세 역사가가 앞뒤 시기를 고려하지 않고 기록했다고 주장한다.[11]

천관우는 서한시대부터 수(隋)의 중국 통일 전까지 중국 왕조의 동방(東方) 군국(郡國) 구획이 자주 변동되었고, 『위서(魏書)』에 북위가 낙랑군, 현토군 등을 설치했던 기록이 있다고 주장하며, 낙랑군은 설치 초기에 지금의 평양 지역에 있다가 313년 이후 고구려의 압박으로 대릉하 지역으로 교치(僑置) 되었고, 폐지되기 전까지 대릉하와 난하 일대를 오고 갔다고 주장한다.[12] 복기대는 낙랑군이 교치되었다는 천관우 주장에 대해, 313년 낙랑군의 교치 주체인 서진(西晉)은 팔왕의 난·영가의 난으로 멸망에 가까워져 낙랑군에 신경을 쓸 여유가 없었고, 낙랑군이 설치되었다고 주장하는 대동강 지역은 고구려의 안보와 경제면에서 덜 중요한 지역이라는 점을 들어 반론을 제기한다. 그는 낙랑군과 현토군은 처음부터 지금의 하북성 북부 지역에 설치되었고, 313년에 멸망한 것이 아니라 전연·후연시대를 거쳐 북위시대까지 남아 있다가 북위의 어느 시기에 폐지되었다고 주장한다. 그는 전연과 후연의 국가 수명이 짧아 기록을 남기지 못한 것일 뿐이며 북위가 낙랑군과 현토군을 재설치한 것은 아니라고 덧붙였다.[13]

---

11 리지린, 1989, 『고조선 연구』, 「제1장 고조선의 역사 지리」, 사회과학신서 7-북한역사 기획 4, 열사람, 11-96쪽.
12 천관우, 1989, 『古朝鮮史·三韓史研究』, 「灤河下流의 朝鮮- 中國 東方州郡의 置廢 와 관련하여-」, 일조각, 90-135쪽.
13 복기대, 2017, 「한 4군의 인식에 관한 연구 1」, 『몽골학』 49, 한국몽골학회, 49-94쪽.

12   평양 대동강면 무덤떼의 축조 집단 연구

낙랑군의 설치 지역에 관한 주장은 다양하다. 그런데 현재 학계는 일반적으로 낙랑군의 설치 지역을 지금의 평양시 대동강 남쪽으로 인식하고 있다. 그 이유는 대일항쟁기에 발굴·조사한 평양시 대동강면 일대의 대형 흙무덤(封土墳)이 낙

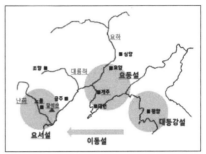
낙랑군의 설치 지역에 관한 주장

랑군과 관련되어 있다고 추정하기 때문이다.

1909년 이 대형 흙무덤들 가운데 처음으로 석암동 고분이 발굴·조사되었다. 조사 결과, 석암동 고분은 벽돌방무덤(塼室墳)이었고, 껴묻거리(副葬品)로 칠기 테두리 장식(漆器金銅釦), 청동 거울(銅鏡), 질그릇 조각(土器片) 등이 출토되었다. 당시 일본 학자들은 석암동 고분의 축조 집단을 고구려(高句麗), 한(漢)의 낙랑군 관리, 한의 낙랑군 호족(豪族) 등으로 추정했다. 그런데 1911년부터 1913년까지 진행한 평양 및 황해도 지역의 고적(古蹟) 조사에서 수집된 유물이 낙랑군과 관련이 있다는 주장이 제기되었고, 이후 석암동 고분을 포함한 이 대형 흙무덤들은 한의 낙랑군 관련 유적으로 확정되었다. 이 대형 흙무덤들은 현재까지 낙랑군이 지금의 대동강 유역에 설치되었음을 뒷받침하는 강력한 고고학 자료로 활용되고 있다.

석암동 고분의 외부 전경[14]

14 朝鮮總督府, 1915, 『朝鮮古蹟圖譜』一, 5쪽, 圖版 24.

그러나 1909년부터 1910년까지 발굴·조사된 이 대형 흙무덤들의 개수는 불과 5기였고, 시기나 축조 집단을 추정할 만한 껴묻거리는 모두 도굴당했다. 그리고 당시는 한반도와 중국의 고대 무덤에 관한 조사나 연구도 거의 없었다. 이렇게 고고학 자료와 연구가 부족한 상황에서 일본 학자들은 역사 기록을 주된 논거(論據)로 해서 이 대형 흙무덤들을 낙랑군과 연결 지었다.

당시의 일본 학자들은 주된 논거로『수경주(水經注)』와『괄지지(括地志)』를 제시했다.

『수경주』는 중국 북위(北魏)의 관리 출신인 역도원(酈道元)이 3세기 무렵에 쓰인 작자 불명의 책인『수경(水經)』에 자신의 주석(注釋)을 단 책이다.『수경』은 하천의 발원지, 경류지(經流地), 합류지, 입해지(入海地) 등을 간단히 적은 책이다.

① 패수는 낙랑 누방현을 나와 동남쪽으로 임패현을 지나고 동쪽으로 바다로 들어간다. 허신에 따르면 패수는 누방을 나와 동쪽으로 바다에 들어간다고 하고, 한편 패수현에서 나온다고 한다. 십삽주지에 패수현은 낙랑 동북쪽에 있고, 누방현은 군 동쪽에 있는데, 대개 그 현 남쪽에서 나와 누방을 지난다고 한다. 옛날에 연나라 사람 위만이 패수 서쪽에서 조선에 이르렀다. 조선은 옛 기자의 나라다. 기자는 의로서 백성을 가르쳤다. 먹는 것과 입는 것을 도탑게 하고, 여덟 가지 법조문을 지키게 하니, 금하는 것을 알고, 마침내 예속이 이루어졌다. 전국시대에 위만이 그 왕이 되어 왕험성에 도읍하였는데, 땅이 사방 수천 리였다. 그 손자 우거에 이르러, 한 무제가 원봉 2년에 누선장군 양복과 좌장군 순체를 보내 우거를 공격했다. 패수에서 우거를 쳐부수고, 마침내 조선을 멸망시켰다. 만약 패수

가 동쪽으로 흐른다면 패수를 건널 까닭이 없다. 그 땅은 지금 고구려가
다스린다. 내가 고구려의 사신을 찾아가 물어보니, 도성(城)은 패수의 북
쪽에 있다고 말했다. 그 물은 서쪽으로 흘러 옛 낙랑 조선현을 지나는데,
즉 낙랑군의 치소이며, 한 무제가 설치한 것이고, (패수가) 서북쪽으로 흐
른다. 옛 지리지에서 말하기 패수는 서쪽으로 증지현에 이르러 바다로 들
어간다고 한다. 또 한이 일어나 조선이 멀어 요동의 옛 요새로 패수에 이
르러 경계로 삼았다. 지금과 옛것을 살펴보니 어긋남이 있으니 『수경』이
잘못되었음을 증명한다.[15]

사료 ①은 『수경주』 가운데 패수(浿水)에 관한 내용이다. 사료 ①의 패수는
『한서』 「지리지」 낙랑군 항목의 패수(浿水)를 가리킨다. 사료 ①에서 『수경』
은 "패수가 낙랑군 누방현(鏤方縣)에서 발원해 임패현(臨浿縣)까지 동남쪽
으로 흐르다가, 임패현에서 동쪽으로 방향을 바꿔 흘러서 바다로 들어갔다."
라고 적고 있으므로, 패수는 대략 남북 방향으로 흐르는 강임을 알 수 있다.
『설문해자(說文解字)』[16]나 『십삼주지(十三州志)』도 패수의 흐름을 대략 남
북 방향으로 적고 있다. 그러나 역도원은 여러 근거 기록을 제시하며 패수가

---

15 『水經注』 卷十四 「浿水」
　　出樂浪鏤方, 東南過臨浿縣, 東入于海. 許愼云浿水出鏤方, 東入, 一曰出浿水縣.
　　十三州志曰, 浿水縣在樂浪東北, 鏤方縣在郡東. 蓋出其縣南逕鏤方也. 昔燕人衛滿
　　自浿水西至朝鮮朝鮮, 故箕子國也. 箕子教民以義, 田織信厚, 約以八法, 而不知禁,
　　遂成禮俗. 戰國時, 滿乃王之, 都王險城, 地方數千里, 至其孫右渠, 漢武帝元封二
　　年, 遣樓船將軍楊僕, 左將軍荀彘討右渠, 破渠于浿水, 遂滅之. 若浿水東流, 無渡浿
　　之理, 其地今高句麗之國治, 余訪番使, 言城在浿水之陽. 其水西流逕故樂浪朝鮮縣,
　　卽樂浪郡治, 漢武帝置, 而西北流古地理志曰浿水西至增地縣入海, 又漢興以朝鮮爲
　　遠循遼東故塞至浿水爲界, 考之今古于事差謬盖經誤證也.
16 허신은 동한시대의 사람으로, 한자 자전(字典)인 『설문해자(說文解字)』를 지었다.

대략 동서 방향으로 흐른다고 말하면서 『수경』 등의 기록이 잘못되었다고 주장한다.

①-1. 고구려 사신은 도성(城) 북쪽에 패수가 있다고 한다.

①-2. 그 물은 서쪽으로 흘러 옛 낙랑 조선현을 지나는데, 즉 낙랑군의 치소이며, 한 무제가 설치한 것이고, (패수가) 서북쪽으로 흐른다.

①-3. 옛 지리지에서 말하기를, 패수는 서쪽으로 증지현에 이르러 바다로 들어간다고 한다.

위 내용은 사료 ①에서 역도원이 자신의 주장에 대한 근거로 제시한 내용을 정리한 것이다.

①-1에서 고구려 사신이 말하는 도성 북쪽 패수가 낙랑군 패수와 같은 하천인지는 확실하지 않다. 패수란 하천 이름은 고유명사가 아닌 일반명사일 가능성이 크다. 그래서 패수란 이름의 하천이 여러 곳에 있을 수 있고, 사람들의 이동 등으로 옮겨 왔을 수 있다. 따라서 ①-1은 근거로 삼기에 부족하다.

①-2는 ①-1에서 자연스럽게 이어지고 있어 고구려 사신이 한 말이라고 생각할 수 있지만, 『수경주』 이전의 역사책에서 비슷한 내용을 찾을 수 있어 고구려 사신의 말이 아니라고 생각한다. 당(唐) 시대의 학자인 장수절(張守節)은 『사기』 「조선 열전」의 내용 가운데 한이 고조선과 경계로 삼은 패수(浿水)[17]에 관해 다음과 같은 주석(注釋)을 달았다. 그는 "「지리지」에서 말하기를, 패수(浿水)는 요동 새외(塞外)에서 나와, 서남으로 낙랑현에 이르고, 서

---

17 한이 고조선과 경계로 삼은 패수와 낙랑군 지역 내의 패수는 같은 하천으로 생각한다. 이에 대한 자세한 내용은 나중에 기술하겠다.

쪽으로 바다에 들어간다."라고 말한다.[18] 장수절이 말한 「지리지」는 『한서』 「지리지」일 가능성이 크다. 하지만 『한서』 「지리지」에서 장수절이 인용한 내용과 일치하는 기록은 찾을 수 없다. 대신에 『한서』 「지리지」의 요동군(遼東郡) 번한(番汗) 기록 가운데 "패수(沛水)는 새외에서 나와 서남으로 바다에 들어간다."라는 내용이 있다.[19]

이 내용을 장수절의 인용 내용과 비교해 보면, 패수를 요동군 번한 기록은 '沛水'로 적고 있지만, 장수절은 '浿水'로 적고 있다. 또 "서남으로 낙랑현에 이른다."라는 내용도 요동군 번한 기록에 없다. 그러나 '沛水'와 '浿水'의 현재 중국어 발음이 'pei'로 같아 기록 과정에서 한자 표기가 달라졌을 가능성이 있다. 그리고 빠진 내용을 제외하면 두 내용은 서로 비슷하다. 이러한 점으로 볼 때 요동군 번한 기록이 당 시대 이후 전해지는 과정에서 그 내용이 달라졌을 가능성이 있을 수 있고, 당 시대 이전은 장수절이 인용한 내용일 가능성이 있다.

①-2와 장수절이 인용한 『한서』 「지리지」 번한 패수(沛水) 관련 내용을 비교해 보면 다음과 같다. 번한 패수 기록은 패수가 요동 새외에서 나와 서남으로 낙랑현에 이른다고 적고 있지만, ①-2는 서쪽으로 흘러 낙랑 조선현을 지난다고 적고 있다. 또 번한 패수 기록은 서쪽으로 바다로 들어간다고 적고 있지만, ①-2는 그런 내용은 없고 서북쪽으로 흐른다는 것만 적고 있다. ①-2

---

18 『史記』 卷一百一十五 朝鮮列傳 第五十五
　　朝鮮王滿者, 故燕人也, 自始全燕時嘗略屬眞番, 朝鮮, 爲置吏, 筑鄣塞, 秦滅燕, 屬遼東外徼, 漢興, 爲其遠難守, 復修遼東故塞, 至浿水[([正義] 地理志云, 浿水出遼東塞外, 西南至樂浪縣西入海. 浿普大反)爲界,

19 『漢書』 卷二十八下 地理志 第八下
　　番汗 [沛水出塞外, 西南入海.]

가 『한서』「지리지」의 번한 패수 기록을 인용한 것이라면, 역도원은 그 내용
가운데 중요한 부분을 임의로 고쳤고, 내용을 축약하거나 없는 내용을 추가
했다.

①-3은 『한서』「지리지」 낙랑군 패수(浿水) 기록 가운데 "물은 서쪽으로
증지에 이르러 바다로 들어간다."라는 내용에서 찾을 수 있다[20]

이처럼 역도원이 『수경』의 패수 기록이 잘못되었음을 주장하기 위해 제시
한 논거 3개 가운데 2개는 논거의 정확성과 신뢰성을 다시 검토해야 한다.
따라서 역도원의 『수경주』 패수 관련 내용은 낙랑군이 한반도 평양시 대동강
일대에 설치되었다는 주장의 논거로 적절하지 않다고 생각한다.

『괄지지』는 당 태종(太宗)의 넷째 아들인 위왕(魏王) 이태(李泰)가 편찬한
지리서(地理書)다.

② 고려는 평양성을 다스렸는데, 본래 한 낙랑군 왕험성으로, 즉 옛 조선이다.[21]

사료 ②는 『괄지지』의 동이(東夷) 기록 가운데 고구려(고려)에 관한 내용이
다. 사료 ②의 평양성(平壤城)은 427년 장수왕(長壽王)이 옮긴 평양성을 가
리킨다.

그러나 위왕 이태는 고구려 평양성 지역을 한의 낙랑군, 왕험성으로 고증
한 구체적인 근거는 적고 있지 않다. 고구려 평양성 지역이 한의 낙랑군 또

---

20 『漢書』卷二十八下 地理志 第八下
　　樂浪郡[武帝元封三年開. 莽曰樂鮮. 屬幽州.], 戶六萬二千八百一十二, 口四十萬
　　六千七百四十八, [有雲鄣], 縣二十五, 朝鮮), 䛁邯, 浿水[水西至增地入海. 莽曰樂鮮亭.]
21 『括地志』卷四「蠻夷」東夷
　　高驪治平壤城, 本漢樂浪郡王儉城, 即古朝鮮也.

는 고조선의 왕험성이라고 적은 기록은 『괄지지』 이전의 역사책에서 찾을 수 없으므로 『괄지지』가 처음이라고 할 수 있다. 그런데도 위왕 이태는 구체적인 근거도 없이 고구려 평양성 지역을 한의 낙랑군 왕험성으로 고증했다. 그리고 그 내용은 어떠한 검증 절차 없이 당 이후 편찬된 중국 역사책에 그대로 답습되었다. 『구당서(舊唐書)』 「동이열전(東夷列傳)」 고려전(高麗傳)은 "고려는 본래 부여의 별종이다. 그 나라는 평양성에 도읍하였으니, 곧 한나라 낙랑군의 옛 땅이다."고 적었고,[22] 『통전(通典)』은 고구려 평양성을 '낙랑군 왕험성(王險城)'이라는 주석을 달았다.[23]

교차 검증할 사료가 없으므로, 사료 ②의 『괄지지』 기록은 낙랑군이 한반도의 평양시 대동강 지역에 설치되었다는 주장의 논거로 적절하지 않다.

그래서 낙랑군이 한반도 평양시 대동강 지역에 설치되었다고 주장하는 연구자들은 다른 역사 기록을 제시하기도 한다.

③-1. 그의 41대 손(孫) 준(準)에 이르러, 연나라(燕) 사람 위만(衛滿)이 망명하여 무리 천여 명을 모아서 와서 준(準)의 땅을 빼앗아 왕검성(王儉城)〔곧 평양부(平壤府)다.〕에 도읍하니, 이것이 위만조선(衛滿朝鮮)이었다. 그 손자 우거(右渠)가 (한의) 조명(詔命)을 잘 받들지 않자, 한 무제(武帝) 원봉(元封) 2년에 장수를 보내어 이를 쳐서, 진번(眞蕃)·임둔(臨屯)·낙랑(樂浪)·현도(玄菟)의 4군(郡)으로 정하여 유주(幽州)에

---

22 『舊唐書』 卷一百九十九上 列傳 第一百四十九上 東夷 高麗
   高麗者, 出自扶餘之別種也. 其國都於平壤城, 卽漢樂浪郡之故地
23 『通典』 卷一百八十六 邊防 二 東夷 下
   其王所居平壤城(卽漢樂浪郡王險城. 自爲慕容皝來伐, 後徙國內城, 移都此城), 亦日長安城,

예속시켰다. … 고구려 장수왕 15년 정미〔유송(劉宋) 태종(太宗) 원가
(元嘉) 4년〕에 국내성(國內城)에서 평양(平壤)으로 도읍을 옮겼다.[24]

③-2. 41대 손 준에 이르러, 연나라 사람 위만이 그 땅을 빼앗아 왕험성(王
險城)에 도읍하고〔險은 儉이라고 한다. 즉 평양〕, 위만조선이라고 했
다. 그 손 우거가 (한의) 조명을 받들지 않자 한 무제가 원봉 2년 장수
를 보내 이를 쳐서 4군으로 정했다. 왕험으로 낙랑군을 삼았다. 고구
려 장수왕 15년 국내성에서 이곳으로 도읍을 옮겼다.[25]

③-3. 41대 손 준에 이르러, 연나라 사람 위만이 망명했을 때 준의 땅을 빼앗
아 왕험성에 도읍하고, 위만조선이라고 했다. 그 손 우거가 (한의) 조
명을 받들지 않자 한 무제가 원봉 2년 장군을 보내 이를 쳐서, 4군으로
정했다. 왕험으로 낙랑군을 삼았다. 고구려 장수왕 15년 국내성에서
이곳으로 도읍을 옮겼다.[26]

---

24 『朝鮮王朝實錄』「世宗實錄」地理志 平安道 平壤府
   逮四十一代孫準, 來奪準地, 都于王險城, 〔卽平壤府.〕 是爲衛滿朝鮮. 其孫右渠不肯
   奉詔, 漢武帝, 元封二年, 遣將討之, 定爲眞蕃, 臨屯, 樂浪, 玄菟四郡, 隷于幽州. …
   高句麗長壽王十五年丁未, 〔劉宋太宗元嘉四年.〕 自國內城移都平壤.
25 『新增東國輿地勝覽』卷五十一 平安道 平壤府
   至四十一代孫準, 燕人衛滿奪其地, 都于王險城, 〔險一作儉, 卽平壤〕 是爲衛滿朝鮮.
   其孫右渠不肯奉詔, 漢武帝, 元封二年, 遣將討之, 定爲四郡, 以王險爲樂浪郡, 高句
   麗長壽王十五年, 自國內城徙都之.
26 『輿地圖書』平安道 平壤
   時有燕人衛滿亡命, 來奪準地, 都于王儉城, 是爲衛滿朝鮮. 其孫右渠不肯奉詔, 漢
   武帝元封二年, 遣將討之, 定爲四郡, 以王儉城爲樂浪郡. 高句麗長壽王十五年, 自
   國內城徙都之.

사료 ③은 조선시대의 대표 지리서인 『조선왕조실록』「세종실록 지리지」·
『신증동국여지승람(新增東國輿地勝覽)』·『여지도서(輿地圖書)』의 '평양부
(平壤府)' 관련 기록이다. 조선시대의 평양부는 지금의 평양시 일대다. 위의
책 모두 조선 평양부 지역이 위만조선의 왕험성·한의 낙랑군·고구려 장수왕
시대의 평양성이었다고 적혀 있다.

그 근거를 찾아보면 앞에서 든 『수경주』·『괄지지』로, 조선시대의 지리서들
도 이 두 책의 내용을 어떠한 검증도 하지 않고 그대로 답습했다. 그리고 고
구려 평양성 지역이 조선시대의 평양부 지역이라는 구체적 근거는 없고, 단
지 지역 이름이 가진 유사성뿐이다. 고구려 평양성과 조선 평양부의 한자 표
기가 '평양(平壤)'으로 같으므로 두 지역이 같은 지역이라고 고증했다.

그러나 앞에서 지적했듯이 『수경주』, 『괄지지』의 기록은 근거로 삼기에 적
절하지 않고, 단지 지역 이름이 같다고 해서 모두 같은 지역이라고 말할 수
없다.

한의 낙랑군이 한반도 평양시 지역에 있었다는 주장의 근거가 되는 역사 기
록들은 그 내용의 정확성과 신뢰성이 부족하다고 말할 수 있다. 그렇다면 역
도원과 위왕 이태가 그런 주장을 한 목적이 무엇인지 생각해 볼 필요가 있다.

④ 고려는 본래 기자(箕子)가 봉해진 땅으로, 한(漢)과 진(晉)이 모두 군현(郡
縣)으로 삼았는데, 지금은 마침내 신하 노릇을 하지 않고, 따로 이역(異
域)이 되었습니다. 선제(先帝)께서 이를 정벌하려고 한 지도 오래 지났으
나 다만 ‥양량(楊諒)이 불초하여 군사들이 출정하였다가 공을 세우지
못했습니다. 폐하의 시대를 맞이하여 어째 취하지 않을 수 있으며 관대
(冠帶) 경계를 드디어 만맥(蠻貊)의 고향이 되도록 하겠습니까. 지금 그들

의 사자가 친히 계민(啓民)이 왕화(王化)를 좇고 있는 것을 보았으니, 그
들이 두려워하는 것을 이용하고 위협하여 들어와서 조현하게 하소서[27].

사료 ④는 수(隋)의 황문시랑(黃門侍郎)인 배구(裵矩)가 고구려 정벌의 정
당성을 주장하는 내용이다. 배구가 주장한 고구려 정벌의 정당성 논리는 "고
구려는 진·한시대 군현의 설치 지역이므로 회복해야 하는 옛 땅(故土)"이라
는 것이다. 수 양제(煬帝)는 배구의 주장을 받아들여 세 차례에 걸쳐 고구려
정벌을 단행했다.[28]

고구려는 건국 후부터 발해 연안 지역을 두고 중국 중원국가나 초원 유목
종족과 갈등하였다. 결국 고구려는 246년 관구검과 342년 전연의 공격으로
심각한 피해를 보았지만, 계속해서 발해 연안 지역 방면으로의 진출을 시도
했다. 475년 고구려 장수왕은 도성을 지금의 요양시 일대로 추정되는 평양
성으로[29] 옮기면서 발해 연안 지역 방면으로의 진출을 가속화했다. 그래서 5
세기 이후 중원 왕조와 초원 유목 왕조는 고구려와 심각한 갈등 관계에 놓이
게 되었고, 고구려 정벌을 고민할 수밖에 없었다. 그렇지만 이 왕조들은 고구
려 정벌을 정당화할 논리를 찾을 수 없었다.

사료 ④에서 배구가 고구려 평양성이 과거 진·한의 군현 지역이었다고 하
고 고구려 공격을 주장하는 것은 이러한 역사적 배경 때문이다. 그래서 고구

---

27 『資治通鑑』卷一百八十一 隋紀五 煬帝 大業六年
　　黃門侍郎裵矩說帝曰, 高麗本箕子所封之地, 漢晉皆爲郡縣, 令乃不臣, 別爲異域.
　　先帝欲征之久矣, 但楊諒不肖, 師出無功. 當陛下之時, 安可不取, 使冠帶之境, 遂爲
　　蠻貊之鄕乎, 今其使者親見啓民擧國從化, 可因其恐懼, 脅使入朝.
28 김수진, 2008, 「수(隋), 당(唐)의 고구려(高句麗) 실지론(失地論)과 그 배경-대고구려전
　　(對高句麗戰) 명분의 한 측면-」, 『韓國史論』54, 서울대학교 국사학과, 53-119쪽.
29 인하대학교 고조선연구소, 『고구려의 평양과 그 여운』 연구총서 2, 주류성출판사, 2017.

려의 평양성이 과거 진·한의 군현 지역이라는 배구의 주장은 역사 연구 결과나 근거 있는 주장이 아니라 정치적 주장이라고 말할 수 있다.

역도원과 위왕 이태의 주장도 배구의 주장과 마찬가지로 정치적 주장이라고 말할 수 있다. 북위와 당은 모두 발해 연안 지역을 두고 고구려와 갈등 하던 나라였기 때문이다. 사료 ①에서 역도원이 『수경주』 패수 기록에 고구려 사신의 말을 인용하면서 당시 고구려 도성인 평양성 북쪽에 패수가 있다고 적은 것은 그 패수가 낙랑군 패수인 점을 강조해 고구려의 평양성 지역이 과거 한의 낙랑군 지역임을 말하고 싶었기 때문이라고 생각한다. 역도원이 낙랑군 패수 흐름 방향을 동서로 흐르는 강으로 주장하는 이유도 평양성 북쪽의 패수가 동서로 흘렀기 때문이라고 생각할 수 있다. 위왕 이태는 직접적으로 고구려 평양성이 낙랑군의 왕험성 지역이었다고 적고 있다.

이처럼 한반도 평양시 지역에 낙랑군이 설치되었다는 주장의 근거가 되는 역사 기록은 정확성과 신뢰성에 문제가 있을 뿐 아니라 역사 연구가 아닌 정치적 주장이라고 생각한다.

고고학 조사나 연구도 평양시 지역에 낙랑군이 있었다는 주장과 일치하지 않는다.

1932년 평양역 선로 주변에 쓰레기장을 건설하는 과정에서 벽돌방무덤 1 기가 발견되어 조선총독부는 발굴·조사를 했다. 발굴·조사를 한 결과, '영화 9년(永和 九年)'이란 기년명(紀年銘)이 새겨진 벽돌(博)이 출토되었다. 영화 9년은 동진(東晉) 목제(穆帝)시대인 353년에 해당한다. 이 벽돌방무덤은 그때까지 발굴·조사한 평양시 대동강면 지역 벽돌방무덤의 구조나 껴묻거리와 비슷한 모습을 보였다. 평양역 고분의 발굴·조사로 평양시 대동강면 지역의 대형 흙무덤의 예상 축조 시기가 4세기 후반으로 밀려났다.

평양시 대동강면 지역 대형 흙무덤의 축조 집단을 낙랑군이라고 주장한 연구자들은 "낙랑군은 기원전 108년에 처음 설치된 후 317년에 고구려 공격으로 멸망했다."라고 주장한다. 그렇다면 평양시 대동강면 지역의 대형 흙무덤은 4세기 초반 이후에 축조될 수 없다. 그런데 1932년 평양역 무덤은 낙랑군이 멸망했다고 하는 317년 이후에 축조되었으므로 이들의 주장에 어긋난다.

주경미는 한의 하사품(下賜品)으로 생각된 석암리 제9호 무덤의 금제 띠쇠(鉸具)와 같은 금은 제품(金銀製品)이 교역품(交易品)이었다고 주장한다. 그는 석암리 제9호 무덤의 금제 띠쇠를 포함해서 다른 여러 무덤에 출토된 금은 제품이 흉노(匈奴) 무덤에서 출토된 금은 제품의 제작 수법·형태·무늬 등과 비슷하다는 점을 발견했다. 따라서 그는 평양시 대동강면 대형 흙무덤에서 출토된 다양한 금은 제품은 한의 황실이나 조정에서 낙랑군 관리에게 하사한 것이 아니라 흉노와 낙랑군 사이의 교역품이었다고 주장한다.[30] 하사품이 아니라 교역품이라는 점은 동의하지만, 한의 변경 군현에 불과한 낙랑군이 흉노와 직접 교역했을 가능성은 매우 작다고 생각한다. 그래서 흉노와 교역할 정도의 조직력, 경제력, 군사력을 가진 다른 집단이 이 대동강 대형 흙무덤을 축조했을 것으로 생각한다.

평양시 대동강면 지역 대형 흙무덤의 축조 집단이 낙랑군이라는 주장이 있지만, 이 주장을 뒷받침할 문헌 자료와 고고학 자료가 부족하다. 그런데도 한

---

30 주경미, 2011, 「몽골 출토 흉노시대 금속공예품 연구」, 『新羅文化』 37, 동국대학교 신라문화연구소, 179-219쪽.
　　주경미, 2014, 「낙랑출토 금제 교구와 중앙아시아」, 『중앙아시아연구』 18, 중앙아시아학회, 113-139쪽.
　　주경미, 2015, 「낙랑 고분 출토 금은제 공예품의 연구」, 『한국전통문화연구』 15, 한국전통문화대학교 한국전통문화연구소, 261-308쪽.

국을 포함한 현재 동북아시아의 역사학계는 지금의 대동강 지역을 낙랑군의 설치 지역으로 주장하며, 대동강 지역을 포함하는 한반도 북부 지역의 기원전 1세기부터 4세기까지의 역사적 상황에 관한 연구를 전혀 하지 않고 있다.

본 글은 평양시 대동강면 대형 흙무덤의 축조 집단이 낙랑군과 관련이 없음을 관련된 고고학 자료와 문헌 자료를 종합해 밝히고, 새롭게 이 대형 흙무덤의 축조 집단을 추정하여 고대 한반도 북부 지역의 역사적 상황을 조금이나마 밝혀내고자 한다.

2. 연구 대상 및 연구 방법

1) 연구 대상

본 글의 연구 대상은 평양 대동강 남쪽 언덕과 평지에 있는 대형 흙무덤과 황해도 북부 지역에 있는 벽돌방무덤으로 한다. 연구 대상 가운데 대형 흙무덤은 대일항쟁기에 주로 평양시 대동군(大同郡) 대동강면(大同江面) 석암리(石巖里)·정백리(貞栢里)·오야리(梧野里)·남정리(南井里)에 남아 있었다. 이 지역의 지형은 오봉산(五峰山) 동쪽 끝에서 동북 방향으로 거의 평행한 2개의 긴 능선이 뻗어 있고, 그 사이는 기다란 평지지대로 되어 있다.[31] 연구 대상 가운데 황해도 북부 지역에 있는 벽돌방무덤은 황해도 용강군(龍岡郡)·은파군(銀波郡)·봉산군(鳳山郡)에 주로 남아 있었다. 이 벽돌방무덤들은 대방군(帶方郡)과 관련 있는 것으로 추정한다.

---

31 신용민, 1999, 『漢代 木槨墓 研究』, 박사학위논문, 동아대학교 대학원, 172쪽.

연구 대상의 총칭은 '평양 대
동강면 무덤떼(古墳群)'로 한다.
현재 이 무덤들은 그 축조 집단
으로 추정하는 낙랑군의 무덤이
라는 의미로 '낙랑 무덤'으로 불
린다. 그러나 이 명칭은 '유적지
가 있는 지역의 이름'과 '유적지

평양 대동강면 무덤떼의 분포 범위(대동강 남쪽)[32]

종류'를 합쳐 유적지 이름으로 하는 일반적인 유적지 명명(命名) 방식과 맞지
않으므로 본 글은 사용하지 않겠다. 평양 대동강면 무덤떼의 개별 무덤 명칭
은 그 무덤의 소재지와 무덤의 일련번호를 넣어 '○○리 제○○호 무덤'으로
한다.

평양 대동강면 무덤떼에 관한 고고학 자료는 1909년부터 1945년까지 진
행한 발굴·조사에 대한 보고서의 내용으로 한다. 평양 대동강면 무덤떼의 발
굴·조사는 광복 후 현재까지 북한이 계속해서 진행해 왔다. 그러나 1916년
발굴·조사를 할 때 조사 무덤에서 칠기, 청동 거울, 금은 제품 등 값비싼 껴묻
거리가 출토되자, 이 껴묻거리들에 관한 관심과 수집 열기가 뜨거워졌다. 그
러자 1920년대부터 도굴당한 평양 대동강면 무덤이 점차 늘어났고, 도굴로
자세한 무덤 구조와 껴묻거리 상황을 알 수 없게 되었다. 광복 후 북한이 발
굴·조사한 평양 대동강면 무덤떼 대다수가 이러한 도굴 피해를 보았다고 알
려져 있다. 그리고 평양 대동강면 무덤떼를 발굴·조사한 북한 발굴조사단의
전문성이 떨어지고, 학문 영역에 정치적 영향이 크게 미치므로 그 발굴·조사

---

32 朝鮮總督府, 1919, 『古蹟特別調査報告』 第1冊, 69쪽.

내용을 모두 믿기 어렵다. 그래서 광복 후 북한이 발굴·조사한 내용은 본 글에서 평양 대동강면 무덤떼에 관한 고고학 자료에서 제외하기로 한다.

　1909년부터 1945년까지 발굴·조사된 평양 대동강면 무덤 가운데 발굴조사보고서가 간행되어 그 무덤 구조와 껴묻거리를 알 수 있는 무덤은 총 60기이며, 간행된 발굴조사보고서는 총 17권이다. 발굴조사보고서는 발굴·조사가 끝난 뒤 간행되었지만, 여러 가지 이유로 광복 후 일본이나 한국에서 간행되기도 했다. 다음 표는 본 글의 조사 대상 무덤과 그 발굴조사보고서를 정리한 것이다.[33]

▶ **조사 대상 무덤 및 발굴조사보고서**

조사일시	조사 대상	발굴조사보고서
1909	석암동 고분	朝鮮總督府, 1915, 『朝鮮古蹟圖譜』一 朝鮮總督府, 1927, 『古蹟調査特別報告』第四冊
	대동강면 고분 갑	
	대동강면 고분 을	
	대동강면 고분 동	
	대동강면 고분 서	
1913	오야리 무덤	朝鮮總督府, 1927, 『古蹟調査特別報告』第四冊
1916	정백리 제1호 무덤	朝鮮總督府, 1927, 『古蹟調査特別報告』第四冊
	정백리 제2호 무덤	
	정백리 제3호 무덤	
	정백리 제4호 무덤	
	정백리 제5호 무덤	
	석암리 제6호 무덤	
	석암리 제7호 무덤	
	석암리 제8호 무덤	
	석암리 제9호 무덤	
	석암리 제10호 무덤	
	갈성리 갑분	
	갈현리 고분	

---

33 중앙문화재연구원, 2014, 『낙랑고고학 개론』, 진인진, 18-22쪽.

조사일시	조사 대상	발굴조사보고서
1917	봉산 태봉리 제1호 무덤	朝鮮總督府, 1920,『大正六年度古蹟調査報告』.
	송산리 제1호 무덤	
	입봉리 제9호 무덤	
	유정리 제3호 무덤	
	양동리 제3호 무덤	朝鮮總督府, 1920,『大正六年度古蹟調査報告』.
	양동리 제5호 무덤	국립중앙박물관, 2001,『鳳山 養洞里 塼室墓』日帝强占期資料調査報告 2.
1924	석암리 제200호 무덤	樂浪漢墓刊行會, 1974,『樂浪漢墓第1冊 -大正十三年度發掘調査報告書』.
	석암리 제194호 무덤	
	석암리 제20호 무덤	
	석암리 제52호 무덤	
1925	석암리 제205호 무덤	東京帝國大學 文學部, 1931,『樂浪』.
1930	오야리 제18호 무덤	朝鮮總督府, 1935,『昭和五年度古蹟調査報告』第一冊.
	오야리 제19호 무덤	
	오야리 제20호 무덤	
1931	오야리 제21호 무덤	
1931	석암리 제201호 무덤	朝鮮古蹟研究會, 1934,『古蹟調査報告 第一 -樂浪彩篋塚-』.
	석암리 제260호 무덤	
	남정리 제116호 무덤	
1932	정백리 제127호 무덤	朝鮮古蹟研究會, 1935,『古蹟調査報告 第二-樂浪王光墓-』.
	남정리 제119호 무덤	
	평양역 고분	朝鮮總督府, 1932,『昭和七年度古蹟調査報告』第一冊.
1933	정백리 제8호 무덤	朝鮮古蹟研究會, 1934,『昭和八年度古蹟調査報告』.
	정백리 제13호 무덤	국립중앙박물관, 2002,『平壤貞柏里8·13號墓』.
	정백리 제17호 무덤	朝鮮古蹟研究會, 1934,『昭和八年度古蹟調査報告』.
	정백리 제59호 무덤	樂浪漢墓刊行會, 1975,『樂浪漢墓第2冊 -石巖里第二一九号墓發掘調査報告』.
	정백리 제122호 무덤	
	정백리 제227호 무덤	
	정백리 제219호 무덤	
	정백리 제221호 무덤	
1934	장진리 제45호 무덤	朝鮮古蹟研究會, 1935,『昭和九年度古蹟調査報告』.
	정백리 제19호 무덤	
	장진리 제30호 무덤	
	석암리 제212호 무덤	

조사일시	조사 대상	발굴조사보고서
1935	석암리 제225호 무덤	朝鮮古蹟研究會, 1936, 『昭和十年度古蹟調査報告』.
	석암리 제257호 무덤	
	정백리 제4호 무덤	
	남정리 제53호 무덤	
	도제리 제50호 무덤	
1937	오야리 제25호 무덤	朝鮮古蹟研究會, 1938, 『昭和十二年度古蹟調査報告』.
1942	석암리 제219호 무덤	樂浪漢墓刊行會, 1974, 『樂浪漢墓第2冊』.
1943	석암리 제218호 무덤	유네스코동아시아문화연구센터, 2003, 『朝鮮古蹟研究會 遺稿 Ⅲ』.
	정백리 제24호 무덤	

평양 대동강면 무덤떼와 관련된 고고학 자료의 시기를 1909년부터 1945
년까지로 한정하더라도, 위의 표에서 볼 수 있는 것처럼 대동강면의 전 지역
에 걸쳐 발굴·조사가 진행되었고 무덤 개수가 60기로 충분하므로 평양 대동
강면 무덤떼의 축조 집단을 밝히는 데 문제가 없다고 생각한다.

2) 연구 방법

본 글의 목적은 평양 대동강면 무덤떼의 축조 집단이 한 4군의 낙랑군이
아니라는 것과, 새롭게 평양 대동강면 무덤떼의 축조 집단을 추정해 한반도
북부 지역의 기원전 1세기부터 4세기까지의 역사적 상황을 밝히는 데 있다.
이를 위해 다음 몇 가지 점에 유의하며 연구를 진행하도록 하겠다.[34]

첫째로, 역사 시기에 해당하는 고고학 자료의 분석과 해석은 해당 시기의
문헌 자료 연구 결과를 바탕으로 해야 한다. 선사(先史)시대와 역사시대의 구
분은 문자, 부호 등으로 적힌 문헌 자료가 남아 있는가이다. 선사시대에 해당

---

34 인하대학교 대학원 융합고고학과 복기대 교수의 강의 자료와 출판 예정인 도서 내용
중에서 일부를 참고해 작성했습니다.

하는 고고학 자료의 경우, 기록의 부재로 그 자료의 분석과 해석은 오직 그 자료를 바탕으로 할 수밖에 없다. 그러나 역사시대에 해당하는 고고학 자료는 문헌 자료가 남아 있으므로 그 자료의 분석과 해석은 문헌 자료에 우선 기초해야 한다. 문헌 자료를 무시한 역사 시기 고고학 자료의 분석과 해석은 역사적 실체에서 멀어지게 한다.

둘째로, 역사 연구에 활용되는 모든 자료는 신뢰성을 갖추고 있어야 한다. 역사 연구 방법의 하나로, 문헌 자료를 역사 연구의 근거로 활용하기 전에 '사료 비판'을 통해 해당 문헌 자료가 신빙성을 가지는지 확인하는 과정이 있다. '사료 비판'이란 해당 문헌 자료가 자위적(自爲的)인지, 무의식적 착오나 오인(誤認)에 의한 것인지 등을 확인하는 것을 말한다. 특히 1차 문헌 자료를 근거로 하여 다시 기록한 2차 문헌 자료인 경우, 근거로 제시된 1차 문헌 자료의 출전(出典)을 반드시 확인하고, 해당 원문과 비교·검토해야 한다. 2차 문헌 자료의 작성자가 본인 생각, 시대 상황, 외부 압력 등으로 1차 문헌 자료를 왜곡·조작 등을 할 가능성이 있기 때문이다.

고고학 자료를 역사 연구의 근거로 활용하기 전에도, 문헌 자료와 마찬가지로 해당 고고학 자료의 출처가 분명한지 확인해야 할 뿐만 아니라, 해당 고고학 자료가 해당 시기의 역사적 상황, 기술, 문화 등과 적합한지도 확인해야 한다. 일본 아마추어 고고학자인 후지무라 신이치(藤村新一)는 1981년 일본 미야기현(宮城縣)에서 4만 년 전의 구석기 유물을 발견한 후 이보다 더 오래된 구석기 유물을 계속 찾아내면서 일본의 구석기시대가 기존 3만 년 전에서 70만 년 전까지로 거슬러 올라가게 하는 데 중요한 역할을 했다. 그러나 후지무라가 발견한 구석기 유물이 주변 구석기 유물과 다르고, 당시 기술이나 문화 수준과 동떨어진 점 등이 계속 제기되었다. 결국 2000년 언론사 취재로 후지무라의 유물 조작이 확인되었고, 조사 결과 후지무라가 약 20년 동안 162곳의 구석기 유물을 조작했다는 사실이 드러났다. 이러한 유물 조작 사건은 세계 고고학계에서 지속적으로 발생해 왔다. 그 이유로 학자 개인의 욕심, 고고학계의 경쟁심과 우월감도 들 수 있지만, 더 근본적인 이유는 해당 고고학 자료에 대한 검증을 소홀히 했다는 점이다. 고고학 자료도 반드시 문헌 자료의 '사료 비판'과 같은 과정을 통해 해당 고고학 자료의 신뢰성을 갖추어야 한다.

셋째로, 문헌 자료의 내용을 그대로 역사 사실로 받아들여서는 안 된다. 문헌 자료는 시대 상황, 기록자 개인 입장 등에 영향을 받을 수밖에 없다. 그래서 문헌 자료의 내용은 기록 시기의 상황, 기록자 개인의 가치관이나 사회 위치 등을 고려해 그 문헌 자료 이면(裏面)에 숨겨진 의도나 목적이 없는지 자세히 살펴봐야 한다. 청일전쟁이 끝난 후 1895년 청과 일본 사이에 체결된 시모노세키 조약의 첫 번째 조항은 "청은 조선이 완전무결한 자주 독립국임을 확인하며, 일본과 대등한 국가임을 인정한다."이다. 일부 일본과 한국의 역사학자는 이 조항을 근거로 하여 일본은 조선을 청의 지배에서 벗어나게 하려는 의도 외에 조선을 침략할 의도가 있지 않았다고 주장하기도 한다. 그러나 일본은 이 조항을 통해 청나라가 조선에 미치는 영향력을 모두 없애고, 조선과 대륙을 침략하기 위한 정치적 장치를 마련하려는 의도를 가지고 있었다. 문헌 자료 이면에 숨겨져 있는 목적이나 의도를 파악하지 못한다면, 역사적 사실에 다가가지 못할 수 있다.

넷째로, 고고학 연구는 보편성(普遍性)에 근거한다. 고고학 연구에서 지역이나 시대 사이의 유적과 유물을 비교할 때 그 지역과 시대에서 보편적이고 정형화된 유적이나 유물을 가지고 연구해야 한다. 예를 들어 고려시대와 조선시대의 자기(磁器)를 비교한다면, 고려시대의 청자와 조선시대의 백자를 비교 대상으로 할 것이다. 청자와 백자는 각각 고려시대와 조선시대의 가장 보편적 자기로, 각 시대를 대표하고 있기 때문이다. 만약 특수성(特殊性)에 근거해 고고학 연구에서 지역이나 시대 사이의 유적과 유물을 비교한다면, 그 지역이나 시대 일부만 가지고 전체를 판단하는 잘못을 저지르게 될 것이다.

다섯째로, 고고학 자료의 해석과 분석에서 사람, 동물, 수레, 배 등으로 운반할 수 있는 유물의 경우, 그 유물의 성격은 교역품으로 봐야 한다. 현재 특정 지역에서 생산된 물건은 그 지역뿐 아니라 전 세계의 각 지역에서 동시에 사용된다. 한국에서 생산된 삼성전자 휴대전화가 한국뿐만 아니라 전 세계의 여러 나라에서 동시에 사용되고 있다는 점이 그러한 사례라고 할 수 있다. 과거에도 현재처럼 지구 정반대 쪽에 있는 지역까지는 아니지만, 지리적으로 가까운 지역과 활발하게 교역했다. 그래서 지리적으로 가까운 지역에서 공통된 유물이 출토되거나 비슷한 문화가 나타나기도 한다. 이러한 점을 무시하고 고고학 자료의 해석과 분석을 시도한다면, 공통된 유물이나 비슷한 문화가 나타나는 지역 전체를 모두 하나의 문화권역이나 정치권역으로 생각하는 잘못을 저지르게 된다.

여섯째로, 지명(地名)은 이동하거나 변화할 수 있고, 같은 이름의 지명이 여러 지역에 있을 수 있다. 대표적 예로, 평양(平壤)을 들 수 있다. '평양(平壤)'이라고 하면, 지금의 대동강 지역만을 생각한다. 그러나 '평양'이란 지명은 지금의 대동강 지역만이 아니라 과거부터 현재까지 여러 지역에 있을 수 있고, 과거의 평양이라고 불렸던 지역이 현재 전혀 다른 이름으로 불릴 수도 있다. 또 '평양'이라는 지명이 사람이나 집단의 이동, 행정 구획의 변동, 자연재해 등으로 여러 지역으로 이동했을 수도 있다. 일부 연구자는 이러한 점을 고려하지 않고, 지금의 대동강 지역에 '평양'이란 지명이 남아 있다는 이유로 사서에 등장하는 모든 '평양'을 지금의 대동강 지역으로 추정하고 있다.

일곱째로, 과거 행정권역을 고증하는 중요한 단서는 자연 지형물이다. 과거부터 현재까지 행정권역을 나누는 기준은 산, 하천 등의 자연 지형물이었다. 특히 산은 변동되지 않고 누구나 쉽게 알아볼 수 있으므로 행정권역의 첫 번째 기준으로 삼았다. 그러므로 과거 행정권역을 고증하는 데 산을 첫 번째, 하천을 두 번째 단서로 해야 한다.

3. 평양시 대동강면 무덤떼의 발굴·조사

1909년 대한제국의 요청으로 세키노 다다시(關野貞), 야스이 세이이치(谷井濟一), 구리야마 슌이치(栗山俊一)는 전국에 걸쳐 고건축을 조사하고 있었다. 그들이 개성(開城)과 공주(公州) 지역의 고건축 조사를 마치고 평양에 왔을 때 평양일보(平壤日報) 사주(社主)인 시라카와 쇼지(白川正治)는 그들에게 대동강 남쪽 기슭인 대동강면 지역에 많은 수의 무덤이 있다고 말했다. 세키노 일행은 도관찰사(道觀察使) 이진호(李軫鎬)·철도관리국장 오기 히토시(小城齊), 철도국 기사(技師) 이마이즈 시게마쯔(今泉茂松) 등의 협조를 받아 무덤을 시험 발굴하기로 했다. 같은 해 10월 14일 대동강면 석암동(石巖洞)의 무덤 1기를 시험 발굴했지만, 도굴된 흔적이 있어 조사를 중단했다. 다음 날 다시 다른 석암동의 무덤 2기를 발굴했지만, 덧널(槨)에 이르지 못하고 어떤 껴묻거리도 발견하지 못하자 발굴·조사를 중단했다. 이 무덤 2기는 나중에 나무덧널무덤(木槨墳)으로 밝혀졌다. 다시 그들은 석암동 주변의 무덤 1기를 발굴해 벽돌방무덤(塼室墳)의 사각뿔대 모양 천장을 발견했고, 벽돌로 쌓은 널방(玄室)까지 이르게 되었다. 그러나 그들은 고건축 조사 일정 때문에 철도국 기사인 이마이즈에게 나머지 발굴을 맡기고 떠났다. 10월 31일, 평양으로 다시 돌아온 그들은 이마이즈가 발굴한 무덤 구조와 껴묻거리를 확인했다. 이 무덤은 이후 '석암동 고분(石巖洞古墳)'으로 불리게 되었다.

석암동 고분은 널길(羨道), 앞방(前室), 뒷방(後室)으로 이루어진 벽돌방무덤으로, 청동 거울, 질그릇, 무기, 장신구 등이 출토되었다.[35]

석암동 고분을 대리 조사한 이마이즈는 석암동 고분의 발굴·조사를 마친 후 부근에 있던 무덤 1기를 더 발굴했다. 이 무덤은 이후에 '대동강면 고분(갑)[大同江面古墳(甲)]'

석암동 고분에서 출토된 껴묻거리[36]

으로 불리게 되었다. 대동강면 고분(갑)은 널길·널방으로 이루어진 벽돌방무덤으로, 널방에서 1단 높게 벽돌로 만든 널 받침대(棺臺)가 발견되었다. 껴묻거리로 칠반 금동 테두리(漆盤金銅釦)·이형(異形) 금동 테두리가 출토되었다.[37]

1909년 석암동 고분과 대동강면 고분(갑)의 발굴·조사로, 처음 평양시 대

---

35 朝鮮總督府, 1915, 『朝鮮古蹟圖譜 一』.
　　朝鮮總督府, 1927, 『古蹟調査特別報告』 第四冊, 49-55쪽.
36 朝鮮總督府, 1915, 『朝鮮古蹟圖譜 一』. 12쪽.
37 朝鮮總督府, 1915, 『朝鮮古蹟圖譜 一』.
　　朝鮮總督府, 1927, 『古蹟調査特別報告』 第四冊, 49-55쪽.

동강면 지역에 벽돌방무덤이 있다
는 사실이 알려지게 되었다. 그러
나 1909년 세키노 일행의 발굴·조
사는 계획된 것이 아니라 즉흥적이
었고 학술이 아니라 값비싼 껴묻거
리를 찾는 게 목적이었기 때문에,
무덤 구조나 껴묻거리 배치 현황
등에 전혀 관심을 두지 않았다.

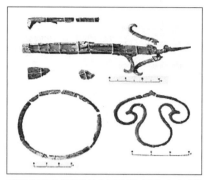

대동강면 고분(갑)에서 출토된 칠기테두리 장식[38]

　세키노 일행이 석암동 고분과 대동강면 고분(갑)을 발굴·조사하고 한 달
뒤, 도쿄제국대학의 하기노 요시유키(萩野由之)도 대동강면 지역의 대형 흙
무덤을 발굴·조사했다. 하기노는 1909년 황해도 성천군(成川郡)에서 자료
를 수집한 후 황해도 강동군(江東郡)에서 '황제릉'이라 불리는 무덤을 조사
하려고 했지만, 추위 때문에 평양으로 돌아와 있었다. 그는 세키노 일행의
발굴·조사 소식을 전해 듣고, 발굴조사단을 조직해 대동강면에 있는 대형 흙
무덤 1기를 발굴·조사했다. 이 무덤은 이후에 '대동강면 고분(을)[大同江面
古墳(乙)]'으로 불리게 되었다. 대동강면 고분(을)은 널길·널방으로 이루어
진 벽돌방무덤으로, 껴묻거리로 질그릇, 철제품, 가락지(指環), 청동 거울,
금제 테두리 장식(金製覆輪) 등이 출토되었다.[39] 발굴·조사한 후 껴묻거리
는 정리, 수선 등의 이유로 도쿄제국대학 문과대학 열품실(列品室)으로 옮겨
져 보관되었지만, 1923년 9월 간토 대지진으로 불에 타서 없어져 현재는 전

---

38 朝鮮總督府, 1915, 『朝鮮古蹟圖譜 一』. 14쪽.
39 朝鮮總督府, 1915, 『朝鮮古蹟圖譜 一』.
　　朝鮮總督府, 1927, 『古蹟調査特別報告』 第四冊, 49-55쪽.

해지지 않는다.

1913년 10월 대동강면 오야리(梧野里) 한성광업회사(漢城鑛業會社) 발전소 대지에서 굴뚝 기초공사를 하던 중에 지표(地表) 아래 약 3.33m 인 곳에서 우연히 나무덧널(木槨) 같은 것을 발견했고, 발굴·조사가 진행되었다. 발굴·조사한 결과 이 오야리 무덤은 나무덧널무덤으로 확

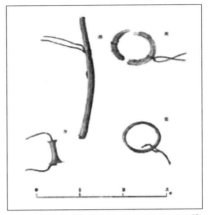

대동강면 고분(을)에서 출토된 귀걸이(耳輪) [40]

인되었다. 발굴·조사한 후 오야리 무덤의 나무덧널·나무널(木棺)·껴묻거리는 평안남도 도청(道廳)으로 옮겨 보관했고, 같은 해 12월 세키노 등이 이것을 확인했다. 오야리 무덤의 껴묻거리로 질그릇·도끼머리(斧頭)·동완(銅鋺)이 있다. [41]

오야리 고분에서 출토된 널재(棺材) [42]

40 朝鮮總督府, 1915, 『朝鮮古蹟圖譜 一』. 23쪽.
41 朝鮮總督府, 1927, 『古蹟調査特別報告』第四冊, 49-55쪽.
42 朝鮮總督府, 1915, 『朝鮮古蹟圖譜 一』. 29쪽.

1913년까지 발굴·조사된 평양 대동강면 지역의 무덤은 모두 벽돌방무덤이었는데, 1913년 오야리 무덤이 발견됨으로써 처음 평양 대동강면 지역에 나무덧널무덤이 있다는 사실이 알려지게 되었다.

1916년 7월 조선총독부는 '고적 및 유물 보존규칙(古蹟及遺物保存規則)'을 제정·발표했다. 이 규칙에 따라 조선총독부 자문기관인 중추원(中樞院)에 고적조사위원회(古蹟調査委員會)를 설치했고, 이 위원회에서 유적과 유물 조사 및 보존에 관한 사항을 심의했다. 고적조사위원회는 5년에 걸친 고적조사계획(古蹟調査計劃)을 세우고, 각 시기의 정치 중심 지역을 조사하기로 했다. 평양시와 그 주변 지역은 낙랑군과 고구려 시대의 정치 중심 지역으로 선택되었다.

고적조사위원회는 1916년 1차 연도 고적 조사 계획에 따라 평양 대동강면 지역의 대형 흙무덤을 발굴·조사했다. 발굴조사단은 조선총독부 고적조사위원회 위원인 세키노, 다니이, 오바 스네키치(小場恒吉)를 중심으로, 조선총독부 고적조사위원회 촉탁인 구리야마, 노모리 켄(野守健), 조선총독부 기수(技手)인 오가와 게이키치(小川敬吉)로 구성됐다.

발굴조사단은 1916년 9월 22일 평양에 도착해, 23일 대동강면 후정백동(後貞柏洞) 서쪽에서 소석암동(小石巖洞) 남쪽으로 연달아 뻗은 작은 언덕 위에 있는 무덤 10기를 발굴·조사하기로 했다. 후정백동 서쪽부터 제1호에서 제10호까지 무덤 번호가 붙여졌다.[43] 당시 행정 구역으로 제1호 무덤부터 제5호 무덤은 정백리(貞栢里)에 속했고, 제6호 무덤부터 제10호 무덤은 석

---

43 무덤 번호는 1916년 이후 발굴·조사된 무덤이 늘어나면서 수정되었다. 정백리 제4호·제5호는 정백리 제151호·제153호로, 석암리 제7호·제8호·제10호는 석암리 제99호·제120호·제253호로 수정되었다. 본 논문은 수정하기 전의 무덤 번호를 사용한다.

암리(石巖里)에 속했다. 발굴·조사는 9월 24일부터 10월 23일까지 약 1개월 동안 진행되었고, 10월 24일부터 껴묻거리를 정리한 뒤, 28일 발굴·조사를 종료했다.

발굴·조사를 한 결과, 정백리 제2호·제3호와 석암리 제6호·제9호는 나무덧널무덤으로, 정백리 제1호·제4호·제5호와 석암리 제7호·제8호·제10호는 벽돌방무덤으로 밝혀졌다. 껴묻거리로 나무덧널무덤은 주로 금동 테두리 칠반(金銅釦漆盤), 칠이배(漆耳杯), 칠완(漆盌), 칠함(漆函), 칠안(漆案) 등의 다양한 칠기가 출토되었고, 벽돌방무덤은 주로 도호(陶壺), 도완(陶碗), 도옹(陶瓮) 등의 질그릇(土器)이 출토되었다. 특히 석암리 제9호 무덤은 칠기를 포함해 청동용기(青銅用器), 철도끼(鐵斧)·유격모(有格矛) 등과 같은 무기류, 금동 재갈(金銅轡)·금동 말머리꾸미개(金銅馬面) 등과 같은 말갖춤(馬具類), 함(玲)·충이(充耳)·비새(鼻塞)·안옥(眼玉)·새간(塞杆)·벽(璧) 등과 같은 옥기류(玉器類) 등 다양하고 화려한 껴묻거

석암동 제9호 무덤의 외부 전경[44]

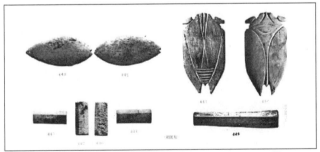

석암리 제9호 무덤에서 출토된 함, 충이, 비새, 안옥, 새간[45]

정백리 제8호 무덤의 외부 전경[46]

석암리 제8호 무덤에서 출토된
용도 불명의 도제품(陶製品)[47]

리가 출토되었다. 특히 석암리 제9호 무덤의 껴묻거리 가운데 정교한 세금
세공(細金細工)의 황금 허리띠쇠(鉸具)가 가장 큰 관심을 끌었다.[48]

1916년 발굴·조사는 학술 조사 목적으로 계획되어 1909년 발굴·조사와
다르게 발굴·조사 일정과 유적을 상세하게 기록했고, 고가의 유리건판 사진
기로 유적을 촬영했다. 또 전문 건축기사가 측량과 실측을 해서 처음으로 상
세한 무덤의 평면도와 단면도를 남겼다. 그리고 1913년 오야리 무덤으로 대
동강면 지역에 나무덧널무덤이 있다는 점이 알려졌지만, 1916년 발굴·조사
를 통해 평양 대동강면 무덤떼의 무덤 유형이 나무덧널무덤과 벽돌방무덤이
라는 것이 확실히 입증되었다.

고적조사위원회는 1917년 2차 연도 고적 조사 계획의 대상으로 황해도 봉
산군 지역의 고적(古蹟)을 선택했다. 발굴·조사의 총괄은 고적조사위원회의
위원인 야스이가 맡았다. 발굴·조사의 대상으로 봉산 태봉리(胎封里) 제1호
무덤, 송산리(松山里) 제1호 무덤, 입봉리(立峯里) 제9호 무덤, 유정리(柳亭

---

44 朝鮮總督府, 1925, 『古蹟調査特別報告』第四冊 圖版 上策, 18쪽.
45 朝鮮總督府, 1925, 『古蹟調査特別報告』第四冊 圖版 上策, 65쪽.
46 朝鮮總督府, 1925, 『古蹟調査特別報告』第四冊 圖版 下策, 168쪽.
47 朝鮮總督府, 1925, 『古蹟調査特別報告』第四冊 圖版 下策, 171쪽.
48 朝鮮總督府, 1927, 『古蹟調査特別報告』第四冊

里) 제3호 무덤, 양동리(養洞里) 제3호, 제5호 무덤을 선정했다. 1917년 발굴·조사의 대상 가운데 봉산 태봉리 제1호 무덤은 1911년 발굴·조사에서 '使君帶方太守 張撫夷塼(사군대방태수 장무이전)'이 새겨진 명문 벽돌(銘文塼)이 발견된 무덤이다. 1911년은 평양 대동강면 무덤떼의 축조 집단이 낙랑군으로 확정되어 가는 시기였다. 당시 봉산 태봉리 제1호 무덤의 명문 벽돌을 근거로 하여, 황해도 북부 지역이 3세기 초 공손강이 낙랑군 남쪽에 설치한 대방군(帶方郡) 지역으로 추정되었다. 그런데 당시 촉박한 조사 일정 때문에 발굴·조사를 제대로 할 수 없어 추정을 뒷받침할 추가 자료를 얻지 못했다. 1917년 발굴·조사는 이 봉산 태봉리 제1호 무덤을 포함한 황해도 지역 무덤에서 구체적인 추가 자료를 얻고자 했다. 발굴·조사 내용은 1917년 약보고서(略報告書)로 출간되어, 최근까지 자세한 무덤 구조나 껴묻거리를 알 수 없었다. 2001년 국립중앙박물관이 양동리 제3호·제5호 무덤의 발굴·조사 자료와 사진을 정리해 발굴조사보고서를 간행하면서 일부이지만 무덤의 구조나 껴묻거리를 자세히 알 수 있게 되었다.[49]

발굴·조사한 결과, 입봉리 제9호 무덤과 유정리 제3호 무덤은 나무덧널무덤으로, 봉산 태봉리 제1호 무덤, 송산리 제1호 무덤, 양동리 제3호·제5호 무덤은 벽돌방무덤으로 밝혀졌다. 1911년 발굴·조사와 마찬가지로 봉산 태봉리 제1호 무덤에서 '使君帶方太守 張撫夷塼'을 포함해 비슷한 명문이 있는 명문 벽돌이 발견되면서 봉산 태봉리 제1호 무덤의 주인은 대방군 태수인 장무이(張撫夷)로 밝혀졌다. 나머지 무덤들은 봉산 태봉리 제1호 무덤을 따라 대방군에 거주한 한인(漢人)의 무덤으로 추정되었다. 그리고 봉산 태봉리

---

49 국립중앙박물관, 2001, 『鳳山 養洞里 塼室墓』日帝强占期資料調査報告 2.

제1호 무덤을 근거로 해서 그 근처에 있는 토성(土城)인 '지탑리토성(智塔里土城)'을 대방군 치소(治所)로 추정했다. 주된 껴묻거리로 양동리 제3호와 제5호 무덤에서 출토된 칠기, 청동 거울 조각, 질그릇, 토제 명기(土製明器), 장신구 등이 있다.[50]

황해도 봉산군 '지탑리토성'의 동북부 전경[51] 황해도 봉산군 태봉리 제1호 무덤의 외부 전경[52]

그런데 조선총독부 고적조사계획은 1917년 이후 예산 부족 등의 이유로 중단되어 계획된 발굴·조사는 진행될 수 없었다.

한편, 1916년 발굴·조사한 석암리 제9호 무덤에서 화려하고 값비싼 껴묻거리가 출토되자, 평양 대동강면 무덤떼의 껴묻거리에 관한 관심과 수집 열기가 뜨거워지기 시작했다. 이에 껴묻거리를 얻기 위해 평양 대동강면 무덤떼가 공공연하게 도굴당했다. 그러나 평안남도청 같은 관리 당국은 도굴을 엄중하게 단속하지 않아 관립학교 선생이 대낮에 무덤을 파고 껴묻거리를 꺼낸 일도 있었다.[53] 당시 평양 대동강면 무덤떼 도굴의 피해와 정도는 1925년

50 朝鮮總督府, 1920, 『大正六年度古蹟調査報告』.
　　국립중앙박물관, 2001, 『鳳山 養洞里 塼室墓』 日帝强占期資料調査報告 2.
51 朝鮮總督府, 1920, 『大正六年度古蹟調査報告』, 581쪽.
52 朝鮮總督府, 1920, 『大正六年度古蹟調査報告』, 581쪽.
53 황수영, 2014, 『일제기 문화재 피해자료』, 국외소재문화재재단, 84-89쪽.

조선총독부가 작성한 '평양 대동강면 무덤떼의 무덤 분포도'에서 자세히 알 수 있다. 이때 대동강면 지역에서 총 1,259기의 대형 흙무덤을 확인했는데, 이 가운데 발굴·조사된 무덤은 16기에 불과하고, 도굴된 무덤은 1,100기에 달한 것으로 조사되었다.[54] 이처럼 평양 대동강면 무덤떼에 관한 도굴이 성행하면서 몇 년 안에 무덤이 모두 없어질 것이라는 여러 전문가의 지적이 계속되자, 평양부(平壤府)는 평양 대동강면 무덤떼의 보호를 전담하는 경찰관을 배치하는 등 보호 조치를 했다.

　1924년 평양부의회(平壤府議會)는 평양부 예산에서 평양 대동강면 무덤떼의 발굴·조사 비용으로 2,000엔(円)을 지출할 것을 결의하고, 조사원의 파견을 조선총독부에 요청했다. 당시 평양 거주 일본인 사이에서 제기된 평양 대동강면 무덤떼의 껴묻거리를 전시하는 박물관을 설립하자는 의견과 평양 대동강면 무덤떼를 관광자원으로 활용하려는 평양부의 의도가 더해진 결과였다. 조선총독부는 고적조사위원회와 상의한 결과, 발굴·조사를 허락하고 발굴조사단을 파견했다.

　발굴조사단의 총괄은 조선총독부 박물관의 감찰관이자 고적조사위원회의 위원인 후지타 료사쿠(藤田亮策)가 맡았고, 발굴·조사는 고적조사위원회의 고적 조사원인 오바 쓰네키치(小場恒吉)·고이즈미 아키오(小泉顯夫)와 조선총독부 박물관의 후지타 세에죠(藤田整助)가 담당했다. 발굴·조사는 1924년 10월 10일에 시작되어, 12월 초순(初旬)까지 약 2개 동안 진행되었다. 1924년 발굴·조사 때는 도굴하기가 쉬운 벽돌방무덤 대신 도굴이 어려운 나무덧널무덤을 발굴·조사하기로 했다. 발굴조사단은 1916년 조사 때 우수한

---

54 朝鮮總督府, 1927, 『古蹟調査特別報告』第四冊, 46-47쪽, 樂浪郡古墳現狀調査表.

껴묻거리가 출토된 석암리 제9호 무덤과 가까이 있는 석암리 제200호 무덤, 석암리 제200호 무덤에서 동북쪽으로 가까운 거리에 있는 석암리 제194호 무덤, 석암리와 정백리의 경계를 이루는 언덕 위에 있는 석암리 제20호·제52호 무덤을 발굴·조사의 대상으로 선정했다.

1924년 발굴은 그 대상을 나무덧널무덤으로 한정해 나무덧널무덤의 구조, 매장(埋葬) 방식, 껴묻거리 배치 현황 등을 자세히 조사했다.

발굴 결과 껴묻거리로 칠기, 질그릇, 청동기, 청동 거울, 말갖춤, 수레갖춤(車輿具), 환(丸)·절구(臼)·도자(刀子)·심엽형(心葉形) 등의 모양을 한 옥기류, 열대 바다거북인 대모(瑇瑁)의 등껍질(甲)로 만든 비녀(釵)·얼레빗(梳) 등이 출토되었다. 특히 석암리 제200호와 제194호 무덤에서 칠기가 이전 발굴·조사 때와 다르게 거의 완전한 형태로 출토되어 칠기의 유형·제작 수법·무늬 등을 자세히 알 수 있었다. 그리고 석암리 제194호 무덤에서 기년(紀年)이 있는 칠기도 출토되었다. 칠기에 새겨진 기년은 '元始', '始元',

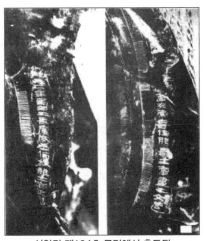

석암리 제194호 무덤에서 출토된
'元始' 명 칠이배[55]

석암리 제200호 무덤에서 출토된 구리 재갈[56]

---

55 樂浪漢墓刊行會, 1974, 『樂浪漢墓第1冊-大正十三年度發掘調査報告書』, 圖版 27.

'永始', '陽朔'으로, 서한(西漢) 말기인 기원전 1세기대에 해당하는 것들이다. 이 기념명 칠기에 따라 석암리 제194호 무덤 축조의 예상 축조 시기는 기원전 1세기대 이후로 추정되었다.[57]

1925년 도쿄제국대학 교수인 쿠로이타(黑板)와 무라카와(村川)는 평양 대동강면 무덤떼에 관한 도굴의 성행으로 무덤이 심하게 훼손되고 무덤의 학술 가치가 떨어지는 것에 위기의식을 느껴, 평양 대동강면 무덤떼의 발굴·조사를 계획했다. 그들은 도쿄제국대학 사학회(史學會) 사업으로 조선총독부에 발굴·조사를 신청했고, 호소카와(細川) 후작(侯爵) 가문의 후원으로 발굴·조사 비용을 마련했다. 조선총독부는 앞으로 민간학술단체가 영리(營利)를 목적으로 평양 대동강면 무덤떼의 발굴·조사를 신청하는 것을 방지하기 위해 사학회가 아니라 도쿄제국대학 문학부(文學部) 사업으로 발굴·조사를 허가했다. 발굴조사단의 총괄은 도쿄제국대학 문학부 고고학연구실의 하라다(原田)가 맡았고, 발굴·조사는 문학부 소속의 인원들이 담당했다. 문학부 소속 인원 외에 평양 대동강면 무덤떼의 발굴·조사에 대한 경험이 많았던 조선총독부 박물관원인 고이즈미 아키오도 참가했다.

1925년 도쿄제국대학 문학부의 발굴·조사는 1925년 10월부터 12월 초순까지 약 2개월 동안 진행했고, 평양 항공 부대에 요청해 발굴·조사한 무덤과 그 주변 지형을 항공촬영하기도 했다. 발굴조사단은 발굴·조사의 대상을 석암리와 정백리에 걸쳐서 뻗어 있는 언덕에 있는 무덤 3기로 선정했다. 선정 이유는 이 언덕을 중심으로 다수의 무덤이 집중적으로 위치하고, 1916년 화려한 껴묻거리가 출토된 제9호 무덤과 '王平'·'五王宜日'이란 명문 벽돌로

---

56 樂浪漢墓刊行會, 1974, 『樂浪漢墓第1冊-大正十三年度發掘調査報告書』, 圖版 77-2.
57 樂浪漢墓刊行會, 1974, 『樂浪漢墓第1冊-大正十三年度發掘調査報告書』.

쌓은 석암리 제10호 무덤이 서북쪽에 작은 길을 두고 있었기 때문이다. 그런데 선정한 무덤 중에서 2기는 결빙(結氷)으로 발굴·조사를 하는 데 어려움을 겪었다. 발굴조사단은 나머지 무덤 1기를 집중적으로 발굴·조사해야 한다고 판단하고, 무덤 1기만 발굴·조사하기로 했다. 발굴조사단은 발굴·조사한 무덤 1기에 '석암리 제205호 무덤'이라는 무덤 번호를 부여했는데, 발굴·조사를 할 때 '王旰'가 새겨진 나무 도장(木印)이 출토되어 '왕우묘(王旰墓)'라고도 불리게 되었다.[58]

발굴·조사한 결과, 석암리 제205호 무덤은 중심덧널(主槨)과 딸린덧널(副槨)로 이루어진 나무덧널무덤으로 밝혀졌다. 이러한 석암리 제205호 무덤의 구조는 그때까지 발견된 적이 없던 독특한 구조였다. 석암리 제205호 무덤의 구조는 모두 세 차례에 걸쳐 변경되었을 것으로 추정되고 있다. 자세한 구조 변경 과정은 뒤에서 설명하기로 한다. 석암리 제205호 무덤은 나무덧널 사방을 점토로 에워싸서 나무덧널 안으로 빗물이나 지하수가 침투하는 것을

석암리 제205호 무덤의 주변 지형(항공사진)[59]   석암리 제205호 무덤의 나무덧널 노출 시의 항공사진[60]

58 東京帝國大學 文學部, 1931, 『樂浪』.
59 유네스코동아시아문화연구센터, 2003, 『朝鮮古蹟研究會 遺稿 Ⅲ』, 圖版 第1, 109쪽.
60 유네스코동아시아문화연구센터, 2003, 『朝鮮古蹟研究會 遺稿 Ⅲ』, 圖版 第5, 113쪽.

막았다는 점도 확인했다. 석암리 제205호 무덤은 중심덧널에 3기, 딸린덧널에 1기의 나무널(木棺)가 있었는데, 모두 완서한 형태로 남아 있었다. 나무널은 못 대신 맞춤 및 이음 방식을 사용해 붙인 나무판으로 만들어졌고, 나무판의 맞춤

석암리 제205호 무덤에서 출토된
나무덧널 및 나무널[61]

과 이음 틈에 생옻칠(生漆)을 하여 더욱 단단하게 했다.

꺼묻거리로 칠기, 질그릇, 무기, 청동 거울, 호박(琥珀)·석탄(石炭)·수정(水晶) 등의 장신구, 대모빗, 대모갑(瑇瑁匣) 덮개 등이 출토되었다. 칠기는 구름무늬(雲紋) 등 다양한 무늬가 새겨져 있고, 칠반과 대모갑 덮개에는 화상(畫像)이 남아 있었다. 화상은 황(黃)·갈(褐)·주(朱)·자(紫)·흑(黑) 등의 채칠(彩漆)로 그린 인물상 등이다. 또 '建武'·'永平'의 기년이 새겨진 칠기도 출토되었다. 이 기년명들은 동한(東漢) 초기인 1세기 후반에 해당한다. 이 기년명 칠기에 따라 석암리 제205호 무덤 축조의 예상 축조 시기는 1세기 후반 이후로 추정되었다.

석암리 제205호 무덤에서 가장 중요한 꺼묻거리는 중심덧널의 중심널(主棺) 안에서 출토된 나무 도장이다. 이 나무 도장은 양면 도장으로, 한 면은 '五官掾王肝印'을, 다른 한 면은 '王肝印信'을 오목새김(陰刻) 했다. 이 나무 도장에 따라 석암리 제205호 무덤의 주인공들은 '왕우(王肝)'와 그 가족으로 추정되었다. 이 나무 도장에 따르면, 왕우는 생전에 오관연(五官掾)이란 관직

---

61 東京帝國大學 文學部, 1931, 『樂浪』, 圖版 10.

을 지냈다고 하는데, 오관연은 태수
의 명을 받아 군현의 실무를 담당하
는 관직으로 알려져 있다. 그래서 평
양 대동강면 무덤떼의 축조 집단을
낙랑군에 거주한 한인 호족(豪族)
으로 추정하기도 한다.[62]

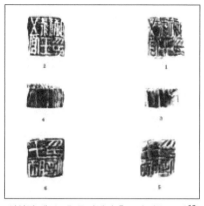

이 1925년 도쿄제국대학 문학부
의 석암리 제205호 무덤 발굴·조사
를 통해서 새로운 나무덧널무덤의

석암리 제205호 무덤에서 출토된 나무 도장[63]

구조가 밝혀졌고, 낙랑군 한인 호족의 실체에 관한 연구가 진행되었다. 그리
고 나무덧널무덤의 축조 시기도 서한 말기에서 동한 초기로 넓혀지게 되었다.

석암리 제205호 무덤에서 출토된
'永平 十二年' 명 칠반[64]

석암리 제205호 무덤에서 출토된
대모소갑(玳瑁小匣) 덮개 화상(畫像)[65]

---

62 東京帝國大學 文學部, 1931, 『樂浪』.
   田澤金吾, 1926, 「東京帝國大學文學部の樂浪古墳發掘(上)」, 『史學雜誌』第37編 第1
   號, 史學會, 55-63쪽.
   田澤金吾, 1926, 「東大文學部の樂浪古墳發掘(中)」, 『史學雜誌』第37編 第2號, 史學
   會, 148-164쪽.
   田澤金吾, 1926, 「東大文學部の樂浪古墳發掘(下)」, 『史學雜誌』第37編 第3號, 史學
   會, 261-271쪽.
63 東京帝國大學 文學部, 1931, 『樂浪』, 圖版 117.

1920년대 평양 대동강면 무덤떼에 관한 발굴·조사는 1924년 평양부가 의뢰한 조선총독부 조사와 1925년 도쿄제국대학 문학부가 진행한 조사뿐이다. 1923년 간토 대지진으로 긴축재정과 행정 정리가 시작되었기 때문이었다.

1930년대 초반은 도굴의 성행으로 구제(救濟) 발굴·조사를 중심으로 발굴·조사가 이루어졌다.

1930년 11월 대동강면 오야리에 있는 콘 프로덕션(コーン・プロダクション) 회사의 사택 기초공사를 하던 중에 우연히 나무덧널무덤 1기가 발견되었다. 그런데 공사 인부 등이 밤중에 몰래 덧널 각재와 널판(棺材)을 제거하고 껴묻거리를 훔쳐 달아났다. 평양부 도서관장 겸 박물관장인 하리가이 리헤이(針替理平)가 이 일을 평양경찰서와 조선총독부에 보고했다. 평양경찰서는 수사를 통해 껴묻거리의 대부분을 되찾았고, 조선총독부는 소속 촉탁인 노모리와 카야모토(榧本)을 보내 조사했다. 이 무덤은 오야리 제18호 무덤이란 일련번호가 부여됐다. 같은 해 12월 대동강면 선교리 경찰관 파출소에 무덤 2기를 발견했다는 신고가 들어왔다. 평안남도청 학무과장(學務課長)인 사이토 이와쿠라(齋藤岩藏)가 이 일을 조선총독부에 보고했다. 조선총독부는 노모리와 카야모토를 보내 조사했다. 이 무덤들은 각각 오야리 제19호 무덤과 제20호 무덤이란 일련번호가 부여됐다. 1931년 7월 선교리 경찰관 파출소에 다시 무덤 1기를 발견했다는 신고가 들어왔다. 평안남도 경찰부장 안영등(安永登)이 이 일을 조선총독부 경무국장(警務局長) 이케다 키요(池田淸)에게 보고했다. 조선총독부는 노모리와 칸다(神田)를 보내 조사했다. 이 무덤은 오야리 제21호 무덤이란 일련번호가 부여됐다. 1931년 오야리 제21호 무덤

---

64 東京帝國大學 文學部, 1931, 『樂浪』, 圖版 56.
65 東京帝國大學 文學部, 1931, 『樂浪』, 圖版 105.

을 발굴·조사하다가 우연히 근처에서 도굴당한 흔적이 있는 무덤 2기를 발견했다. 이 무덤들은 각각 오야리 제22호 무덤과 제23호 무덤이란 일련번호가 부여됐다. 또 1931년 오야리 제21호 무덤을 발굴·조사하다가 오야리에서 토성리로 가는 도로 주변에서 무덤 1기를 발견했고, 오야리 제24호 무덤이란 일련번호가 부여됐다.

대동강면 오야리 지역의 무덤은 북쪽으로 대동강과 접하고, 평양시 거리가 내려다보이는 높은 언덕과 그 주변에 있었다. 1925년 조선총독부가 평양 대동강면 무덤떼를 조사할 때 오야리에 무덤 17기가 있었던 것으로 알려졌지만, 1930년과 1931년의 발굴·조사로 오야리의 지하에 더 많은 무덤이 남아 있을 것으로 추정되었다.

1930년과 1931년 발견된 오야리 무덤 7기 중 오야리 제18호·제19호·제20호·제21호 무덤 4기만 발굴·조사되었고, 오야리 제22호·제23호·제24호 무덤은 덧널 유형만 확인하고 구체적인 발굴·조사는 하지 않았다. 발굴·조사한 결과, 오야리 제18호·제19호·제20호·제21호·제23호·제24호는 나무덧널무덤으로, 오야리 제22호 무덤은 벽돌방무덤으로 밝혀졌다. 오야리 제20호·제24호 무덤을 제외한 나머지 무덤에서 도굴당한 흔적을 발견했다.

오야리 제20호 무덤은 하나의 흙무지(封土) 안에 독립된 나무덧널 3개가 동서 방향으로 나란히 축조되어 있었다. 오야리 제20호 무덤의 구조는 이전에 발견된 적이 없던 독특한 것이었다. 오야리 제20호 무덤의 나무덧널 3개는 모두 같은 구조였고, 각 나무덧널에 나무널 1개가 안치되어 있었다. 오야리 제20호 무덤은 평양시 대동강 지역의 일곽단장(一槨單葬) 형식의 나무덧널무덤을 계승한 것으로 추정되었고, 평양 대동강면 나무덧널무덤 가운데 이른 시기에 해당한다고 추정했다. 껴묻거리는 무덤 대부분이 도굴을 당해 남

오야리 제20호 무덤의 나무덧널 모습[66]　　　오야리 제19호 무덤에서 출토된 목마(木馬)[67]

아 있는 것이 거의 없었다. 특징적으로 오야리 제20호 무덤의 세 번째 나무 덧널에서 마노(瑪瑙), 호박, 수정, 대모 등으로 만든 주판알(算盤), 대롱(筒形), 절구, 대추(棗) 등 다양한 모양의 옥기류가 많이 출토되었다. 그리고 오야리 제19호 무덤에서 나무로 만든 인물과 말이 출토되었는데, 명기(明器) 가운데 하나로 추정되었다.[68]

1931년 도쿄제국대학 교수인 쿠로이타는 1920년대 재정 긴축 등으로 조선총독부의 고적 조사 사업이 축소됨에 따라 고적의 파괴와 도굴이 성행하므로 이에 조선 문화를 보존하려는 것을 목적으로 조선고적연구회(朝鮮古跡研究會)의 설립을 제안했다.[69] 1931년 8월 조선고적연구회는 조선총독부의 최종 승낙을 받아 정식으로 설립되었다. 조선고적연구회의 회장은 조선총독부 정무총감(政務總監)이 맡았고, 조선총독부 관료와 민간 학자가 회원으로 참가했다. 발굴·조사 비용은 이왕직박물관(李王職博物館), 이와자키(岩崎) 남

66 朝鮮總督府, 1935, 『昭和五年度古蹟調査報告』第一冊, 圖版 第96-1
67 朝鮮總督府, 1935, 『昭和五年度古蹟調査報告』第一冊, 圖版 第83.
68 朝鮮總督府, 1935, 『昭和五年度古蹟調査報告』第一冊.
69 황수영, 2014, 『일제기 문화재 피해자료』, 국외소재문화재재단, 40-41쪽.

작 등의 기부금 등으로 마련했다. 조선고적연구회는 주로 신라·가야의 유적과 평양 대동강면 무덤떼를 발굴·조사하기로 하고, 이를 위해 경주와 평양에 각각 연구소를 설립해 연구소를 중심으로 발굴·조사를 하기로 했다.

1931년 조선고적연구회는 처음으로 평양 대동강면 무덤떼를 발굴·조사했다. 1931년 발굴·조사는 평양연구소의 임시 연구원인 고이즈미와 사와 슌이치(澤俊一)가 맡아 1931년 9월 말부터 11월까지 약 2개월 동안 진행했다. 발굴조사단은 발굴·조사의 대상을 1925년 도교제국대학 문학부가 발굴·조사하려다 중단한 석암리 제201호 무덤과 그 주변에 있는 석암리 제260호 무덤, 남정리(南井里) 제116호 무덤으로 선정했다. 이 무덤들의 위치는 대동강면 소석암동의 남쪽 방향 언덕 위인데, 이 지역은 대동강면 지역에서 대형 흙무덤이 집중분포하는 지역 중 하나다.

발굴·조사한 결과, 석암리 제201호, 석암리 제260호 무덤, 남정리 제116호 무덤은 나무덧널무덤으로 밝혀졌다. 특히 남정리 제116호 무덤은 나무덧널무덤이었지만, 무덤은 평양 대동강면 벽돌방무덤과 같이 널길, 널문(羨門), 앞방, 뒷방으로 이루어져 있었다.

남정리 제116호 무덤의 앞방 및 뒷방(널방) 전경[70]

껴묻거리로 남정리 제116호 무덤에서 칠협(漆篋)의 덮개와 몸통 각 면에 여러 색상의 채칠로 인물상과 무늬가 선명하게 그려진 채화칠기(彩畵漆器)

---

70 朝鮮古蹟硏究會, 1934,『古蹟調査報告 第一-樂浪彩篋塚-』, 圖版 第12-1

가 출토되었다. 이 채화칠기로 남정리 제116호 무덤은 '채협총(彩篋塚)'이라고도 불린다. 채화칠기 외에 석암리 제201호 무덤에서 '始元'과 '居攝'의 기년이 새겨진 칠기도 출토되었다. 이 기년명은 서한 말기에서 왕망(王莽)이 다스리던 시기인 기원전 후 1세기대에 해당한다.

남정리 제116호 무덤에서 출토된
채화칠협(彩畵漆匧)의 일부[71]

1931년 발굴·조사에서 주목되는 점은 남정리 제116호 무덤의 앞방 서쪽 벽면에서 발견된 벽화다. 벽화는 나무덧널 벽 위에 바로 그려져 있었고, 주(朱)·황(黃)·백(白) 등의 와교 물감과 먹물을 가지고 그린 것으로 추정되었다. 덧널 벽의 부식으로 떨어져 나간 부분이 많아 구체적인 모습은 알 수 없지만 일부에서 말과 말을 탄 인물상이 확인되었다.[73]

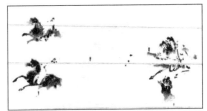

남정리 제116호 무덤의 앞방 서벽 벽화[72]

남정리 제116호 무덤은 그 구조로 보아 대동강면 지역에서 나무덧널무덤에서 벽돌방무덤으로 무덤 형식이 변화하는 과도기에 축조되었을 것으로 추정된다. 그리고 앞방 서쪽 벽면에서 발견된 벽화는 평양시와 황해도 지역에 있는 고구려의 돌방벽화무덤(石室壁畫墳)과 연관되어 있다는 주장이 제기되

---

71 朝鮮古蹟研究會, 1934, 『古蹟調査報告 第一-樂浪彩篋塚-』, 圖版 第43
72 朝鮮古蹟研究會, 1934, 『古蹟調査報告 第一-樂浪彩篋塚-』, 圖版 第32
73 朝鮮古蹟研究會, 1934, 『古蹟調査報告 第一-樂浪彩篋塚-』.

었다.

　1932년 조선고적연구회는 1931년에 이어 평양 대동강면 무덤떼를 발굴·조사했다. 발굴·조사는 오바와 카아모토가 담당했고, 1932년 9월 14일부터 11월 5일까지 약 2개월 동안 진행되었다. 발굴조사단은 발굴·조사의 대상을 이전 발굴·조사에서 주로 발굴·조사한 석암리, 정백리와 다른 지역에서 선정하기로 했다. 1916년 석암리 제9호 무덤에서 값비싼 껴묻거리가 출토된 후 발굴·조사가 그 주변 무덤으로 몰려 다른 지역의 무덤은 거의 방치되었기 때문이었다. 오바와 카아모토는 전정백리(前貞柏里)의 남쪽에 흙무지가 잘 남아 있는 정백리 제127호 무덤을 발굴·조사의 대상 무덤으로 선정했다. 이때 카야모토는 정백리 제127호 무덤 서쪽에 있는 남정리 제119호 무덤도 실측 조사했다.[74]

정백리 제127호 무덤의 주변 전경[75]

　발굴·조사를 한 결과, 정백리 제127호 무덤은 나무덧널무덤으로, 남정리 제119호 무덤은 돌방무덤(石室墳)으로 밝혀졌다. 남정리 제119호 무덤의 발굴·조사로, 대동강면 지역에 나무덧널무덤과 벽돌방무덤 외에 다른 형식의 무덤이 있다는 사실이 처음 알려지게 되었다.

　발굴조사단은 이전 발굴·조사와 다르게 덧널 벽과 바닥의 각재를 전부 철거해서 그 구조를 파악했다. 정백리 제127호 무덤은 덧널 바닥 위에 나무 각재를 '十' 모양으로 놓아, 널방을 동남방, 북방, 서북방, 서방의 4개의 방으로

---

74 朝鮮古蹟硏究會, 1935, 『古蹟調査報告 第二-樂浪王光墓-』.
75 朝鮮古蹟硏究會, 1935, 『古蹟調査報告 第二-樂浪王光墓-』, 圖版 第3-3

구분했고, 덧널 벽은 외벽과 내벽으로 된 이중구조였다.

껴묻거리로 이전 나무덧널무덤에서 출토된 적이 있는 칠기, 청동 거울, 질그릇, 장신구 등을 포함해 붓 머리(筆頭), 굽다리접시(高杯), 쇠뇌(弩臂) 등이 출토되었다. 정백리 제127호 무덤도 나무널 안에서 나무 도장과 비뉴목인(鼻鈕木印)이 출토되었다. 나무 도장은 한 면에 '樂浪大守掾王光之印(낙랑대수연왕광지인)'이 세 글자씩 세 줄로 새겼고, 다른 한 면에 '臣光(신광)'이 한 글자씩 두 줄로 새겼다. 비뉴목인은 '王光私印(왕광사인)'이 두 글자씩 두 줄로 새겨져 있었다. 이 도장들로 정백리 제127호 무덤은 '왕광(王光)' 부부의 합장묘로 추정되었고, 정백리 제127호 무덤은 '왕광묘(王光墓)'로 불리게 되었다. 또 왕광은 생전에 '낙랑대수연(樂浪大守掾)'이란 관직을 지냈다고 추정되었는데, 석암리 제205호 무덤의 왕우와 같은 관직이다. 정백리 제127호 무덤에서 출토된 나무 도장과 비뉴목인은 평양 대동강면 무덤떼의 축조 집단이 낙랑군이라는 것을 더욱 확실하게 해 주었다.

정백리 제127호 무덤에서 출토된 나무 도장[76]

남정리 제119호 무덤은 직사각형 모양의 널방과 널길이 있어 대동강면 지역의 벽돌방무덤 구조와

남정리 제119호 무덤의 널문(玄門) 전경[77]

---

76 朝鮮古蹟硏究會, 1935, 『古蹟調査報告 第二-樂浪王光墓-』, 圖版 第35-1.

비슷하지만, 깬 돌로 만들고 회반죽으로 벽면을 마무리한 점은 고구려의 돌방벽화무덤과 비슷하다. 그래서 남정리 제119호 무덤은 대동강면 지역의 벽돌방무덤과 돌방벽화무덤의 계승 관계를 연구하는데 귀중한 자료를 제공하고 있다.

1932년에 진행한 조사 가운데 조선고적연구회의 발굴·조사 외에, 4월 평양역 안 철도선로 쓰레기장 공사 과정에서 우연히 발견된 벽돌방무덤의 발굴·조사도 있다. 발견 당시 '永和九年(영화구년)'이란 명문이 있는 명문 벽돌이 출토되었다. 조선총독부는 가야모토와 노모리를 보내 발굴·조사를 하게 했다. 발굴조사단은 이 무덤을 출토명문 벽돌을 따라 가칭으로 '영화구년재명전출토고분(永和九年在銘塼出土古墳)'으로 불렸다.[78] 발굴조사단은 1932년 5월 7일부터 14일까지 발굴·조사를 진행했다.

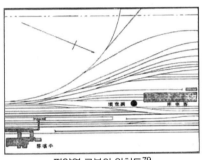
평양역 고분의 위치도[79]

발굴·조사를 한 결과, 평양역 고분은 널길, 널문, 뒷방으로 이루어진 벽돌방무덤으로 밝혀졌다. 평양역 고분의 무덤방 아랫부분은 벽돌을, 윗부분은 돌을 사용했다. 껴묻거리로 질그릇, 철화살촉(鐵鏃), 귀걸이 꾸미개(耳飾) 등이 출토되었다.

평양역 고분에서 주목받은 껴묻거리는 '永和九年三月十日遼東韓玄菟太

77 朝鮮古蹟硏究會, 1935, 『古蹟調査報告 第二-樂浪王光墓-』, 圖版 第92 상(上).
78 본 논문은 약칭으로 '평양역 고분'으로 한다.
79 朝鮮總督府, 1932, 『昭和七年度古蹟調査報告』第一冊, 2쪽.

守嶺佟利造(영화구년삼월십일요동한현토태수령동리조)'란 명문이 새겨진 명문벽돌이다. '영화(永和) 9년'은 동진(東晉) 목제(穆帝)시대인 353년에 해당하고, 평양역 고분의 주인은 생전에 '요동한현토태수령(遼東韓玄菟太守嶺)'을 지낸 동리(佟利)로 추정되었다. 관직명 가운데 '령(嶺)'은 명예직을 의미한다.[80]

평양역 고분에서 출토된 명문 벽돌[81]

조선고적연구회는 민간의 기부금으로 운영되었는데 1932년 이후 재정 부족으로 지속적인 고적 조사가 어려워졌다. 그러자 1933년 일본 궁내성(宮内省)이 3년 동안 매년 5,000엔(円)을 지급하기로 했고, 일본학술진흥회(日本學術振興會)도 3년에 걸쳐 매년 15,000엔을 지원하기로 했다. 조선고적연구회는 궁내성 지원금과 민간 기부금을 경주연구소와 공주·부여 지역의 백제유적 조사에 사용하기로 했는데, 평양 대동강면 무덤떼의 발굴·조사와 연구에 일본학술진흥회 지원금을 사용했다. 조선고적연구회는 발굴·조사의 계획 및 인원 배치 등의 전체 책임을 경성제국대학(京城帝國大學) 법문학부 교수인 후지타 료사쿠(藤田亮策)에게 맡겼고, 도쿄미술학교의 오바 스네키치(小場恒吉)를 평양연구소에 상주시켜 발굴·조사·실측·사진 등의 조사 사업을 맡겼다.

1933년 조선고적연구회는 1차 연도 일본학술진흥회 지원을 통해 발굴·조

---

80 朝鮮總督府, 1932, 『昭和七年度古蹟調査報告』第一冊.
81 朝鮮總督府, 1932, 『昭和七年度古蹟調査報告』第一冊, 圖版 第15.

사를 진행했다. 발굴조사단은 발굴·조사 대상을 정백리의 무덤 8기로 선정했고, 발굴조사단을 2개의 반(班)으로 나눠 발굴·조사를 했다. 제1반은 연구원 오바(小場)가 맡아 나무덧널무덤인 정백리 제8호·제13호·제17호·제59호·제122호 무덤을 조사했고, 제2반은 연구원 우메하라(梅原)가 맡아 벽돌방무덤인 정백리 제227호·제219호·제221호 무덤을 조사했다. 발굴·조사는 1933년 6월 조사가 계획되고, 9월 초순부터 약 2개월 동안 진행되었다.[82] 발굴·조사한 결과, 정백리 제8호·제13호·제59호·제122호 무덤은 도굴당한 흔적이 없었지만, 정백리 제17호·제227호·제219호·제221호 무덤은 도굴당한 흔적이 있었다.

1933년 조사를 통해 평양 대동강면 무덤떼의 조성 과정이나 구조를 파악할 수 있는 자료가 제공되었다. 정백리 제8호·제13호·제17호·제59호·제122호 무덤의 발굴·조사를 통해 나무덧널무덤 조성 과정 가운데 무덤구덩이(墓壙)를 파는 과정이나 흙무지를 쌓는 방식을 알 수 있게 되었다. 그리고 정백리 제227호·제219호·제221호 무덤의 발굴·조사를 통해 벽돌방무덤의 구조를 구체적으로 알 수 있는 자료를 얻었다. 정백리 제219호 무덤에서 널길이 지표면으로 이어져 있다는 사실을 처음으로 확인했고, 정백리 제227호 무덤의 곁방(側室) 옆에서 곁방과 이어진 수발구(水拔溝)를 발견했다. 이 수발구는 배수

정백리 제221호 널길의 정면 모습[83]

---

82 朝鮮古蹟研究會, 1934, 『昭和八年度古蹟調査報告』.국립중앙박물관, 2002, 『平壤貞柏里8·13號墓』.

(排水)를 위한 것으로 추정되었다.

1933년 발굴·조사한 무덤의 주된 껴묻거리로 채색칠화반(彩色漆畵盤)·금동 테두리 칠배(金銅釦漆杯)·경렴(鏡奩) 등의 칠기, 백동거울(白銅鏡), 수정·호박 등의 옥기류 등이 출토되었다.

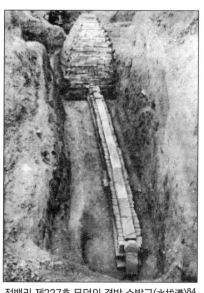

정백리 제227호 무덤의 곁방 수발구(水拔溝)[84]

1933년 발굴·조사 내용 중에서 특이한 점은 정백리 제221호 무덤의 널길 서쪽 흙벽 일부를 가로로 뚫어 독널(甕棺)을 암장(暗葬)했다는 것이다. 독널을 암장한 의미가 무엇인지, 독널의 주인이 누구인지는 분명하게 알려진 것이 없다.

1934년 조선고적연구회는 2차연도 일본학술진흥회 지원을 통해 발굴·조사를 했다. 발굴조사단은 발굴·조사 대상을 이전에 발굴·조

정백리 제221호 무덤의 널길 서벽
암장(暗葬) 옹관[85]

사가 많이 진행된 석암리와 정백리에 있는 무덤 각각 1기와 이전에 발굴·조사되지 않은 장진리(將進里)에 있는 무덤 2기로 선정했다. 발굴·조사는

83 朝鮮古蹟硏究會, 1934,『昭和八年度古蹟調查報告』, 圖版 第21-1
84 朝鮮古蹟硏究會, 1934,『昭和八年度古蹟調查報告』, 圖版 第28-1
85 朝鮮古蹟硏究會, 1934,『昭和八年度古蹟調查報告』, 圖版 第22-2

1933년 조사와 마찬가지로 발굴조사단을 2개의 반으로 나눠 진행했다. 제1반은 오바가 맡아 장진리 제45호 무덤과 정백리 제19호 무덤을 조사했고, 제2반은 평양박물관 촉탁인 고이즈미 아키오가 맡아 장진리 제30호 무덤과 석암리 제212호 무덤을 조사했다. 발굴·조사는 1934년 9월 8일부터 11월 5일까지 진행되었다.[86]

발굴·조사한 결과, 장진리 제30호 무덤, 정백리 제19호 무덤, 석암리 제212호 무덤은 나무덧널무덤으로, 장진리 제45호 무덤은 벽돌방무덤으로 밝혀졌다. 특히 장진리 제45호 무덤은 널길·앞방·뒷방·딸린 방으로 이루어진 복잡한 구조이고, 각 방과 널길의 경계에 아치(arch) 모양의 문을 설치해 통로로 사용했다.

장진리 제45호 무덤의 앞방 외부 전경[87]

주된 껴묻거리로 장진리 제45호 무덤에서 출토된 말가리개(馬面), 와문투당초(渦文透唐草) 주조 금동 재갈(鑄造金銅轡)과 같은 말갖춤과 석암리 제212호 무덤에서 출토된 파리소옥, 심엽형옥(心葉形

장진리 제45호 무덤에서 출토된 와문투당초
(渦文透唐草) 조금동 재갈(鑄造金銅轡)[88]

86 朝鮮古蹟硏究會, 1935, 『昭和九年度古蹟調査報告』.
87 朝鮮古蹟硏究會, 1935, 『昭和九年度古蹟調査報告』, 圖版 第3 상(上)

玉), 수정(水晶)·마노(瑪瑙)·파리(玻璃)로 만든 옥귀걸이(玉瑞飾), 옥팔찌(玉釧), 은가락지(銀指輪)와 같은 장신구가 있다. 장진리 제45호 무덤에서 출토된 와문투당초 주조 금동 재갈은 1933년 발굴·조사에서 처음 발견한 것이다. 그리고 석암리 제212호 무덤의 서쪽 널에서 비뉴나무 도장(鼻紐木印)이 나왔지만, 새겨진 글씨는 확인할 수 없었다.

1935년 조선고적연구회는 3차 연도 일본학술진흥회 지원을 통해 발굴·조사를 진행했다. 1935년 발굴·조사는 평양 대동강면 무덤떼 외에 대동강면 토성리 토성도 발굴·조사했다. 1911년 토성리 토성에서 '大晉元康(대진원강)', '樂浪禮官(낙랑예관)'이 새겨진 막새 등 낙랑군 관련 유물을 발견했다고 알려졌지만, 모두 지표에서 발견되어 진위를 의심했다. 그래서 조선고적연구회는 1935년 발굴·조사에서 그 진위를 확인하려고 했다.

발굴조사단은 발굴·조사 대상을 대동강면 지역에서 무덤이 집중분포하는 석암리와 정백리에 있는 무덤 3기와 발굴·조사가 진행된 적이 없는 지역인 오봉산(五峯山) 동남쪽에 있는 무덤 2기로 선정했다. 발굴·조사는 이전 발굴·조사와 마찬가지로 발굴조사단을 2개의 반으로 나눠 진행했다. 제1반은 오바가 맡아 석암리 제255호·제257호 무덤, 정백리 제4호 무덤을 발굴·조사했고, 제2반은 우메하라가 맡아 남정리 제53호 무덤과 도제리(道濟里) 제50호 무덤을 조사했다. 발굴·조사는 9월 1일부터 11월 초순까지 약 2개월 동안 진행되었다.[89]

발굴·조사를 한 결과, 석암리 제257호 무덤과 정백리 제4호 무덤은 나무덧널무덤으로, 석암리 제255호 무덤과 남정리 제53호 무덤, 도제리 제40호

---

88 朝鮮古蹟研究會, 1935, 『昭和九年度古蹟調査報告』, 圖版 第5 하(下)
89 朝鮮古蹟研究會, 1936, 『昭和十年度古蹟調査報告』.

무덤은 벽돌방무덤으로 밝혀졌다. 그러나 발굴조사보고서에 평면도가 없어 무덤 구조는 자세히 알 수 없다.

석암리 제255호 무덤의
무덤방 남쪽-널문(羨門) 폐쇄 모습[90]

껴묻거리로 남정리 제53호 무덤에서 출토된 금동 사엽좌 장식 칠렴(金銅四葉座飾漆奩), 금동 장식 사각형 칠갑(金銅飾長方形漆匣), 금징 장식 타원형 칠갑(金鋲飾楕圓形漆匣), 금동 테두리칠 소갑 뚜껑(金銅釦漆小匣蓋) 등과 같은 칠기와 석암리 제257호 무덤에서 출토된 대모제 드리개 장식(玳瑁製裝垂具)이 출토되었다. 특히 남정리 제53호 무덤에서 질그릇에 옻칠한 도태칠기(陶胎漆器)가 부서진

남정리 제53호 무덤에서 출토된 사엽좌
(四葉座) 장식 칠렴 덮개[91]

형태로 출토되었는데, 박산로(博山爐), 편호(扁壺), 굽다리접시(高杯), 대형 방반(大刑方盤), 반(盤), 이배(耳杯), 용머리 손잡이 완(龍頭柄盌) 등이 출토되었다.

1937년 4월 대동강면 토성리 주민인 서병걸(徐炳杰)이 평양부 박물관에 찾아와서, 평양부 외곽에 있는 오야리 흙캐기 작업장(採土場)에서 벽돌방무

---

90 朝鮮古蹟研究會, 1936, 『昭和十年度古蹟調査報告』, 圖版 第3 하(下)
91 朝鮮古蹟研究會, 1936, 『昭和十年度古蹟調査報告』, 圖版 第17 하(下)

I. 서론   63

덤 1기를 발견했다고 신고했다. 평양부 박물관의 타쿠보(田窪)는 바로 현장을 찾았고, 현장 조사를 한 결과 조속한 발굴·조사가 필요하다고 판단해 조선총독부에 보고했다. 조선총독부는 조선고적연구회 사업으로 발굴·조사를 허락하고, 4월 15일부터 발굴·조사를 했다. 발굴·조사 감독은 고이즈미가 맡았고, 타구보가 발굴·조사를 맡았다. 이 무덤은 오야리 제25호 무덤이란 일련번호가 부여됐다.[92]

발굴·조사를 한 결과, 오야리 제25호 무덤은 중심방(主室)과 딸린 방(副室)이 통로로 연결된 벽돌방무덤으로 밝혀졌다. 오야리 제25호 무덤 구조는 대동강면 지역에서 처음 확인된 독특한 것이었다. 딸린 방은 중심방 서쪽에 만들어져 있었고, 딸린 방의 바닥은 중심방의 바닥보다 약 4cm 위에 있었다. 중심방과 딸린 방의 벽돌쌓기 방법이 다르고 딸린 방의 바닥이 중심방의 바닥보다 높은 점 등으로 보아 중심방이 먼저 만들어지고 시간이 흐른 뒤 딸린 방이 만들어졌을 것으로 추정되었다. 오야리 제25호 무덤의 천장은 나무 각재를 방벽 위에 둔 평천장으로, 평양 대동강면 무덤떼의 벽돌방무덤의 사각뿔대 모양 천장과 다르다. 널길은 딸린 방의 서쪽이 무너져 있어서 확인할 수 없었다.

오야리 제25호 무덤방의 모습[93]

주된 껴묻거리로 청동 거울, 회백색 대옹(大甕)·유흑색 도호(陶壺)와 같은

92 朝鮮古蹟研究會, 1938, 『昭和十二年度古蹟調査報告』, 116-123쪽
93 朝鮮古蹟研究會, 1938, 『昭和十二年度古蹟調査報告』, 圖版 第111-2.

질그릇, 마노옥(瑪瑙玉)·대롱옥(管玉)·둥근 옥(丸玉)과 같은 장신구 등이 출토되었다.

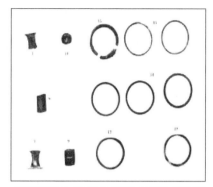

오야리 제25호 무덤에서 출토된 팔찌 및 귀걸이[94]

1935년 발굴·조사를 끝으로 일본학술진흥회가 지원하는 발굴·조사는 종료되었지만, 조선고적연구회는 1944년까지 평양 유지(有志)의 지원으로 평양 대동강면 무덤떼의 발굴·조사와 정리를 계속할 수 있었다.

1942년 조선고적연구회는 석암리 제219호 무덤을 발굴·조사했다. 석암리 제219호 무덤은 석암리 서쪽에 있는, 남북으로 뻗은 작은 언덕의 동쪽 끝에 있었다. 발굴·조사는 6월부터 2개월 동안 진행했고, 발굴·조사는 조선총독부 박물관의 카야모토와 나카무라가 맡았다. 석암리 제219호 무덤 정상 부분부터 약 4m 지점에서 도굴 구덩이를 확인했지만, 약 4m를 더 파내어 내려가자 없어지고 말았다.[95]

발굴·조사한 결과, 석암리 제219호 무덤은 나무덧널무덤으로 밝혀졌다. 석암리 제219호 무덤의 나무덧널 평면 형태는 약간 마름모에 가까웠고, 무덤구덩이와 덧널 벽 사이에 점판암(粘板岩) 판석(板石)

석암리 제219호 무덤의 덧널 밖
판석-서남 모서리[96]

---

94 朝鮮古蹟研究會, 1938, 『昭和十二年度古蹟調査報告』, 圖版 第115-1.
95 樂浪漢墓刊行會, 1974, 『樂浪漢墓第2冊』.

을 둘러 나무덧널을 보호하고 있었다.

껴묻거리로 옥류(玉類)를 넣은 칠렴(漆奩)·칠소갑(漆小匣)과 같은 칠기, 질그릇, 금동 수레굴대(金銅車軎)·일산자루 머리 장식(蓋柄斗)·일산살꼭지 (蓋弓帽)와 같은 수레갖춤, 수정 절자옥(水晶 切子玉)·붉은 마노 평옥(赤瑪瑙 平玉)·붉은 마노 대추옥(赤瑪瑙 棗玉)·붉은 마노 대롱옥(赤瑪瑙 管玉)·붉은 마노 둥근 옥(赤瑪瑙 丸玉)·붉은 마노 산반옥(赤瑪瑙 算盤玉)과 같은 옥기류, 청동 용기 등이 출토되었다.

석암리 제219호 무덤에서 서쪽 널 안에서 '王根信印(왕근신인)'이 새겨진 귀뉴은인(龜鈕銀印)이, 동쪽 널 안에서 '□野之印(□야지인)'이 새겨진 비뉴동인(鼻鈕銅印)이 각각 출토되었다. 그래서 서쪽 널의 주인은 '왕근'으로, 비뉴동인의 안 보이는 글자를 '王'으로 추정해 동쪽 널의 주인은 '왕야'로 추정되었다. 석암리 제219호 무덤은 무덤 주인에 따라 '왕근묘(王根墓)'라고도 불린다.

석암리 제219호에서 출토된 귀뉴은인[97]

1943년 10월 조선고적연구회는 석암리 제218호 무덤을 발굴·조사했다. 석암리 제218호 무덤은 석암리 유사동(柳寺洞)의 남쪽에 있는 언덕의 남쪽 끝에 있었다. 발굴·조사는 아리미쓰 교이치(有光敎一)와 조선총독부 박물관의 촉탁인 사와 슌이치(澤俊一)가 맡았고, 발굴·조사는 10월 19일부터 11월 2일까지 진행되었다.[98]

---

96 樂浪漢墓刊行會, 1974, 『樂浪漢墓第2冊』, PL 7-3.
97 樂浪漢墓刊行會, 1974, 『樂浪漢墓第2冊』, PL 24.

발굴·조사한 결과, 석암리 제218
호 무덤은 벽돌방무덤으로 밝혀졌
다. 석암리 제218호 무덤의 평면 형
태는 직사각형이며, 입구는 아치형
이다. 벽돌쌓기 방식은 세로의 평
적(平積)이며, 동북과 서북 모서리
의 방 벽이 가장 잘 남아 있었다. 석

석암리 제218호 무덤의 널방 북벽-남쪽[99]

암리 제218호 무덤의 천장은 1937년 오야리 제25호 무덤과 마찬가지로 나
무 각재를 방 벽에 걸친 평천장이었다.

껴묻거리로 직구호(直口壺)·장경호(長頸壺)·분(盆)·시루와 같은 질그릇,
용호경(龍虎鏡), 철검 손잡이, 청동징(靑銅鉦) 등이 출토되었다.

같은 해 11월 조선고적연구회는 정백리 제24호 무덤을 발굴·조사했다. 정
백리 제24호 무덤이 신설 도로에 포함되게 되어, 석암리 제218호 무덤을 조
사하던 아리미쓰에게 평양부 토목과에서 긴급 조사를 요청했다. 비록 겨울철
에 들어섰지만, 아리미쓰는 석암리 제218호 무덤의 발굴·조사를 마치고, 11
월 3일부터 15일까지 발굴·조사했다.[100]

발굴·조사를 한 결과, 정백리 제24호 무덤은 벽돌방무덤으로 밝혀졌다. 정
백리 제24호 무덤은 도굴로 원래 모습이 크게 망가진 상태였다. 정백리 제24
호 무덤은 정사각형의 평면 형태를 띠었고, 천장은 남아 있지 않았지만, 사각
뿔대 모양 천장으로 추정되었다.

---

98 유네스코동아시아문화연구센터, 2003, 『朝鮮古蹟硏究會 遺稿 Ⅲ』.
99 유네스코동아시아문화연구센터, 2003, 『朝鮮古蹟硏究會 遺稿 Ⅲ』, 圖版 第10, 44쪽.
100 유네스코동아시아문화연구센터, 2003, 『朝鮮古蹟硏究會 遺稿 Ⅲ』.

주된 껴묻거리로 완(盌)·내만옹(內彎甕)·시루 등과 같은 질그릇, 부엌 모양 도제 명기, 연호문경·용호경과 같은 청동 거울 등이 출토되었다.

II

선행 연구 검토

평양 대동강면 무덤떼의 축조 집단 문제는 1909년 석암동 고분이 처음으로 발굴·조사된 후부터 중요한 문제로 인식되었다.

세키노·야스이·구리야마는 대한제국의 의뢰로 시작한, 전국에 걸친 고건축 조사가 끝난 뒤 1909년 조사 내용을 정리해 『한홍엽(韓紅葉)』이란 책을 간행했다. 이 책에서 구리야마는 1909년 발굴·조사한 평양 대동강면 지역의 석암동 고분을 고구려 무덤으로 추정했다.[101] 세키노도 1910년 1월 일본 사학회(日本史學會) 예회(例會)에서 석암동 고분을 고구려 무덤으로 추정했고, 축조 시기는 동천왕(東川王)이 조위(曹魏)에게 패하고 환도(丸都)에서 평양(平壤)으로 옮긴 시기인 247년에서 멀지 않을 무렵으로 추정했다.[102]

---

101 栗山俊一, 1909, 「平壤及開城の古墳」, 『韓紅葉』, 度支部建築所, 13-17쪽.
102 鳥居龍藏, 1910, 「洞溝に於ける高句麗の遺跡と遼東に於ける漢族の遺跡」, 『史學雜誌』 第21編 第5號, 史學會, 38-39쪽, 재인용.

세키노가 석암동 고분의 축조 집단을 고구려로 추정한 이유를 세키노가 건축학자로서 한반도 역사에 관한 지식이 없었고, 한반도나 중국의 고대 무덤을 조사한 경험이 없었기 때문으로 보고 있다. 그러나 세키노는 1902년 경기도·경상도의 고건축 및 유물을 조사한 뒤, 제출한 『한국건축조사보고(韓國建築調査報告)』에서 대동강 지역을 위만조선, 한 4군, 고구려, 발해, 고려, 조선이 순서대로 차지했다고 적었다.[103] 그리고 세키노는 1906년 지금의 서안(西安)과 함양(咸陽) 지역을 방문해 주변 지역에 있는 한의 무덤(漢墓)을 조사한 적이 있었다.[104] 따라서 세키노는 석암동 고분의 무덤 형식이 벽돌방무덤이지만, 그것이 한의 서안·함양 지역에 있는 벽돌방무덤과 다르다고 판단해 낙랑군이 아니라 낙랑군 다음으로 대동강 지역을 차지한 고구려를 석암동 고분의 축조 집단으로 추정했다고 생각할 수 있다. 당시 세키노는 고구려 무덤을 조사한 경험이 없었기 때문이다. 그렇다면 평양 대동강면 무덤떼는 발굴·조사 초기에 낙랑군과 전혀 관련성이 없는 무덤으로 인식했다고 볼 수 있다.

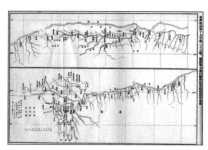

세키노의 유행(游行) 정주(鄭州)-장안 건주 (長安 乾州) 약지도[105]

도리이 류조(鳥居龍藏)는 고구려가 석암동 고분의 축조 집단이라는 주장에 반론을 제기했다. 그는 러일(露日)전쟁 때 지금의 집안시(集安市)인 통구

103 關野貞, 1904, 『韓國建築調査報告』 ; 姜奉辰 번역, 1990, 『韓國의 建築과 藝術』, 産業圖書出版社, 45-48쪽.
104 關野貞, 1907, 「靑國河南陝西旅行談」, 『地學雜志』, 19卷 6號, 367-374쪽.
　　關野貞. 1907, 「靑國河南陝西旅行談」, 『地學雜志』, 19卷 8號, 550-556쪽.
105 關野貞. 1907, 「靑國河南陝西旅行談」, 『地學雜志』, 19卷 8號, 558쪽.

(洞溝)를 방문해 고구려 성터(城址)·고구려 무덤·광개토왕릉비(廣開土王陵碑) 등의 고구려 유적을 조사한 적이 있었다. 도리이는 본인의 조사 경험을 바탕으로 반론을 제기했는데, 다음의 네 가지가 도리이 류조가 제시한 반론이다.

첫째, 통구의 고구려 무덤은 돌로 쌓았는데, 발굴·조사된 무덤은 벽돌로 쌓았다.

둘째, 고구려 평양 천도는 동천왕이 아닌 장수왕(長壽王)시대다.

셋째, 발굴·조사된 무덤의 모습이 한의 벽돌방무덤과 비슷하다.

넷째, 발굴·조사된 무덤의 껴묻거리가 요하(遼河) 동쪽 지역의 한의 무덤과 같다.

도리이는 위의 네 가지 이유 가운데 둘째 이유를 강조했다. 그는 1906년 지금의 집안시 서북쪽에 있는 판석령(板石嶺)에서 도로 공사 중에 발견했다고 알려진 '모구검비(毌丘儉碑)'[106] 조각을 근거로 하여 환도성을 판석령 부근으로 추정했다. 도리이는 이 모구검비 조각 내용 가운데 "正始三年高句驪反(정시삼년고구려반)"를 "정시 3년(242) 고구려를 정복했다."라고 해석했다.[107] 그리고 그는 『삼국지(三國志)』 「위사(魏史)」에 "모구검이 고구려 환

---

106 이 비의 일반적 명칭은 '관구검기공비(毌丘儉紀功碑)'다. 그러나 중국 산시성(山西省) 타이위안(太原)에 있는 '무구씨조상비(毌丘氏造像碑)'에 따라 '관구검'이 아니라 '무구검(毌丘儉)'으로 불려야 한다는 주장도 있다.

107 "其文に依って見ると, 正始三年高句麗を征服したと云ふ銘文か書いてある."(鳥居龍藏, 1910, 「洞溝に於ける高句麗の遺跡と遼東に於ける漢族の遺跡」, 『史學雜誌』第21編 第5號, 史學會, 54쪽)

도성을 무너뜨리고 그 공적(功績)을 돌에 적고 돌아갔다."[108]라는 기록과 일치하므로 이 조각이 모구검비 일부가 확실하다고 주장했다. 또한 그는 고구려의 두 번째 도읍인 국내성(國內城)을 지금의 집안시에 있는 성터로 추정했다. 『삼국사기(三國史記)』 유리왕 21년에 기록된 국내성의 자연환경이[109] 지금의 지안시의 자연환경과 일치함을 그 근거로 제시했다. 그는 이렇게 자신이 고증한 결과를 종합해, 고구려 도읍은 유리왕이 국내성으로 도읍을 옮긴 3년부터 장수왕이 평양성으로 옮기는 427년까지 판석령과 집안시 성터 사이를 오고 갔다고 주장했다. 그는 세키노가 석암동 고분 축조의 상한(上限) 시기로 추정한 247년에 낙랑군이 대동강 지역에 있었으므로 고구려가 이곳으로 도읍을 옮기는 일은 불가능하며, 동천왕은 환도 즉 판석령으로 돌아갔다고 주장했다. 도리이는 석암동 고분의 축조 집단을 낙랑군 한족 관리나 이주해온 한족으로 추정했다.[110]

판석령에서 출토된 모구검비 조각[111]

---

108 『三國志』卷28「魏書」28 王毌丘諸葛鄧鍾傳 毌丘儉刻石紀功, 刊丸都之山, 銘不耐之城

109 『三國史記』卷第十三「高句麗本紀」第一 琉璃王 二十一年
二十一年, 春三月, 郊豕逸, 王命掌牲薛支逐之. 至國內尉那巖得之, 拘於國內人家養之, 返見王曰, "臣逐豕至國內尉那巖, 見其山水深險, 地宜五穀, 又多麋·鹿·魚·鼈之産. 王 若移都, 則不唯民利之無窮, 又可免兵革之患也.

110 鳥居龍藏, 1910,「洞溝に於ける高句麗の遺跡と遼東に於ける漢族の遺跡」,『史學雜誌』第21編 第5號, 史學會, 38-72쪽.

111 鳥居龍藏, 1910,「洞溝に於ける高句麗の遺跡と遼東に於ける漢族の遺跡」,『史學雜誌』第21編 第5號, 史學會, 44쪽.

그러나 당시의 일본 역사학계는 도리이의 주장을 인정하지 않았다. 당시의 일본 학자들은 자신의 출생지로 돌아가 묻히는 귀장(歸葬) 풍습으로 중앙에서 파견된 한족 관리의 무덤이 변경인 낙랑군에 남아 있을 수 없고, 변경의 일개 군(郡)에 불과한 낙랑군에서 벽돌방무덤을 만들 부(富)나 힘(力)이 없었다고 생각했다.

이때 세키노 일행과 별도로 대동강면 고분(을)을 발굴·조사한 하기노 발굴 조사단에 조수로 참가한 이마니시 류(今西龍)가 대동강면 고분(을)의 축조 집단을 낙랑군 호족(豪族)인 왕 씨(王氏) 가문으로 추정하는 논문을 발표했다.[112] 이마니시는 대동강면 고분(을)의 껴묻거리를 정리·조사하는 과정에서 금제 테두리 장식 안쪽에 새겨진 '王口'이란 명문을 발견했다고 말한다. 그는 '王口'을 성명(姓名)으로 생각하고, 역사책에서 낙랑·대방의 인물을 찾았다. 그 이유는 대동강 지역을 포함한 평양시 지역이 과거 고조선의 왕험성이자 한 4군이 설치된 지역이라고 보았기 때문이다. 이마니시는 조사 결과 역사책에서 낙랑군의 중요 인물로 왕 씨(王氏) 성(姓)을 가진 사람만 확인된다고 주장했다. 그는 이러한 검토 결과를 근거로 하여 왕 씨 가문이 낙랑군에서 유일하게 번창한 가문이라고 주장하며, 대동강면 고분(을)의 축조 집단을 낙랑군의 호족(豪族)인 왕 씨 가문으로 추정했다.

이마니시의 주장은 도리이 류조의 주장과 이에 대한 일본 역사학계의 반론을 절충한 것으로 볼 수 있다. 그러나 그가 근거로 삼은 금제 테두리 안쪽에 새겨진 '王口'은 그가 주장한 대로 무덤 주인의 성명일 가능성도 있지만, 제작자의 성명이나 의미 없는 부호일 가능성도 있다. 그리고 대동강 유역을 포

---

112 今西龍, 1972, 「大同江南の古墳と樂浪王氏との關係」, 『朝鮮古史の研究』, 圖書刊行會, 277-290쪽.

함한 평양시 지역을 과거 고조선의 왕험성이나 한 4군이 설치된 지역으로 본 것도 서론에서 지적한 것처럼 관련 근거가 없는 자의적 주장에 불과하다. 그런데도 고고학 분석을 통해 내려진 결과라는 이유로 이마니시의 주장은 점차 인정받기 시작했고, 평양 대동강면 무덤떼의 축조 집단은 낙랑군으로 확정되어 갔다.

1910년 조선총독부는 세키노에게 평양 지역의 고적 조사를 의뢰했고, 같은 해 10월 세키노는 대동강면 지역의 무덤 2기를 조사했다. 이 무덤들은 '대동강면 고분(동)'[大同江面古墳(東)]과 '대동강면 고분(서)[大同江面古墳(西)]'으로 불리게 되었다. 대동강면 고분(동)은 널길·앞방·뒷방으로 이루어진 벽돌방무덤으로, 대동강면 고분(서)은 널길, 널방으로 이루어진 벽돌방무덤으로 밝혀졌다. 껴묻거리로 질그릇, 청동기가 출토되었다.[113]

이때 세키노는 이 무덤들 외에 평양시 동북쪽 대성산(大城山)에 있는 고구려 돌방무덤(石室墳) 여러 기도 함께 조사했다. 그는 1910년 조사로 고구려 돌방무덤의 형식이라는 것과, 대동강면 지역의 벽돌방무덤이 낙랑군시대의 것임을 확실하게 알게 되었다고 말한다.[114]

1911년 10월 세키노는 황해도 서남쪽의 용강군(龍岡郡) 어을동 고성(於乙洞古城)에서 기와 조각(瓦片), 화살촉(矢根), 동전판(錢版)을 발견했다. 그는 이 유물들을 낙랑군시대의 것으로 추정하고, 어을동 고성을 낙랑군 현치(縣治)로 추정했다.

---

113 朝鮮總督府, 1915, 『朝鮮古蹟圖譜』一.
   朝鮮總督府, 1927, 『古蹟調查特別報告』第四冊.
114 關野貞, 1914, 「朝鮮に於ける樂浪帶方時代の遺跡」, 『人類學雜誌』第29卷 第10號, 日本人類學會, 379-380쪽.

같은 해 세키노는 황해도 남쪽 은파군(銀波郡) 일대에 분포하는 벽돌방무덤 20기를 조사했고, 봉산군(鳳山郡) 사리원역(沙里院驛) 부근의 무덤에서 글자가 있는 벽돌 파편(塼片) 여러 개를 발견했다. 그는 이 무덤을 발굴·조사하기로 했지만, 조사 일정 때문에 야스이 세이이치에게 발굴·조사를 맡겼다. 조사 결과, 이 무덤은 널길·앞방으로 이루어진 벽돌방무덤으로 밝혀졌다. 야스이는 이 무덤에서 '使君帶方太守 張撫夷塼(사군대방태수 장무이전)'이란 명문 벽돌을 발견했다고 보고했다. 또 그는 이 무덤 주변에 있는 지탑리토성(智塔里土城)도 함께 조사한 후 명문 벽돌 여러 점을 발견했다고 보고했다.[115]

1912년 세키노는 야스이와 사리원역 부근의 무덤과 지탑리토성을 다시 조사했다. 세키노는 '使君帶方太守 張撫夷塼'이란 명문 벽돌을 발견한 사리원역 무덤을 그 명문에 따라 대방군 태수 장무이(張撫夷)의 무덤으로 추정했다. 그리고 근처에 있는 지탑리토성을 대방군의 군치(郡治)로 추정했다. 세키노는 대방군이 설치 초기에 임진강(臨津江) 또는 한강(漢江) 일대에 있었는데, 백제의 압박으로 이 지역으로 옮겨 왔다고 주장했다.[116]

같은 해 세키노는 야스이와 이마니시에게 봉산군에 있는 무덤의 조사를 지시했지만, 그들은 봉산군 무덤을 조사한 결과 특별하거나 재미있는 점이 없자, 임의로 평양 대동강면 토성리(土城里)에 있는 토성을 조사했다. 그들은 이 토성에서 옛 와당(瓦當) 여러 점을 발견했다고 세키노에게 보고했다. 세키노는 토성리 토성을 다시 조사한 결과 토성 안에서 '千秋萬歲(천추만세)'·

115 關野貞, 1914,「朝鮮に於ける樂浪帶方時代の遺跡」,『人類學雜誌』第29卷 第10號, 日本人類學會, 379-391쪽.
116 關野貞, 1914,「朝鮮に於ける樂浪帶方時代の遺跡」,『人類學雜誌』第29卷 第10號, 日本人類學會, 386-389쪽.

'當貴(당귀)'등 길상어(吉祥語)를 돋을새김(陽刻)한 기와 조각, '大晉元康(대진원강)'·'樂浪禮官(낙랑예관)'이란 글자가 있는 막새, '樂浪太守章(낙랑태수장)'·'誧邯長印(誧감장인)'이란 글자가 있는 봉니(封泥)를 발견했다고 발표했다.

세키노는 이 유물들과 토성의 자연지리 환경, 주변에 낙랑군 유적으로 추정되는 평양 대동강면 무덤떼가 있다는 점 등을 근거로 하여 토성리 토성을 낙랑군 군치로 추정했다.[117]

대동강면 토성리 토성에서 발견된 봉니[118]

1913년 세키노는 어을동 고성의 주변에서 비(碑)를 발견했다고 발표했다. 그는 발견할 당시 비의 위쪽 방향 일부가 부서져 있었고, 비석 표면에 7줄의 선이 견고하게 오목새김(陰刻)된 뒤, 그 안에 글자가 새겨져 있었다고 말한다. 세키노는 이 비가 발견 당시 세상에 알려진 적이 없고, 마을에 "비석 내용을 읽는 사람이 있다면 비석 아래에 묻혀 있는 금호(金壺)를 얻을 수 있다."라는 전설이 전해진다고 말한다. 세키노가 판독한 비문(碑文)의 내용은 아래와 같다.[119]

光和元年四月戊午 秥蟬長□ 興?

□建丞 屬國會議 無?□□□

---

117 關野貞, 1941, 「樂浪郡治の遺址」, 『朝鮮の建築と藝術』, 岩波書店, 227-233쪽.
118 朝鮮總督府, 1925, 『古蹟調査特別報告』 第四冊 圖版 上冊, 圖版 7-18.
119 □ 안의 글자는 세키노가 추정한 글자다.

□神?祠 刻石辭曰

□平山君 德配代嵩 威如□□

□佑秥蟬 興甘風雨 惠[早]土田

百姓壽考 五穀豊成 盜賊不起

□□蟄?臧 出入吉利 咸受神光

　세키노는 '□和□年'을 연호(年號)로 생각해 '光和元年(광화원년)'으로 추정했다. '光和元年'은 동한 영제(靈帝)시대인 177년에 해당한다. 그는 비석 명문 가운데 '秥蟬'을 『한서』 「지리지」에 기록된 낙랑군 속현 중의 하나인 '점제현(秥蟬縣)'으로 추정했고, 이 비가 낙랑군 속현인 점제현과 관련된 유물임을 확신했다. 그는 이 비의 근처에 있는 어을동 고성을 낙랑군 점제현의 현치로 추정했다.[120]

황해도 용강군에서 발견된 비석[121]

　같은 해 9월 세키노는 압록강(鴨綠江)을 건너 통구(洞溝) 지역의 고구려 고적도 조사했다. 그는 산성하(山城河)·마선구(麻線溝) 지역에 남아 있는 고구려의 돌무지무덤(積石墳)·흙무지돌방무덤(封土石室墳)·벽화무덤(壁

120　關野貞, 1914, 「朝鮮に於ける樂浪帶方時代の遺跡」, 『人類學雜誌』第29卷 第10號, 日本人類學會, 379-391쪽.

121　朝鮮總督府, 1915, 『朝鮮古蹟圖譜 一』. 32쪽.

畵墳) 등을 조사했다.[122] 1913년 12월 조사를 마치고 돌아온 세키노는 조선교육회(朝鮮敎育會)의 강연에서 "동천왕의 평양 천도는 사실이 아니며, 고구려는 장수왕시대에 평양으로 천도했다는 주장에 관해 아직 확실한 근거가 없어 의문으로 남겨 놓지만, 장수왕이 지금의 평양 지역으로 도읍을 옮긴 일은 사실이다."라고 말했다.[123]

세키노-모구검비 조각을 발견한 지점에서[124]

평양 대동강면 무덤떼의 발굴·조사 초기에 평양 대동강면 무덤떼의 축조 집단이 낙랑군이라고 주장한 것은 고고학 자료에 근거했기보다 문헌 자료에 근거했다. 그러나 1910년대 세키노의 고적(古蹟) 조사를 통해서 주장을 뒷받침하는 고고학 자료가 보고되면서 평양 대동강면 무덤떼의 축조 집단은 낙랑군으로 굳혀졌다.

그런데 평양 대동강면 무덤떼의 축조 집단이 낙랑군이라는 주장의 고고학 근거는 평양 대동강면 무덤떼의 무덤 형식이나 출토된 껴묻거리가 아니라 주변 지역의 고적을 조사한 결과다. 그러나 1910년부터 1913년까지 세키노가 평양 지역과 황해도 지역의 고적에서 발견했다는 유물은 그 출처가 분명하지

---

122 關野貞, 1914,「朝鮮平壤附近竝滿洲輯安縣附近における樂浪及高句麗の遺蹟」,『朝鮮敎育會雜誌』第25號, 1-22쪽.

123 關野貞, 1914,「朝鮮平壤附近竝滿洲輯安縣附近における樂浪及高句麗の遺蹟」,『朝鮮敎育會雜誌』第25號, 11쪽.

124 朝鮮總督府, 1915,『朝鮮古蹟圖譜 一』, 52쪽

않다.

1912년 대동강면 토성리 토성(土城)에서 발견했다고 하는 와당과 봉니는 모두 지표에서 수습되어 그 출처가 불분명해 진위 논란을 불러일으켰다. 그래서 1935년과 1936년 2차례에 걸쳐 조선고적연구회는 토성리 토성을 발굴·조사했다.[125] 조선고적연구회는 발굴조사보고서에서 지표층 아래에서 1912년과 같은 명문을 새긴 와당과 봉니를 발견했다고 보고했다. 그러나 발굴조사보고서를 살펴보면 출토되었다는 와당과 봉니의 사진은 있지만, 이 유물들의 출토 상황을 직접적으로 보여주는 사진이나 도면은 없다. 고고학 유적의 발굴 현장에서 유물이 출토될 경우, 유물의 출토 상황을 사진이나 도면으로 반드시 남겨 유물이 해당 유적에서 나왔음을 분명히 한다. 이는 고고학 자료의 출처를 명확히 해 고고학 자료가 신뢰성을 갖게 하기 위함이다. 조선고적연구회는 발굴조사보고서에 발굴 트렌치(trench) 사진을 수록해 발굴·조사가 실제로 진행되었음을 보여주고 있다. 하지만 발굴 트렌치에서 출토된 유물의 경우, 동정(銅鼎) 하나를 제외하고는 실제 발굴 트렌치에서 출토되었는지 확인할 수 있는 사진을 전혀 수록하지 않았다.

조선고적연구회는 재정상의 어려움이 있었는데도 1935년과 1936년 2년에 걸쳐 토성리 토성을 발굴·조사했다. 이 발굴·조사의 목적은 1912년 발견한 와당과 봉니의 출처를 확실히 밝혀 토성리 토성을

토성리 토성의 발굴·조사 모습[126]

125 朝鮮古蹟研究會, 1936, 『昭和十年度古蹟調査報告』, 33-47쪽.
126 朝鮮古蹟研究會, 1936, 『昭和十年度古蹟調査報告』, 圖版 第25-1.

1935, 1936년 토성리 토성에서 출토된 봉니와 와당[127]

낙랑군 치소(治所)로 확정 짓고, 평양 대동강면 무덤떼의 축조 집단이 낙랑
군임을 확정하는 것이었다. 그러므로 고고학 발굴·조사 방법에 따라 와당과
봉니의 출처를 확실히 밝힐 수 있는 절대 불변의 증거를 남겨야 했다. 그런데
조선고적연구회 발굴조사단은 그 어떠한 증거 자료도 남겨 놓지 않았고, 그
저 발굴조사보고서에 지표 아래에서 발견했다고만 적어 놓았다. 조선고적연
구회가 도쿄제국대학 문학부 사학과 출신의 학자나 교수가 회원으로 있는 전
문 학술단체인 점을 상기한다면, 학술적 역량 부족이나 조사원의 실수라고
말할 수도 없다. 현재 동북아시아 역사학계는 이 와당들과 봉니들을 근거로
하여 낙랑군이 대동강 지역에 있었음을 주장하지만, 이 와당들과 봉니들의
출처가 확실한 것인지 먼저 확인해야 한다.

1913년 세키노가 황해도 용강군 지역에서 발견했다고 하는 비(碑)도 그 출
처에 의심이 생긴다. 세키노는 발견 당시 비가 똑바로 세워져 있었고, 비와
관련된 전설이 마을에서 전해진다고 말했다. 비가 있는 황해도 용강군 지역

---

127 朝鮮古蹟硏究會, 1936, 『昭和十年度古蹟調査報告』, 圖版 第31-1, 2, 4.

은 산간벽지(僻地)가 아니고, 관련된 전설이 있을 정도로 마을 사람이면 다 알고 있는 비가 1913년 이전에 어떤 누구에게 발견된 적이 없었다는 점은 이해되지 않는다. 더구나 발견 당시 비가 똑바로 세워져 있었고, 비에 새겨진 글씨도 알아볼 수 있을 정도였기에 용강군 지역에서라도 비의 존재를 알고 있어야 하는데, 조선 후기 지리서나 향토지(鄕土志) 기록에서 이 비의 존재를 찾을 수 없다.

황해도 용강군 비석에
보호각을 설치한 후의 모습[128]

세키노는 1923년 대동강 지역에 낙랑군이 설치되었다는 주장을 뒷받침하는 고고학 자료를 또 발견했다고 보고했다.

1923년 10월 세키노는 평양중학교 교장 토리카이 이코마(鳥飼生駒)의 요청으로 학교 진열실에 보관하고 있던 동종(銅鐘)을 조사하게 되었다. 토리카이 교장에 따르면, 이 동종은 1922년 10월 평양시 선교리(船橋里)에서 철도 선로 공사를 하는 도중에 우연히 발견되었는데, 당시 공사 관계자였던, 평양중학교 학생 하시모토 시케루(橋本繁)의 아버지가 집으로 가져왔고, 하시모토가 다시 평양중학교 진열실에 갖다 놓았다고 한다.

동종은 몸통(體)이 크고 주둥이(口)는 약간 좁으며, 배 부분(胴部)에 세 띠(帶)가 둘려져 있고 양쪽 옆에 짐승 모양 고리(獸環)가 달려 있다. 세키노는

---

128 朝鮮總督府, 1915, 『朝鮮古蹟圖譜 一』, 35쪽.

짐승 모양의 고리 옆에서 '孝文廟銅鐘容十升 中卌十斤 永光三年六月造(효문묘동종용십승 중卌十근 영광삼년육월조)'라는 세 줄의 각명(刻銘)을 발견했다. 그는 이 3줄의 각명을 해석했고, 서한 원제(元帝) 영광(永光) 3년인 기원전 41년에 서한 효문제(孝文帝) 사당(廟)에 사용하기 위해 만들었다고 추정했다. 세키노는 서한 혜제(惠帝)와 경제(景帝) 시대에 "고조(高祖) 사당인 태조묘(太祖廟)와 효문제(孝文帝)의 사당인 태종묘(太宗廟)를 황제가 다녀간 군국(郡國)에 세우게 했다."라고 기록한 『사기』와 『한서』 내용을 근거로 제시하며, 서한 무제가 위만조선을 멸망시키고 낙랑군을 설치해서 한 황실의 존엄을 변경(邊境)에 확립했으므로 변방인 낙랑군에 효문제의 사당을 건립했다고 주장했다. 세키노는 이 동종이 낙랑군이 평양 대동강면에 있었다는 점을 확실하게 증명하는 유물이라고 주장했다.[129]

평양중학교 효문묘 명 동종(銅鐘)[130]

　그러나 정인보는 동종의 '孝文廟(효문묘)'이란 각명(刻銘)은 한의 엄격한 법제에서 보면 절대로 있을 수 없다고 주장한다. '효문묘'는 '효문제의 사당'이라는 의미로, 여기에서 '효문제'는 시호(諡號)에 해당한다. 시호는 죽은 황제의 생전 공덕을 기리기 위해 나라에서 내리는 존호(尊號)로 공신(功臣)에게 내려지기도 한다. 시호 외에 차기 황제가 선황(先皇)에게 최고의 경위를 담아 추존(追尊)하는 묘호(廟號)가 있다. 묘호는 선황의 공덕을 칭송

129 關野貞, 1941, 「前漢永光三年の銅鐘」, 『朝鮮の建築と藝術』, 岩波書店, 257-261쪽.
130 關野貞, 1941, 「前漢永光三年の銅鐘」, 『朝鮮の建築と藝術』, 岩波書店, 257쪽.

하며 황실 종묘(宗廟)에 위패를 모시기 위해 오직 황제에게게만 허용된다. 정인
보는 동종은 사당에 쓰이기 위해 제작했으므로 '孝文廟'가 아닌 효문제의 묘
호인 태종(太宗)을 따라 '太宗廟'라고 해야 한다고 주장한다.[131]

　　같은 해 10월 평양복번원(平壤覆審院) 검사장인 세키구치 한(關口半)은
세키노를 찾아와 토성리 토성에서 발견했다는 '朝鮮右尉(조선우위)'가 새겨
진 봉니를 보여줬다. 세키노는 세키구치와 함께 토성리 토성의 봉니 발견 지
점을 조사했다. 봉니를 발견한 토성 주민의 증언에 따르면, 1921년 10월 세
키노가 1912년 막새와 봉니를 발견한 화전(火田)을 다시 조사하러 왔는데,
별다른 성과를 얻지 못하자 토성 거주민들에게 막새와 봉니에 관해 설명하였
다고 한다. 그런데 1922년 여름 세키노가 1912년 막새와 봉니를 발견한 화
전에서 '朝鮮右尉'이란 봉니를 발견했고, 1921년 세키노가 한 설명이 떠올
라 지금까지 보관하고 있었다고 한
다. 세키노는 '朝鮮右尉'에서 '朝
鮮'은 낙랑군 속현인 '조선현(朝鮮
縣)'이며, 낙랑군 치소가 조선현 안
에 있었다고 주장한다.[132]

　　그러나 이 '朝鮮右尉' 봉니도 1911
년 봉니와 마찬가지로 지표에서 발
견되었으므로 출처가 분명하지 않

'朝鮮右尉' 봉니[133]

131 정인보, 『조선사연구』; 문성재 역주, 2012, 『조선사연구 上』, 우리역사연구재단, 513-
　　 519쪽
132 關野貞, 1941, 「樂浪土城の封泥」, 『朝鮮の建築と藝術』, 岩波書店, 234-235쪽.
133 關野貞, 1941, 「樂浪土城の封泥」, 『朝鮮の建築と藝術』, 岩波書店, 234.

고, 출처를 증명할 수 있는 자료도 발견자의 주관적인 증언뿐이다. 또 1920년대는 평양 대동강면 무덤떼의 껴묻거리에 대한 수집 열기가 뜨거워졌던 시기로 출처와 진위가 불분명한 껴묻거리가 많았던 시기였다.[134] '朝鮮右尉'이란 봉니를 발견한 토성리 주민이 세키구치에게 봉니를 비싸게 팔기 위해 거짓말을 했을 가능성도 있다.

1911년부터 1923년까지 세키노가 발견했다는 낙랑군 관련 고고학 자료는 모두 그 출처가 분명하지 않다. 그런데도 이 고고학 자료들은 아무런 검증과정 없이 당시 일본 학자들에게 출처를 인정받고, 이 고고학 자료들을 근거로 하여 평양 대동강면 무덤떼의 축조 집단을 낙랑군으로 확정했다.

세키노는 평양 대동강면 무덤떼의 축조 집단을 낙랑군으로 확정하는 데 중요한 역할을 한 인물이다. 그는 평양 대동강면 무덤떼의 초기 발굴·조사에 직접 참여했을 뿐만 아니라 주변 지역의 고적 조사를 통해 발견했다는 고고학 자료를 낙랑군과 관련지었다. 세키노는 1911년부터 1913년까지 한 해도 빠짐없이 낙랑군과 관련성이 있다는 고고학 자료를 발견했다. 그가 3년이란 짧은 시간 동안 계속해서 낙랑군 관련 고고학 자료를 그렇게 많이 발견할 수 있었다는 점은 불가능한 일에 가깝다.

그런데 1927년 조선총독부가 출간한 『고적조사특별보고』 4책에서 대동강면무덤 갑(甲)에서 출토된 칠기의 금동 테두리 장식(金銅釦)을 설명하면서 "대정 7년 세키노가 조선총독부 박물관을 위해 북경 골동품점에서 구매한 것과 같다."라고 말하고 있다.[135] 이 내용을 통해 본다면, 세키노는 1918년 조선총독부박물관을 위해 다량의 낙랑군 관련 유물을 북경(北京) 골동품점에

---

134 황수영 편, 2014, 『일제기 문화재 피해 자료』, 국외소재문화재재단, 85-89쪽.
135 朝鮮總督府, 1927, 『古蹟調査特別報告』 第四冊, 52쪽.

서 구매했다는 사실을 알 수 있다. 이러한 사실은 그가 남긴 일기와 조선총독
부 박물관 문서에서 확인할 수 있다.

> 대정 7년 3월 20일 맑음 북경
> 서협 씨의 소개로 중산용차(중국 교통부 고문, 월후 출신)를 방문, 그의
> 소개로 우편국장 중림 씨를 방문, 우편국 촉탁인 문학사 구로다 겐이치(黑
> 田幹一) 씨의 안내로 유리창의 골동품점을 둘러보고, 조선총독부 박물관을
> 위하여 한대의 발굴품을 300여 엔에 구입함.[136]
>
> 22일 맑음
> 오전에 죽촌 씨와 유리창에 가서 골돌품을 구매함. 유리창의 골동품점
> 에는 비교적 한대의 발굴물이 많아서, 낙랑 출토류품은 대체로 모두 갖추어
> 져 있기에 내가 적극적으로 그것들을 수집함.[137]

위의 일기 내용을 보면, 1918년 세키노는 중국인 관리와 함께 북경시 유리
창의 골동품점을 돌아다니며 거금을 들여 한의 유물 특히 낙랑군 관련 유물
들을 적극적으로 수집했음을 알 수 있다. 또 국립중앙박물관이 소장한 조선

---

136 大正七年 三月 二十日 晴 北京
西脇氏ノ紹介ニヨリ中山龍次氏(支那交通部顧問, 越後出身)ヲ訪ヒ, 同氏ノ紹介ニ
ヨリ郵便局長中林(空白)氏ヲ訪, 郵便局囑託文學士黑田幹一ノ東道ニヨリ瑠璃廠ノ
骨董店ヲ廻覽ツ, 朝鮮總督府博物館ノ爲メ漢時ノ發掘品ヲ三百餘円ヲ購フ(關野貞,
2009, 『關野貞の日記』, 中央公論美術 出版社. 문성재, 2016, 『한 4군은 중국에 있었
다』, 우리역사연구재단, 351쪽 재인용).

137 二十二日 晴
午前, 竹村氏ト瑠璃廠ニ往キ古玩ヲ購フ. 瑠璃廠ノ骨董店ニハ比較的漢代ノ發掘物
多ク, 樂浪出土類品ハ大抵皆在リ, 余極力之ヲ蒐集ス..(關野貞, 2009, 『關野貞の日
記』, 中央公論美術 出版社. 문성재, 2016, 『한 4군은 중국에 있었다』, 우리역사연구
재단, 352쪽 재인용)

총독부박물관 문서 중 '대정 8~10
년도 진열 물품 청구서'를 보면, 세
키노가 한의 청동 거울인 '장의자손
경(長宜子孫鏡)' 외에 267점을 중
국에서 구입했음을 알 수 있다.[138]

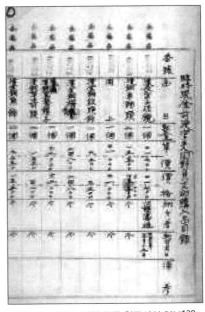

대정 8~10년도 진열 물품 청구서의 일부[139]

1918년 세키노가 베이징 유리창
에서 구매한 물품은 1915년 개관
한 조선총독부박물관에 진열할 물
품이었다. 실제 조선총독부박물관
은 '낙랑·대방군' 전시실을 운영했
다. 1918년은 1916년 조선총독부
고적조사위원회가 진행한 평양 대
동강면 무덤떼 발굴·조사에서 화려

하고 다양한 껴묻거리가 나온 이후로, 1916년 발굴·조사에서 출토된 껴묻거
리가 아니라 중국 골동품점에서 구매한, 진위(眞僞)도 불분명한 유물을 국가
박물관에 진열하려고 했던 점은 이해할 수 없다. 특히 세키노가 한의 유물을
적극적으로 수집하려고 했던 점이 의문스럽다. 그래서 세키노가 1910년대
수습한 고고학 자료가 '과연 해당 지역에서 수습되었을까' 하는 의문이 생긴
다. 세키노가 중국에서 한과 관련한 유물을 수집했다는 시기는 기록상 1918

---

138 국립중앙박물관이 소장한 조선총독부박물관 문서
   https://www.museum.go.kr/modern-history/main.do
139 국립중앙박물관 소장 조선총독부박물관 문서
   https://www.museum.go.kr/modern-history/main.do

년으로 확인할 수 있지만, 1904년 세키노가 중국 서안과 낙양을 답사했다는 사실에서 세키노가 중국에서 한의 유물을 수집했을 시기를 1910년대 이전으로 추정할 수도 있다. 이처럼 낙랑군과 관련성이 있다고 알려진 고고학 자료는 출처가 명확하지 않다는 점과 함께 그 존재 자체에 의심스러운 점도 있다.

1932년 평양 대동강면의 축조 집단이 낙랑군이라는 주장과 어긋나는 고고학 자료가 발견되었다. 1932년 평양역 쓰레기장을 건설하기 위한 공사 과정에서 벽돌방무덤 1기가 발견된 것이다. 이 벽돌방무덤을 발굴·조사하는 과정에서 '永和九年三月十日遼東韓玄菟太守領佟利造(영화구년삼월십일요동한현토태수령동리조)'가 새겨진 명문 벽돌을 발견했다. '영화 9년'은 동진(東晉) 목제(穆帝)시대인 353년에 해당한다. 발굴조사보고서는 353년은 낙랑군 멸망 시기로 추정되는 서진(西晉) 민제(愍帝) 건흥(建興) 원년인 313년에서 40년이 지난 시기로 평양 대동강 지역이 고구려의 영향권 아래에 있었던 시기였음을 지적하면서 동리(佟利)가 동진에서 '요동한현토태수령(遼東韓玄菟太守領)'이란 관직을 받고 고구려의 통제권 밖에서 낙랑 계통의 무덤을 만들었다고 주장한다.[140]

그러나 고구려와 대치 관계에 있던 낙랑군 동리가 고구려의 감시를 피해 어떻게 동진과 독자적인 외교를 할 수 있었는지가 의문이고, 동진도 어떤 이유로 4세기 후반에 동북아시아의 강력한 국가로 성장 중이던 고구려와의 갈등을 예상할 수 있는 외교적 선택을 했는지도 의문이다.

1945년 광복 후 평양 대동강면 무덤떼에 관한 발굴·조사는 북한에 의해 계속되었다. 북한은 발굴·조사를 통해 대동강면 지역에서 나무곽무덤(나무

---

140 朝鮮總督府, 1932, 『昭和七年度古蹟調査報告』 第一冊, 19쪽.

덧널무덤), 벽돌무덤(벽돌방무덤) 외에 움무덤(土壙墓)의 존재를 확인했다. 북한은 나무곽무덤을 그 평면 형태에 따라 일반 나무곽무덤과 귀틀무덤(귀틀식 나무덧널무덤)으로 구분했다. 북한은 대동강면 지역에서 움무덤, 일반 나무곽무덤, 귀틀무덤, 벽돌무덤의 순서대로 무덤의 유형이 변화·발전했다고 주장한다. 움무덤과 일반 나무곽무덤은 땅을 수직으로 파내 무덤구덩이(墓壙)를 만들어 그 안에 널을 안치한다는 구조와 껴묻거리로 좁은놋단검(세형동검), 좁은놋창(세형동모), 화분형 질그릇 등이 출토된다는 점에서 계승 관계가 있다고 주장한다. 일반 나무곽무덤과 귀틀무덤은 나무로 덧널(槨)을 만들어 그 안에 널을 안치하는 구조와 껴묻거리로 화분형 질그릇, 배부른 단지(壺) 등이 출토된다는 점에서 계승 관계가 있다고 주장한다. 그리고 귀틀무덤 중 덧널 주변을 벽돌로 에워싸거나 벽돌을 바닥이나 천장에 깐 무덤이 있는 점과 껴묻거리로 칠기, 질그릇, 장신구 등이 공통으로 출토된다는 점에서 귀틀무덤과 벽돌무덤은 계승 관계가 있다고 주장한다. 북한은 이 무덤들의 유형의 축조 시기를 움무덤이 기원전 4~2세기, 일반 나무곽무덤이 기원전 2세기 후반~1세기, 귀틀무덤이 기원전 1세기 후반~기원후 2세기 후반, 벽돌무덤이 2세기 후반~4세기 초라고 주장한다.

북한 역사학계는 고조선과 위만조선이 중국 요녕성 서북 지역과 요동반도에 있었으므로 낙랑군을 포함한 한 4군도 이 지역들에 설치되었다는 점과 귀틀무덤과 벽돌무덤이 한의 무덤과 구조 형식 및 껴묻거리에서 차이점이 있다는 점을 제시하며, 귀틀무덤과 벽돌무덤은 낙랑군과 관련이 없다고 주장한다. 북한 역사학계는 움무덤과 일반 나무곽무덤에서 좁은놋단검, 좁은놋창이 출토된 점을 근거로 하여 이 무덤들이 고조선의 비파형동검 문화를 계승한 문화라고 추정하고, 위만조선이 멸망한 후 중국에서 대동강 지역으로 옮겨온 고조선 유민이 축조했다고 주장한다. 그리고 이 무덤들과 계승 관계가 있는 귀틀무덤과 벽돌무덤도 고조선 유민이 축조했다고 주장한다.[141]

그런데 북한 역사학계는 1990년대 단군릉을 발굴·조사한 후 평양을 중심으로 고조선이 있었다고 인식하며, 소위 '대동강문화론'을 주장했다. 이러한 주장은 낙랑군이 평양을 중심으로 설치되었다는 주장과 연결되며, 북한 역사학계가 1990년대 이전에 주장한 평양 대동강면 무덤떼의 축조 집단이 고조선 유민이라는 점과 어긋난다. 그런데도 북한 역사학계는 평양 대동강면 무덤떼의 축조 집단은 고조선 유민이 건국한 최리(崔理)의 낙랑국(樂浪國)이며, 한의 무덤과 관련이 없다고 주장한다.[142] 하지만 『삼국사기』에 따르면, 32년 고구려 대무신왕은 최리의 낙랑국을 습격했고, 최리는 고구려에 항복했다고 한다.[143] 북한 역사학계가 추정한 귀틀무덤과 벽돌무덤의 축조 시기는 최리의 낙랑국 존재 시기와 일치하지 않는다.

평양 대동강면 무덤떼의 축조 시기와 구조 및 껴묻거리가 한의 무덤과 차이가 있다는 주장은 1990년대 이후 한국 역사학계에서도 제기되었다. 그러나 한국 역사학계는 낙랑군이 평양을 중심으로 설치되었다는 주장을 계속 유지했다.

---

141 황기덕 외, 1971, 「기원전 5세기~기원 3세기 서북조선의 문화」, 고고민속론문집 3, 사회과학출판사, 1-107쪽.

142 鄭永振 외, 2003, 「平壤一帶的樂浪墓葬-2010~2011年度發掘報告」, 연변대학교 香港亞洲出版社.

143 『三國史記』卷第十四 高句麗本紀 第二 大武神王 15年
夏四月, 王子好童遊於沃沮, 樂浪王崔理出行, 因見之問曰, "觀君顔色, 非常人. 豈非北國神王之子乎." 遂同歸, 以女妻之. 後好童還國, 潛遣人, 告崔氏女曰, "若能入而國武庫, 割破鼓角, 則我以禮迎, 不然則否." 先是, 樂浪有鼓角, 若有敵兵則自鳴. 故令破之. 於是, 崔女將利刀, 潛入庫中, 割鼓面·角口, 以報好童. 好童勸王襲樂浪. 崔理以鼓角不鳴不備. 我兵掩至城下, 然後知鼓角皆破. 遂殺女子, 出降 或云, "欲滅樂浪, 遂請婚, 娶其女爲子妻, 後使歸本国, 壞其兵物.".

켄지 타카구(高久健二)는 평양 대동강면 무덤떼의 무덤방 구조(매장주체부)를 몇 개의 유형으로 구분하고, 이것을 사회계층에 따른 차이로 설명한다. 그는 낙랑군 사회계층을 3개 계층(rank)으로 분류했는데, 상위계층은 한식화(漢式化) 정도가 강하고 하위계층은 한식화 정도가 약하며, 시간이 지나면서 한식화가 상위계층에서 하위계층으로 확대되었다고 주장한다. 켄지 타카구는 나무덧널무덤 중 부부합장묘는 기원전 1세기 후반에 상위계층에서 출현했고, 벽돌방무덤은 1세기 말에서 2세기에 하위계층에서 출현했다고 분석한다. 그는 평양 대동강면 지역의 벽돌방무덤이 한의 벽돌방무덤보다 출현이 늦었다고 주장했는데 그 이유로, 상위계층의 의도적 방해가 있었다는 점과 1세기 말 동한(東漢)의 약화와 함께 낙랑군의 정당한 지배구조가 붕괴하면서 하위계층에서 벽돌방무덤을 채용한 점을 들었다. 그런데 3세기 공손 씨(公孫氏)가 낙랑군 남쪽에 대방군(帶方郡)을 설치함에 따라 다수의 한인이 평양 대동강면 지역으로 이동하게 되었고, 이것을 계기로 낙랑군의 정당한 지배구조가 회복되면서 벽돌방무덤이 하위계층에서 중간계층으로 확대되었다고 주장한다. 켄지 타가구는 벽돌방무덤이 확대된 3세기에도 상위계층은 여전히 귀틀식 나무덧널무덤을 고집했다고 주장하며, 세 차례에 걸쳐 무덤을 개조한 석암리 제205호 무덤을 그 근거로 들었다. 그는 한 시대에는 자신의 출신지에 매장하는 귀장(歸葬) 풍습이 있었기에 중앙에서 임명된 낙랑군의 장관(長官)은 자신의 출생지에 매장되었을 가능성이 크기 때문에 평양 대동강면 무덤떼의 주인공들은 장관이 임명하는 토착민 관료들로 추정한다. 또 그는 평양 대동강면 무덤떼의 구조나 껴묻거리에서 나타나는 한식(漢式) 요소는 토착민 관료가 한의 문화를 적극적으로 받아들인 결과로 이해해야 한다고 주장한다.[144]

켄지 다카구는 낙랑군 내 사회계층 사이의 차이로 평양 대동강면 무덤떼의 축조 집단을 설명한다. 그러나 그는 낙랑군 내 사회계층을 3개로 구분한 기준이 무엇인지 구체적으로 밝히지 않았고, 무덤방 구조의 차이가 사회계층을 반영하는지도 분명하지 않다. 그리고 그가 피지배층으로 구분한 하위계층이 대형 벽돌방무덤을 축조할 만한 경제력을 가지고 있었는지도 의문이다.

오영찬은 한의 군현제(郡縣制)에서 내군(內郡)인 중원 지역은 한의 황제가 직접 지배하고, 외군(外郡)인 변경 지역은 재지 세력을 통해 간접 지배한다고 분석했다. 그래서 한의 변경에 속하는 낙랑군은 자율성을 가진 재지 세력이 지배했고, 낙랑군이 설치된 이후에도 지배층을 제외한 위만조선 주민은 그대로 살고 있었다고 주장한다. 그는 평양 대동강면 무덤떼의 무덤 유형을 단장(單葬) 나무덧널무덤, 귀틀식 나무덧널무덤, 벽돌방무덤으로 구분하고, 각 무덤 유형에 따라 축조 집단이 달라졌다고 주장한다. 단장 나무덧널무덤은 기원전 1세기 위만조선 유민이 축조했고, 이 시기에 귀장(歸葬) 풍습으로 한인(漢人) 군현 관리의 무덤은 존재하지 않는다고 주장한다. 귀틀식 나무덧널무덤은 1세기 이후 한화(漢化)된 고조선계 주민이 축조했고, 이 시기에 고조선계 주민이 낙랑군의 지배 아래에서 한화되어 낙랑인(樂浪人) 집단이 형성되었다고 주장한다. 벽돌방무덤은 3세기 이후 공손 씨의 대방군 설치로 군사 원정이 수반됨에 따라 요동(遼東)과 산동(山東) 지역에서 유입된 한인이 축조했다고 주장하며, 대방군 설치 지역인 황해도 지역에서 벽돌방무덤이 처음 확인된다는 점을 그 근거로 제시한다. 오영찬은 '낙랑인'을 단지 '낙랑군 사람'이 아니라 낙랑군이 설치된 후, 한 문화의 영향을 받아 한화된 고조선계

144 켄지 타카구(高久健二), 1994, 『樂浪古墳文化 研究』, 박사학위논문, 동아대학교 대학원

주민과 중원에서 평양 대동강면 지역으로 들어와 재지화(在地化)된 토착 한인을 포괄하는 개념이라고 설명한다.[145]

오영찬은 낙랑군 내 종족(種族) 사이의 차이로 평양 대동강면 무덤떼의 축조 집단을 설명한다. 그는 고조선계 유민이 한 문물을 받아들여 새롭게 '낙랑인'이 탄생했다고 주장하고, 그들을 귀틀식 나무덧널무덤의 축조 집단으로 보았다. 그런데 문헌 자료를 보면 낙랑군에 관한 한의 영향력이 낙랑군에 계속해서 미쳤다고 생각할 수 없다.

⑤ 20년 왕이 낙랑을 습격하여 멸망시켰다.[146]

⑥ 27년 가을 9월에 한의 광무제가 병력을 보내 바다를 건너 낙랑을 치게 하고, 그 땅을 빼앗아 군현으로 삼으니, 살수(薩水) 이남이 한(漢)에 속하게 되었다.[147]

사료 ⑤, ⑥은 고구려와 동한이 낙랑군을 두고 벌어진 전쟁에 관한 기록이다. 사료 ⑤, ⑥에 따르면 37년 고구려 대무신왕(大武神王)은 낙랑군을 습격해 멸망시켰고, 44년 동한 광무제는 낙랑군 지역을 다시 빼앗아 다시 군현을 설치했다고 한다. 따라서 낙랑군에 관한 한의 영향은 한국 역사학계의 주장처럼 317년까지 유지되지 않았고, 낙랑군 지배 세력이 시대 상황에 따라 한

---

145 오영찬, 2006, 『낙랑군 연구』, 사계절.
146 『三國史記』卷第十四 高句麗本紀 第二 大武神王 二十年
   王襲樂浪滅之
147 『三國史記』卷第十四 高句麗本紀 第二 大武神王 二十七年
   秋九月, 漢光武帝遣兵渡海伐樂浪, 取其地爲郡縣, 薩水已南屬漢.

나라의 영향력에서 벗어난 시기가 있었다.

평양 대동강면 무덤떼의 축조 집단에 관한 추정에서 중요한 근거는 위만조선의 도성인 왕험성이 지금의 평양시 일대이며, 낙랑군도 평양을 중심으로 설치되었다는 주장이다. 그런데 최근 위만조선의 왕험성이 있던 곳이 지금의 평양시 일대가 아니라는 주장이 제기되고 있다.

조법종은 『사기』·『한서』 후국(侯國)에 대한 표(表)를 분석한 결과, 낙랑군이 설치된 시기와 위만조선이 붕괴한 시기가 다르다는 사실을 발견했다. 그는 『한서』 「오행지(五行志)」와 「지리지」의 기록에서 낙랑군·진번군·임둔군보다 현토군의 설치 시기가 1년 늦는데, 이것은 위만조선이 멸망한 후 현토군이 설치되었기 때문으로 주장한다. 그는 『사기』 조선열전 가운데, "원봉 3년(기원전 108) 여름, 이계상(尼谿相) 삼(參)이 조선왕 우거(右渠)를 죽이고 항복했으나 왕험성은 함락되지 않았다. 죽은 우거의 대신(大臣) 성기(成己)가 또 반하여 다시 군사들을 공격하였다. 좌장군은 우거의 아들 장강(長降)과 상(相) 노인(路人)의 아들 최(最)로 하여금 그 백성을 달래고 성기를 죽이도록 하였다. 이로써 드디어 조선을 평정하고 4군(郡)을 설치했다.[148]"라는 내용을 근거로 하여, 위만조선의 붕괴 시점은 기원전 108년이 아니라 기원전 107년이라고 주장한다. 그는 이 같은 검토 내용을 종합해 왕험성 지역에 낙랑군이 설치되지 않았고, 현토군 설치 지역이 위만조선의 왕험성이라고 주장한다.[149]

---

148 『史記』 「朝鮮列傳」 古朝鮮
　　元封三年 夏, 尼谿相參乃使人殺朝鮮王右渠來降. 王險城未下, 故右渠之大臣成巳又反, 復攻吏. 左將軍使右渠子長降, 相路人之子最, 告諭其民, 誅成巳, 以故遂定朝鮮, 爲四郡.
149 조법종, 2000, 「衛滿朝鮮의 崩壞時點과 王儉城·樂浪郡의 位置」, 『한국사연구』 110,

정인성도 낙랑군의 설치 지역이 위만조선의 왕험성이 아니라는 주장에 동의한다. 그는 낙랑군의 설치 지역인 지금 대동강 지역에서 기원전 2세기 이전에 해당하는 유적이나 유물이 없다는 점을 지적한다. 그는 북한학계가 고조선 성곽이라 보고한 평양 주변의 토성(土城) 자료는 고고학적 증거가 빠진 억지 주장이고, 낙랑군 치소로 추정하는 토성리 토성의 축조 시기는 낙랑군의 설치 시기와 대체로 일치한다고 주장한다. 그는 『한서』「조선전(朝鮮傳)」 가운데, "점차 진번(眞番)·조선(朝鮮)의 만이(蠻夷)와 옛 연나라(燕)·제나라(齊)의 망명자를 복속시켜 거느리고 왕이 되었으며, 왕험(王險)에 도읍을 정했다.[150]"라는 내용을 근거로 하여, 위만조선에 중국 연나라와 제나라의 물질문화가 있었다고 추정한다. 그런데 연나라와 제나라의 물질문화는 지금의 대동강 지역에서 확인되지 않고, 대신 요동반도(遼東半島)의 목양성(牧羊城) 지역 등에서 확인된다. 그래서 그는 요동반도의 연나라 및 제나라의 물질문화와 같은 성격인 세죽리–연화보 문화[151]를 위만조선의 바탕문화로 생각하고, 위만조선의 왕험성이 요동반도에 있었다고 주장한다.[152]

유창종은 동북아시아 와당(瓦當)을 근거로 하여 낙랑군의 위치를 고증한다. 그는 요녕성의 능원시(凌原市)와 심양시(瀋陽市) 지역에서 연나라 와당

한국사연구회, 5-28쪽.

150 『漢書』「朝鮮傳」古朝鮮
　　稍役屬眞番·朝鮮蠻夷 及故燕齊亡在者, 王之, 都王險.

151 기원전 3~2세기 무렵 중국 요하(遼河)의 동쪽에서 청천강 이북에 걸쳐 분포했던 문화의 유형으로 요녕성 푸순시(撫順市) 연화보 유적과 평안북도 영변 세죽리 유적을 표지(標識)로 한다. 무덤으로는 토광무덤과 독널무덤이 있고, 집자리로는 구들이 있는 움집이 있다. 명도전(明刀錢)이 반량전(半兩錢)과 함께 출토되며, 철기로서 호미·괭이·삽·낫·반달칼·도끼 등의 농구, 자귀·끌·손칼·송곳 등의 공구, 그리고 창끝·검·칼 등의 무기가 있다(『고고학사전』, 2001, 국립문화재연구소, 853쪽).

152 정인성, 2017, 「고고학으로 본 위만조선 왕검성과 낙랑」, 『제41회 한국고고학대회발표문』, 한국고고학회, 54-80쪽.

이 출토되므로 이 지역들은 연나라 영토로 연나라의 관서(官署)가 있었다고 주장한다. 이러한 사실을 "연나라 진개(秦開)가 고조선의 서쪽 지방을 공격해 2천여 리를 빼앗겼다."라는 『삼국지』「위략」「동이전」 기록과 연결해 고조선은 건국되고 약 2천 년 동안 요서-요동에 있다가 기원전 200년 무렵에 지금의 대동강 지역으로 옮겼다고 주장한다. 그는 요녕성 조양시(朝陽市) 지역에서 기원전 9세기에 비파형동검과 다뉴조문경을 중심으로 십이대영자문화가 번성했지만 기원전 4세기에 중단되었다는 점, 요양시(遼陽市)와 심양시 지역에 축조 시기가 기원전 3세기 전반에 해당하는 연나라 지배층 분묘(墳墓)가 있다는 점 등을 추가로 제시했다. 그는 낙랑군 치소로 추정하는 토성리 토성에서 출토된 와당의 제작기법이 서한 중기 이후부터 사용하지 않은 '절당법'이라는 사실을 근거로 하여, 토성리 토성이 낙랑군의 설치 시기와 일치한다고 보았다. 그는 이러한 고고학 증거를 종합해서, 낙랑군은 설치 초기에 고조선의 과거 도읍인 요서-요동 지역에 설치되었다가 오래되지 않아 지금의 대동강 지역으로 이동했고, 317년 고구려의 공격으로 다시 처음 설치된 요서-요동 지역으로 이동했다고 주장한다.[153]

이들의 주장은 "위만조선 왕험성과 낙랑군이 대동강에 있었다는 주장과 평양 대동강면 무덤떼의 축조 집단이 낙랑군이라는 주장은 모두 대일항쟁기 일본 학자들의 식민사학(植民史學) 결과물"이라는 비판에 대한 반론이다. 그들은 낙랑군의 설치 지역과 왕험성 지역을 구분해서 위만조선 영역을 요녕성 지역까지 확대함으로써 그들의 연구가 식민사학의 연장이라는 비판에서 벗어나고자 했다. 그러나 이들은 여전히 낙랑군은 평양을 중심으로 한 지역에

---

153 유창종, 2016, 「와당으로 본 낙랑군」, 『한국 상고사의 쟁점: 낙랑군 위치』, 동북아역사재단, 11-41쪽.

설치되었고, 평양 대동강면 무덤떼도 낙랑군이 축조했다고 주장한다.

중국 학계도 평양 대동강면 무덤떼의 축조 집단을 낙랑군으로 추정한다. 황샤오펀(黃曉芬)은 평양 대동강면 무덤떼의 결구 형식이나 껴묻거리가 낙랑군에 속하는 지방 관료 계층의 무덤임을 증명한다고 주장한다. 그는 시기가 비교적 이른 무덤은 모두 한의 나무덧널무덤 형식이고, 덧널의 구조상에서 서한 덧널무덤의 일부를 계승했다고 확신한다. 또 그는 시간의 흐름에 따라 각재와 작은 벽돌을 사용해서 축조한 방무덤이 출현했는데, 이 방무덤도 동한 벽돌무덤의 형식을 계승했다고 확신한다.[154] 왕페이신은 기원전 3세기 말에서 2세기 초, 평양을 중심으로 하는 한반도 서북한 지역에서 토착 주민의 무덤인 석광묘(石壙墓)가 줄어들고 토광묘(土壙墓)가 유행했다는 점은 위만이 고조선으로 들어온 것과 밀접하게 관련되어 있다고 주장한다. 그는 한반도 서북한 지역의 나무덧널무덤은 토광묘와 계승 관계가 없으며, 나무덧널무덤의 출현은 한 4군의 설치와 관련되어 있다고 보았다. 또 그는 평양 대동강면 무덤떼는 한의 문화의 영향을 받았지만, 재지(在地)의 고유한 문화 전통을 그대로 유지했다고 주장한다. 그는 평양 대동강면 무덤떼의 재지적 특징으로 나무덧널무덤의 유행 기간이 비교적 길다는 점과 껴묻은 질그릇이나 명기(明器)가 발달하지 않았다는 점을 들고 있다.[155] 정준레이(鄭君雷)는 중국 동부 지역을 조양(朝陽), 금주(錦州), 요양(遼陽), 대련(大連) 4개의 지역으로 구분하고, 이 지역들에 있는 한의 무덤의 유형, 시기, 특징을 연구했다. 그는 중국 동부 지역에 있는 한의 무덤의 연구 범위에 평양 대동강면 무덤떼를 제외했다. 그 이유로 평양 대동강면 무덤떼는 중국 동부 지역에 있는 한의 무덤

---

154 黃曉芬 저; 김용성 역, 2006, 『한대의 무덤과 그 제사의 기원』, 학연문화사, 249쪽.
155 왕페이신(王培新); 오영찬 옮김, 2016, 『중국 고고학에서 본 낙랑고분』, 진인진.

과 문화 관계 및 공통된 성질이 있지만, 한 묘장제도(墓葬制度)의 지역적 특징이 뚜렷하지 않기 때문이라는 점을 들었다. 그런데도 그는 중국 동북 지역에 있는 한의 무덤, 경진당(京津唐) 지역에 있는 한의 무덤을 평양 대동강면 무덤떼와 함께 '한묘유주분포구(漢墓幽州分布區)'라는 한 범위로 묶고, 이 범위 안에 있는 한의 무덤은 비교적 공통 성질이 많이 있다고 보았다.[156]

지금까지 고찰한 내용을 종합하면, 선행연구는 근거 자료가 부족한 "낙랑군이 지금의 대동강 지역에 설치되었다."라는 주장을 확고하고 불변하는 것으로 여기고, 평양 대동강면 무덤떼의 축조 집단을 낙랑군으로 추정하는 주된 근거로 제시한다. 고고학 자료도 그 주장에 맞춰 해석하며, 출처가 분명하지 않은 고고학 자료도 철저히 검증하지 않고 그 주장에 맞추고 있다.

---

156 鄭君雷, 2019,《中國東北地區漢墓硏究》舊稿檢討, 『邊疆考古與民族史續集』, 科學出版社, 83-112쪽.

III

평양 대동강면
무덤떼의 구조 및 껴묻거리

1909년부터 1945년까지 발굴·조사된 평양 대동강면 무덤떼 중에서 구조나 껴묻거리를 알 수 있는 무덤은 총 60기다. 이 무덤들은 무덤방(墓室) 형태에 따라 나무덧널무덤(木槨墓), 벽돌방무덤(塼室墓), 돌방무덤(石室墓)으로 구분된다. 돌방무덤은 1932년 발굴·조사된 남정리 제119호 무덤 1기뿐이므로 본 논문은 나무덧널무덤과 벽돌방무덤을 중심으로 살펴보기로 한다.

1. 나무덧널무덤(木槨墳)

발굴·조사로 확인된 무덤 60기 중에서 나무덧널무덤은 총 32기다. 나무덧널무덤은 평지나 낮은 언덕에 무덤구덩이(墓壙)를 파고 그 안에 나무 각재로 덧널(槨)을 만들고, 덧널 안에 널(棺)과 껴묻거리를 두고 천장(天障)을 덮은 뒤 그 위에 다시 흙을 덮은 무덤이다. 나무 각재로는 밤나무, 신갈나무, 졸참나무, 참나무 등을 사용했다. 겉모습은 흙을 반구(半球) 모양으로 쌓아 올린 흙무지무덤(封土墳)으로 추정된다. 조사자에 따라 네모진 아랫면에 평평한 윗면을 가진 방대형(方臺形)으로 추정하기도 한다. 발굴·조사를 할 때 풍화와 주민의 채굴로 흙이 무너져 내린 상태였기 때문에 어떤 모습인지 확신할 수 없다.

1) 구조

(1) 무덤방(墓室)의 구성

나무덧널무덤의 무덤방 구성은 덧널 개수에 따라 덧널이 한 개인 일곽다장묘, 중심덧널과 딸린덧널이 나란히 붙어 있는 이곽다장묘, 널길·앞방·뒷방이 서로 연결된 이실묘, 덧널이 3개인 다곽단장묘로 분류될 수 있다.

일곽다장묘(一槨多葬墓, A1)는 하나의 흙무지 안에 하나의 나무덧널을 만들고 그 안에 2기 이상의 널과 껴묻거리를 둔 것이다. 이 무덤은 다시 덧널 공간을 나눈 무덤과 나누지 않은 무덤으로 분류될 수 있다.

덧널을 구분한 무덤(A1-1)은 덧널 공간을 칸막이벽(隔壁) 또는 나무 각재 1개로 널을 안치하는 널방(玄室)과 껴묻거리를 두는 껴묻거리방(副葬品室)으로 나눈 것이다.

칸막이벽으로 공간을 나눈 무덤(A1-1-1)으로 오야리고분, 정백리 제2호

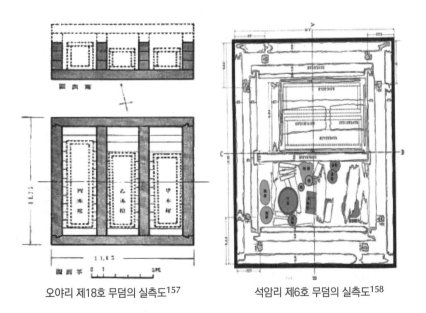

오야리 제18호 무덤의 실측도[157]　　석암리 제6호 무덤의 실측도[158]

무덤, 정백리 제3호 무덤, 석암리 제6호 무덤, 석암리 제200호 무덤, 오야리 제18호 무덤이 있다. 칸막이벽은 나무덧널과 같은 종류의 나무 각재를 덧널 벽 높이에 맞춰 쌓아 만들었다. 특히 오야리 제18호 무덤은 칸막이벽 2개를 설치해 덧널을 3개 공간으로 나눴고 각 공간에 널 1기를 안치하고 껴묻거리를 두었다. 무덤에 따라 널방에 나무판자(木板)로 안덧널(內槨)을 추가 설치해 널의 보호에 신경을 쓰기도 했다.

나무 각재 1개로 공간을 나눈 무덤(A1-1-2)으로 오야리 제19호 무덤, 석암리 제201호 무덤, 정백리 제127호 무덤, 정백리 제13호 무덤, 정백리 제122호 무덤, 정백리 제17호 무덤, 정백리 제19호 무덤, 장진리 제30호 무덤, 석암리 제212호 무덤, 석암리 제257호 무덤, 석암리 제219호 무덤이 있다. 나무 각재는 보통 덧널 바닥과 결구(結構) 없이 덧널 바닥 위에 동서 또는 남북 방향으로 '一'자(字) 모양으로 놓았다. 그러나 일부 무덤은 나무 각재를 다른 모양으로 놓았다. 정백리 제17호 무덤은 나무 각재를 '十'자 모양으로 놓아 두어 4개(동남방, 북방, 서북방, 서방)로 나눴다. 이 방 중에서 동남방을 널방으로 사용했고 나머지 방을 껴묻거리 방으로 사용했다. 장진리 제30호 무덤은 동서 벽에 이르는 나무 각재에 남벽에 이르는 나무 각재를 '丁'자 모양으로 놓아 두어 동남방·북방·서방 3개로 나눴다. 이 방 중에서 동남방·서방을 널방으로 사용했고, 동방은 껴묻거리 방으로 사용했다. 석암리 제212호 무덤은 먼저 덧널 동남 모서리에 인접해 안덧널을 설치한 뒤, 안덧널 북쪽과 서쪽 면을 따라 나무 각재를 'ㄴ'자 모양으로 놓아 두었다. 무덤에 따라 널방에 나무판자로 안덧널을 추가 설치해 널 보호에 신경을 쓰기도 했다. 오야

157 朝鮮總督府, 1935, 『昭和五年度古蹟調査報告』第一冊, 8쪽.
158 朝鮮總督府, 1927, 『古蹟調査特別報告』第四冊 圖版 上冊, 114쪽.

리 제19호 무덤, 석암리 제201호
무덤, 정백리 제127호 무덤, 정백
리 제19호 무덤, 장진리 제30호 무
덤, 석암리 제212호 무덤, 석암리
제257호 무덤이 여기에 해당한다.

덧널을 나누지 않은 무덤(A1-2)
은 덧널 공간을 나누지 않고 널을
덧널 중앙 또는 한쪽에 치우치게
안치하고 나머지 공간에 껴묻거리
를 둔 것이다. 이 무덤으로 석암리
제9호 무덤, 갈성리갑분, 석암리 제
194호 무덤, 석암리 제20호 무덤,
석암리 제52호 무덤, 오야리 제21
호 무덤, 석암리 제260호 무덤, 정
백리 제8호 무덤, 정백리 제59호
무덤, 정백리 제4호 무덤이 있다.

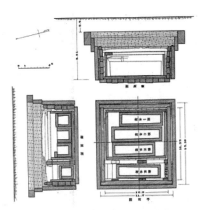

오야리 제19호 무덤의 실측도[159]

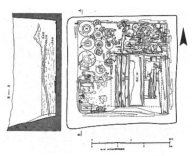

석암리 제194호 무덤의 실측도[160]

안치한 널의 숫자는 2기(석암리 제20호 무덤, 석암리 제52호 무덤, 정백리
제59호 무덤·정백리 제4호 무덤), 3기(석암리 제194호 무덤, 오야리 제21호
무덤), 4기(정백리 제8호 무덤)로 다양하다.

이곽다장묘(二槨多葬墓, A2)는 하나의 흙무지 안에 중심덧널(主槨)에 딸
린덧널(副槨)을 덧붙여 조성한 것이다. 이 무덤으로 석암리 제205호 무덤이

---

159 朝鮮總督府, 1935, 『昭和五年度古蹟調查報告』第一冊, 圖版 第6.
160 樂浪漢墓刊行會, 1974, 『樂浪漢墓第1冊-大正十三年度發掘調查報告書』, 12쪽.

있다. 중심덧널은 북벽에서 약 0.9m인 곳에 나무판자로 된 칸막이벽을 두어 북방과 남방으로 나눴다. 남방에 널 3기를 안치했고, 북방에 껴묻거리를 두었다. 딸린덧널은 중심덧널의 서쪽에 조성되어 있다. 딸린덧널은 남쪽 벽에 인접해 널 1기를 안치했고 나머지 북쪽 공간에 껴묻거리를 두었다. 석암리 제205호 무덤은 처음부터 중심덧널과 딸린덧널로 조성한 것이 아니라 무덤을 조성한 이후 세 차례에 걸쳐 개조(改造)한 것으로 추정된다. 중심덧널의 남방 바닥은 2겹이지만 서쪽 일부분은 2겹이 아니고 조잡하게 만들어져 있다는 점, 중심덧널 가장 서쪽에 안치한 널 아래에서 칠기(漆器) 조각이 확인된 점, 딸린덧널의 널 아래에서 여러 껴묻거리가 확인된 점이 그 이유다. 석암리 제205호 무덤의 개조과정을 짐작해 보면, 무덤을 처음 조성할 때 중심덧널의 남북으로 칸막이벽을 설치해 동방과 서방으로 구분한 뒤, 동방에 널 2기를 안치하고 서방에 껴묻거리를 두었을 것이다. 시간이 흐른 뒤 딸린덧널을 중심덧널 서쪽에 조성한 뒤, 중심덧널 서방에 있던 껴묻거리를 옮기고, 중심덧널 칸막이를 제거한 뒤, 널 1기를 중심덧널의 서쪽에 추가 매장(埋葬)을 했을 것이다. 다시 시간이 흐른 뒤 중심덧널에 칸막이 벽을 설치한 뒤, 딸린덧널의 껴묻거리를 옮기고, 딸린덧널에 널 1기를 추가 매장해 지금의 무덤방 구성을 완성했을 것이다. 석암리 제205호 무덤은 나무덧널무덤의 무덤방 구성이 하나의 나무덧널에 널 2개를 합장하는 일곽합장묘(一槨合葬墓)에서 하나의 덧널에 널 2개 이상을 합장하는 일곽다장묘(一槨多葬墓)로 바뀌었음을 알려준다.

이실묘(二室墓, A3)는 하나의 흙무지 안에 널길(羨道)·앞방(前室)·뒷방(後室)을 조성하고 통로로 연결한 것이다. 이 무덤은 나무덧널 2개가 나란히 붙어 있다는 점에서 이곽다장묘와 비슷하다. 그러나 널길·널문(羨門)이 확인되

고 나무덧널 2개가 통로(通路)로 연결돼 있다는 점에서 별도의 무덤방 구성
으로 분류될 수 있다. 이 무덤으로 남정리 제116호 무덤이 있다. 널길은 흙벽
으로 널문에서 지상 방향으로 짧게 조성돼 있었다. 널문은 5개씩 7단으로 쌓
은 크기가 다른 나무 각재로 막혀 있었고 바깥으로 열리는 문짝이 달려 있었
다. 특히 널문 위를 가로질러 놓은 나무 각재의 가장 윗단에서 벽돌로 쌓은
구조물이 확인되었다. 이 벽돌 구조물은 발굴·조사를 할 때 이전의 도굴 시
도로 부서져 버려 원래 모습은 남아 있지 않았다. 남아 있는 모양으로 봤을
때 이 벽돌 구조물은 위로 갈수록 점점 폭이 좁아지는 모습으로 짐작된다. 조
사자는 이 벽돌 구조물에 대해 흙을 막으려는 목적뿐 아니라 장식적(裝飾的)
목적도 있었을 것으로 추정했다. 앞방은 주로 껴묻거리방으로 사용했고, 뒷
방은 안덧널에 널 3개를 안치한 널방으로 사용했다. 앞방과 뒷방은 각각 양
쪽 방을 향해 열리는 무덤문(玄門)이 달린 통로로 연결되어 있었다. 남정리
제116호 무덤의 평면은 가로로 긴
사각형을 한 앞방과 세로로 긴 사
각형을 한 뒷방이 '丁'자 모양으로
연결된 형태다. 이 평면 형태는 평
양 대동강면 지역의 벽돌방무덤 중
이실묘(二室墓)의 평면 형태와 같
아 주목된다.

남정리 제116호 무덤의 실측도[161]

　다곽단장묘(多槨單葬墓, A4)는 하나의 흙무지 안에 2개 이상의 독립된 나
무덧널을 만들고 각 나무덧널에 널과 껴묻거리를 둔 것이다. 이 무덤으로 오

---

161 朝鮮古蹟研究會, 1934, 『古蹟調查報告 第一-樂浪彩篋塚-』, 圖版 第34.

야리 제20호 무덤이 있다. 오야리 제20호 무덤은 하나의 흙무지 안에 같은 모양의 나무덧널 3개를 만들었고, 각 나무덧널에 널 1기와 껴묻거리를 두었다. 각 나무덧널은 공간을 나누지 않고 한쪽 덧널 벽에 인접해 널 1기를 안치했고, 나머지 공간에 껴묻거리를 두었다. 나무덧널 3개는 처음 무덤을 조성할 때 함께 조성한 것은 아니고, 시간 차이를 두고 조성했을 것으로 추정된다. 오야리 제20호 무덤을 통해 평양 대동강면 지역에 하나의 덧널에 1기의 널만 안치한 일곽단장묘(一槨單葬墓)가 존재했음을 알려준다.

(2) 덧널 바닥(床)

나무덧널무덤의 덧널 바닥은 조성 방식에 따라 나무 각재만 깐 것, 점토와 나무 각재를 깐 것, 점토·받침목·나무 각재를 깐 것, 자갈 또는 흙과 나무 각재를 깐 것으로 분류될 수 있다. 덧널 바닥의 조성 방식 차이는 덧널 벽의 축조 방식, 천장 구조, 무덤방 규모와 상관없이 처음 무덤을 조성할 때 선택한 결과로 짐작된다. 덧널 바닥을 조성할 때 나무 각재 외에 점토, 받침목 등을 둔 것은 빗물이나 지하수가 나무덧널로 스며들어 가는 것을 막기 위함이다. 발굴·조사 때 덧널 바닥이 덧널의 다른 부분에 비교해 원형이 비교적 잘 남아 있는 이유는 이러한 조성 방식 때문일 것이다.

나무 각재만 깐 무덤(B1)은 무덤구덩이 바닥을 잘 다진 뒤 그 위에 나무 각재를 나란히 두어 덧널 바닥을 조성한 것이다. 이 무덤으로 오야리고분, 오야리 제18호 무덤, 석암리 제201호 무덤, 정백리 제8호 무덤, 정백리 제13호 무덤, 정백리 제122호 무덤, 정백리 제59호 무덤, 정백리 제19호 무덤, 석암리 제257호 무덤, 정백리 제4호 무덤이 있다. 덧널 바닥은 보통 나무 각재를 한 겹으로 두어 조성했는데, 오야리고분·석암리 제201호 무덤은 나무 각재를 두 겹으로 두어 바닥을 조성했다. 정백리 제13호 무덤은 바닥 나무 각재 아래 중앙에 남북 방향으로 홈통을 설치하기도 했다. 조사자는 이 홈통을 배수(排水) 시설로 짐작했다.

점토와 나무 각재를 둔 무덤(B2)은 무덤구덩이의 바닥을 잘 다지고 점토를 두껍게 깐 뒤 그 위에 나무 각재를 나란히 두어 덧널 바닥을 조성한 것이다. 이 무덤으로 정백리 제3호 무덤, 석암리 제205호 무덤, 오야리 제20호 무덤, 오야리 제21호 무덤, 남정리 제116호 무덤이 있다. 특히 남정리 제116호 무덤은 점토를 깔지 않고 무덤구덩이 바닥의 점토층 위에 나무 각재를 두어 덧널 바닥을 조성했다. 무덤을 처음 조성할 때 무덤구덩이 점토층을 활용하려는 의도를 가지고 점토층이 있는 곳에 무덤구덩이를 판 것인지, 무덤구덩이를 파는 도중에 우연히 점토층을 확인하고 점토층을 활용했는지는 자세히 알 수 없다.

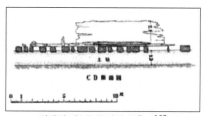

정백리 제3호 무덤의 실측도[162]

점토·받침목·나무 각재를 둔 무덤(B3)은 무덤구덩이 바닥을 잘 다지고 점토를 두껍게 깐 뒤 받침목을 놓고 그 위에 나무 각재를 나란히 두어 덧널 바닥을 조성한 것이다. 이 무덤으로 정백리 제2호 무덤, 석암리 제6호 무덤, 석암리 제200호 무덤, 석암리 제194호 무덤, 석암리 제260호 무덤, 정백리 제127호 무덤이 있다. 받침목은 보통 점토를 깐 층의 양쪽 또는 양쪽과 중앙에 두었다. 그런데 석암리 제194호 무덤은 점토를 깐 층에 '井'자 모양으로

---

162 朝鮮總督府, 1927, 『古蹟調査特別報告』 第四冊 圖版 上冊, 93쪽.

받침목을 두고 그 위에 나무 각재를 나란히 두어 덧널 바닥을 조성했다. 특히 석암리 제6호 무덤은 점토층에 받침목과 함께 직사각형 민무늬 벽돌(無文塼)을 받침목 높이에 맞춰 깐 뒤 그 위에 동서로 따로 나무 각재를 나란히 두어 덧널 바닥을 조성해 방수(防水)에 신경을 조금 더 썼다. 정백리 제127호 무덤은 점토를 깔지 않고 남정리 제116호 무덤처럼 무덤구덩이 점토층 위에

받침목을 놓고 그 위에 나무 각재를 나란히 두어 덧널 바닥을 조성했다. 반면 석암리 제260호 무덤은 점토를 깔지 않고 무덤구덩이에 받침목만 놓고 그 위에 나무 각재를 나란히 두어 덧널 바닥을 조성했지만, 받침목을 놓고 나무 각재를 두었다는 점에서 이 형식으로 분류되었다.

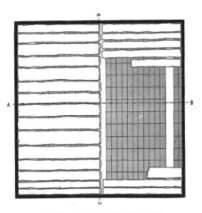

석암리 제6호 무덤의 실측도[163]

자갈 또는 흙과 나무 각재를 둔 무덤(B4)은 무덤구덩이 바닥을 잘 다지고 점토 대신 자갈, 흙, 톱밥, 돌판(板石)을 깐 뒤 그 위에 나무 각재를 나란히 두어 조성한 것이다. 이 무덤으로 석암리 제9호 무덤, 오야리 제19호 무덤, 정백리 제

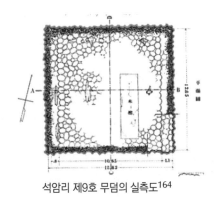

석암리 제9호 무덤의 실측도[164]

---

163 朝鮮總督府, 1927,『古蹟調査特別報告』第四冊 圖版 上冊, 115쪽.

17호 무덤, 장진리 제30호 무덤, 석암리 제121호 무덤, 석암리 제219호 무덤이 있다. 무덤구덩이 바닥에 깐 물질을 자세하게 살펴보면, 석암리 제9호 무덤·정백리 제17호 무덤은 자갈, 오야리 제19호 무덤은 톱밥, 장진리 30호 무덤은 암석 조각이 섞인 흙, 석암리 제121호 무덤은 돌과 흙, 석암리 제219호 무덤은 점판암 돌판을 사용했다.

(3) 덧널 벽면

나무덧널무덤의 덧널 벽면은 나무 각재를 접착제 없이 겹쳐 쌓아 조성했다. 그러나 일부 무덤은 발굴·조사 때 덧널 벽면이 이미 썩어 덧널 바닥 위 2~3단만 남아 있어 나무 각재를 겹쳐 쌓았다는 것 외 덧널 벽면 모서리의 결구 방법은 자세히 알 수 없다. 덧널 벽면 모서리의 결구 방법은 평양 대동강면 지역 나무덧널무덤의 특징을 잘 보여주는 것으로, 본 논문은 덧널 벽면 모서리의 결구 방법을 알 수 없는 무덤은 분류 대상에서 제외했다. 일부 덧널 벽면만 남아 있는 무덤으로 오야리 제21호 무덤, 정백리 제17호 무덤, 정백리 제59호 무덤, 정백리 제19호 무덤, 장진리 제30호 무덤, 석암리 제212호 무덤, 석암리 제257호 무덤, 정백리 제219호 무덤이 있다. 나무덧널무덤의 덧널 벽면은 나무 각재를 쌓는 방식에 따라 길이면 쌓기를 한 무덤과 길이면 쌓기와 마구리면 쌓기를 혼용한 무덤으로 분류될 수 있다.

길이면 쌓기를 한 무덤(C1)은 나무 각재 길이면[165]을 무덤방 안쪽 방향으로 해서 접착제 없이 나무 각재를 겹쳐 쌓아 덧널 벽면을 조성한 것이다. 이

---

164 朝鮮總督府, 1927, 『古蹟調査特別報告』第四冊 圖版 上冊, 16쪽.
165 벽돌·블록 등 사각형 재료의 긴 쪽 면.
　　(대한건축학회 온라인 건축용어사전, http://dict.aik.or.kr/)

무덤은 덧널 벽면 모서리의 결구 방법에 따라 다시 귀틀식 무덤, 상자식 무덤, 귀틀식과 상자식을 혼용한 무덤으로 분류될 수 있다.

귀틀식 무덤(C1-1)은 한쪽 나무 각재 끝에서 안쪽으로 조금 들어간 곳을 나무 각재의 폭과 높이로 깎아낸 뒤 거기에 다른 쪽 나무 각재 끝을 끼워 넣어 덧널 벽면 모서리를 결구한 것이다. 이 무덤의 무덤방 평면은 대략 '井'자 형태를 띤다. 이 무덤으로 정백리 제2호 무덤, 석암리 제6호 무덤, 석암리 제205호 무덤, 오야리 제20호 무덤, 석암리 제201호 무덤, 정백리 제127호 무덤, 석암리 제219호 무덤, 남정리 제116호의 앞방이 있다. 석암리 제6호 무덤·장백리 제127호 무덤·남정리 제116호의 앞방은 덧널 벽을 곁벽 (外壁)과 안벽(內壁)의 두 겹으로 조성되었는데, 두 벽은 모두 이 방식으로 조성되었다. 특히 석암리 제205호 무덤은 나무덧널 벽을 위로 갈수록 안쪽으로 조금씩 들어가게 쌓았고, 각 덧널 벽면에 따라 나무 각재의 높이를 다르게 해서 덧널 벽면을 쌓았다.

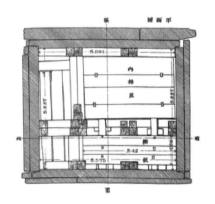

정백리 제127호 무덤의 실측도[166]

상자식 무덤(C1-2)은 나무 각재 끝과 끝을 맞대어 덧널 벽면 모서리를 결구한 것이다. 이 무덤의 무덤방 평면은 '口'자 형태를 띠고 있다. 이 무덤에는 오야리무덤, 갈성리갑분, 오야리 제18호 무덤이 있다. 이 가운데 덧널 벽면

166 朝鮮古蹟硏究會, 1935, 『古蹟調査報告 第二-樂浪王光墓-』, 圖版 第29.

모서리 결구 방법은 오야리 제18호에서만 확인되었다. 오야리 제18호 무덤은 동서 덧널 벽면의 나무 각재에 장부를 만들고 장부 구멍을 남북 덧널 벽면의 나무 각재에 만들어 서로 끼워 맞췄다. 이러한 결구 방법을 '장부맞춤'이라 한다.

혼용식 무덤(C1-3)은 귀틀식과 상자식을 혼합한 것이다. 이 무덤으로 오야리 제19호 무덤이 있다. 오야리 제19호 무덤은 곁벽과 안벽의 2겹으로 덧널 벽면을 조성했는데 곁벽은 상자식으로, 안벽은 귀틀식으로 조성한 것이다. 그러나 곁벽 모서리의 결구 방법은 자세히 알 수 없다. 각 덧널 벽면의 두께를 같지 않게 해서 덧널 벽이 받는 압력을 분산시키고 있다.

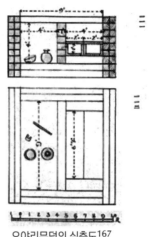

오야리무덤의 실측도[167]

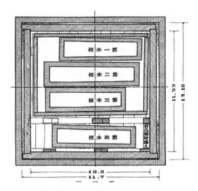

오야리 제19호 무덤의 실측도[168]

길이면 쌓기와 마구리면 쌓기를 혼용한 무덤(C2)은 길이면 쌓기와 마구리면 쌓기를 1단씩 교대로 해서 덧널 벽면을 조성한 것이다. 마구리면 쌓기란

167 朝鮮總督府, 『조선총독부, 1915, 『朝鮮古蹟圖譜』一』, 29쪽.
168 朝鮮總督府, 1935, 『昭和五年度古蹟調査報告』第一冊, 圖版 第6.

나무 각재 마구리면[169]을 무덤방의 안쪽 방향으로 해서 나무 각재를 겹쳐 쌓는 것을 말한다. 이 무덤으로 남정리 제116호 무덤 뒷방만 있다.

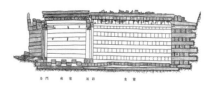
남정리 제116호 무덤의 나무덧널 종단면[170]

(4) 천장(天障)

나무덧널무덤의 천장은 덧널 벽 양쪽으로 나무 각재를 걸친 모습을 하고 있다. 천장에 쓴 나무 각재는 양쪽 덧널 벽 거리보다 길어 덧널 벽 바깥으로 조금 나와 있다. 천장 위는 흙을 덮거나 무덤에 따라 점토를 두껍게 깔고 흙을 덮기도 했다. 특히 석암리 제6호 무덤과 정백리 제127호 무덤은 천장 위에 벽돌을 1겹 또는 2겹으로 깔고 그 위에 흙을 덮었다. 나무덧널무덤의 천장은 보강시설 여부(與否)에 따라 나무 각재의 평천장을 한 무덤과 평천장에 보강시설을 추가한 무덤으로 분류될 수 있다.

정백리 제127호 무덤의 벽돌 천장(상층)[171]

평천장(平天障) 무덤(D1)은 덧널 벽의 양쪽에 나무 각재를 나란히 걸쳐 천장으로 한 무덤이다. 이 방식의 무덤으로 정백리 제2호 무덤, 석암리 제9호 무

---

169 벽돌·돌 등의 면 중에서 가장 작은 면.
　　(대한건축학회 온라인 건축용어사전, http://dict.aik.or.kr/)
170 朝鮮古蹟研究會, 1934,『古蹟調査報告 第一-樂浪彩篋塚-』, 圖版 第35.
171 朝鮮古蹟研究會, 1935,『古蹟調査報告 第二-樂浪王光墓-』, 圖版 第6.

덤, 정백리 제8호 무덤, 석암리 제257호 무덤, 석암리 제219호 무덤이 있다.

평천장에 보강시설을 추가한 무덤(D2)은 하중을 분산시키기 위해 들보(梁)나 기둥(柱) 같은 보강시설을 추가로 설치한 무덤이다. 보강시설을 추가 설치했는데도 발굴·조사 때 천장의 일부가 무너진 무덤도 있었다. 이 무덤은 보강시설 조합에 따라 들보만 설치한 무덤, 기둥만 설치한 무덤, 들보와 기둥 모두를 설치한 무덤으로 분류될 수 있다.

들보만 설치한 무덤(D2-1)은 덧널 벽의 양쪽으로 들보 1~2개를 걸친 뒤 그 위에 나무 각재를 두어 천장으로 했다. 들보는 덧널 벽과 같은 나무 각재를 사용했다. 이 무덤으로 석암리 제205호 무덤, 남정리 제116호 무덤 앞방, 정백리 제59호 무덤이 있다. 들보는 남정리 제116호 무덤 앞방과 정백리 제59호 무덤처럼 결구 없이 덧널 벽 양쪽에 걸쳐 두거나 석암리 제205호 무덤처럼 덧널 벽의 가장 윗단에 들보의 폭과 높이만큼 깎아내고 거기에 끼워 걸쳐 두었다.

석암리 제205호 무덤의 천장 구조[172]

기둥만 설치한 무덤(D2-2)은 덧널 바닥 위에 기둥을 설치하고 덧널 벽과 기둥 위에 나무 각재를 두어 천장으로 했다. 기둥은 덧널 벽과 같은 나무 각재를 사용했다. 이 무덤으로 석암리 제6호 무덤, 석암리 제212호 무덤, 장진리 제30호 무덤이 있다. 석암리 제6호 무덤은 겉벽과 안벽 사이 모서리 부분

---

172 東京帝國大學 文學部, 1931, 『樂浪』, 圖版 第9.

의 2곳에 걸쳐 기둥을 설치하고, 덧널 벽·칸막이 벽·기둥의 위에 나무 각재를 걸쳐 두었다. 기둥과 덧널 바닥 사이에 결구는 없었다. 석암리 제212호 무덤은 덧널 공간 구분을 위해 덧널 바닥 위에 둔 나무 각재의 모서리·양쪽·중앙의 위에 기둥을 설치하고, 덧널 벽과 기둥 위에 나무 각재를 걸쳐 두었다. 마찬가지로 기둥과 나무 각재 사이에 결구는 없었다.

장진리 제30호 무덤의 덧널 내부 모습[173]

기둥과 들보를 설치한 무덤(D2-3)은 덧널 바닥 위에 기둥을 설치하고 기둥 사이에 들보를 걸친 뒤, 덧널 벽과 들보 위에 나무 각재를 두어 천장으로 했다. 기둥과 들보는 덧널 벽과 같은 나무 각재를 사용했다. 이 무덤으로 정백리 제127호 무덤, 정백리 제122호 무덤, 정백리 제17호 무덤, 정백리 제19호 무덤이 있다. 이 무덤들은 덧널 공간을 분리하기 위해 덧날 바닥 위에 둔 나무 각재 위에 기둥을 설치하고 기둥 사이로 들보를 걸친 뒤, 덧널 벽과 들보 위에 나무 각재를 걸쳐 두었다. 기둥과 나무 각재 사이에 결구는 정백리 제17호 무덤에서만 확인되었다. 덧널 바닥 위 둔 나무 각재 윗면에 3곳에 걸쳐 장부 구

정백리 제127호 무덤의 나무덧널 모습[174]

---

173 朝鮮古蹟研究會, 1935, 『昭和九年度古蹟調査報告』,

멍을 내고, 기둥 아래에 장부를 만들어 끼웠다. 이 방식은 오야리 제18호 무덤에서 덧널 벽면 모서리를 결구한 방식과 같은 장부맞춤이다.

(5) 덧널 바깥 채움(充塡, E)

무덤구덩이와 나무덧널 사이에 흙을 채워 넣는 것이 보통이다. 그런데 일부 무덤에서 흙이 아닌 것을 채워 넣기도 했다. 이 나무덧널무덤들은 채워 넣은 물질에 따라 점토를 채운 무덤, 벽돌을 쌓은 무덤, 돌을 채운 무덤으로 분류될 수 있다.

점토를 채운 무덤(E1)은 무덤구덩이와 나무덧널의 사이에 점토를 채운 것이다. 이 무덤으로 오야리고분, 정백리 제3호 무덤, 석암리 제200호 무덤, 석암리 제194호 무덤, 석암리 제20호 무덤, 석암리 제205호 무덤, 오야리 제20호 무덤, 남정리 제116호 무덤이 있다. 점토를 채운 목적은 덧널 바닥 아래에 점토를 깐 것처럼 지하수나 빗물이 스며들어오는 것을 막기 위함이다. 그리고 오야리 고분만 제외하고 해당 무덤은 모두 밑바닥에도 점토를 깔았다. 점토로 나무덧널 주변을 에워싸서 방수(放水)에 신경을 썼지만, 일부 무덤은 발굴·조사할 때 물에 잠겨 있기도 했다.

벽돌을 쌓은 무덤(E2)은 먼저 무덤구덩이 안에 직사각형 민무늬벽돌로 네 벽을 쌓은 뒤 그 안에 나무덧널을 조성한 것이다. 이 무덤으로 정백리 제2호 무덤, 정백리 제6호 무덤, 오야리 제19호 무덤이 있다. 특히 정백리 제6호 무덤은 덧널 바닥의 아래와 지붕 위에 또한 벽돌을 깔았다. 정백리 제2호 무덤·정백리 제6호 무덤은 벽돌 사이 공간에 점토를 채워 넣었고, 오야리 제19

---

174 朝鮮古蹟研究會, 1935, 『古蹟調査報告 第二-樂浪王光墓-』, 圖版 第14.

호 무덤은 톱밥을 채워 넣었으며 더불어 벽돌 벽 모서리에 숯을 채워 넣었다.

돌을 채운 무덤(E3)은 무덤구덩이와 덧널 사이에 둥근 냇돌 또는 돌판(石板)을 채운 것이다. 둥근 냇돌을 채운 무덤으로 석암리 제9호 무덤, 정백리 제17호 무덤, 석암리 제212호 무덤이 있다. 석암리 제9호는 둥근 냇돌 사이 공간에 숯을 채워 넣었고, 석암리 제212호 무덤은 점토를 채워 넣었다. 정백리 제17호 무덤은 어떤 것도 채워 넣지 않았다. 돌판을 채운 무덤으로 석암리 제219호 무덤이 있다. 이 무덤은 점판암 돌판을 덧널 바닥의 아래에도 깔아 두었다.

정백리 제17호 무덤의 나무덧널 주변 모습[175]

▶ 평양 대동강면 지역의 나무덧널무덤 구조

조사 무덤	무덤방 구조	밑바닥 구조	덧널 벽면 축조	천장 구조	덧널 바깥 채움
오야리 고분	일곽합장묘 (칸막이)	나무 각재(2겹)	길이면 쌓기 (상자식)	알 수 없음	점토
정백리 제2호 무덤	일곽합장묘 (칸막이)	점토+받침목 +나무 각재	길이면 쌓기 (귀틀식)	나무평천장	벽돌 +점토
정백리 제3호 무덤	일곽합장묘 (칸막이)	점토+?	알 수 없음	알 수 없음	점토
석암리 제6호 무덤	일곽합장묘 (칸막이)	점토+받침목, 벽돌+나무 각재	길이면 쌓기 (귀틀식, 2겹)	나무평천장 (추정, 기둥)	벽돌 +점토
석암리 제9호 무덤	알 수 없음	자갈 +나무 각재	길이면 쌓기	나무평천장	자갈 +숯
갈성리 갑분	알 수 없음	알 수 없음	길이면 쌓기 (상자식)	알 수 없음	알 수 없음
봉산 입봉리 제9호 무덤	알 수 없음	알 수 없음	알 수 없음	알 수 없음	알 수 없음

---

175 朝鮮古蹟硏究會, 1934, 『昭和八年度古蹟調査報告』, 圖版 第8.

조사 무덤	무덤방 구조	밑바닥 구조	덧널 벽면 축조	천장 구조	덧널 바깥 채움
봉산 유정리 제3호 무덤	알 수 없음	알 수 없음	알 수 없음	알 수 없음	알 수 없음
석암리 제200호 무덤	일곽합장묘 (칸막이)	점토+받침목 +나무 각재	길이면 쌓기	알 수 없음	점토
석암리 제194호 무덤	일곽다장묘	점토+받침목 +나무 각재	알 수 없음	알 수 없음	점토
석암리 제20호 무덤	일곽합장묘	알 수 없음	알 수 없음	알 수 없음	점토
석암리 제52호 무덤	일곽합장묘	알 수 없음	알 수 없음	알 수 없음	알 수 없음
석암리 제205호 무덤	이곽묘(다장) (중심덧널+딸린덧널)	점토 +나무 각재	길이면 쌓기 (귀틀식)	나무평천장 (들보)	점토
오야리 제18호 무덤	일곽다장묘 (칸막이)	나무 각재	길이면 쌓기 (상자식)	알 수 없음	알 수 없음
오야리 제19호 무덤	일곽다장묘 (나무각재)	톱밥 +나무 각재	길이면 쌓기 (2겹, 상자식+귀틀식)	알 수 없음	벽돌+톱밥, 숯
오야리 제20호 무덤	다곽단장묘	점토 +나무 각재	길이면 쌓기 (귀틀식)	알 수 없음	점토(?)
오야리 제21호 무덤	일곽다장묘	점토 +나무 각재	길이면쌓기	알 수 없음	알 수 없음
남정리 제116호 무덤	이실묘(다장) (널길+앞방+뒷방)	점토층 +나무 각재	앞방: 길이면 쌓기 (귀틀식) 뒷방: 길이면 쌓기 +마구리쌓기(귀틀식)	앞방:나무평천장 (들보) 뒷방:나무평천장 (3겹)	점토
석암리 제201호 무덤	일곽다장묘 (나무 각재)	나무 각재 (2겹)	길이면 쌓기 (귀틀식)	알 수 없음	알 수 없음
석암리 제260호 무덤	알 수 없음	받침목 +나무 각재	알 수 없음	알 수 없음	알 수 없음
정백리 제127호 무덤	일곽다장묘 (나무 각재)	점토층+받침목 +나무 각재	길이면 쌓기 (2겹, 귀틀식)	나무평천장 (기둥, 들보)	알 수 없음
정백리 제8호 무덤	일곽다장묘	나무 각재	알 수 없음	나무평천장	알 수 없음
정백리 제13호 무덤	일곽합장묘 (나무 각재)	나무 각재	알 수 없음	알 수 없음	알 수 없음
정백리 제122호 무덤	알 수 없음 (나무 각재)	나무 각재	알 수 없음	나무평천장 (기둥, 들보)	알 수 없음
정백리 제17호 무덤	알 수 없음 (나무 각재)	자갈+나무 각재	길이면 쌓기	나무평천장 (기둥, 들보)	자갈
정백리 제59호 무덤	일곽합장묘	나무 각재	길이면 쌓기	나무평천장 (들보)	알 수 없음
정백리 제19호 무덤	일곽합장묘 (나무 각재)	나무 각재	길이면 쌓기 (두 겹)	나무평천장 (기둥, 들보)	알 수 없음

조사 무덤	무덤방 구조	밑바닥 구조	덧널 벽면 축조	천장 구조	덧널 바깥 채움
장진리 제30호 무덤	일괄합장묘 (나무 각재)	암석파편, 모래+나무 각재	길이면 쌓기	알 수 없음 (기둥)	알 수 없음
석암리 제212호 무덤	일괄합장묘 (나무 각재)	돌, 흙+나무 각재	길이면 쌓기	나무평천장 (기둥)	할석
석암리 제257호 무덤	일괄합장묘 (나무 각재)	나무 각재	길이면 쌓기	나무평천장	알 수 없음
정백리 제4호 무덤	일괄합장묘	나무 각재	길이면 쌓기	알 수 없음	알 수 없음
석암리 제219호 무덤	일괄다장묘 (나무 각재)	점판암 판석 +나무 각재	길이면 쌓기 (귀틀식)	나무평천장	점판암 판석

2) 출토 유물

평양 대동강면 지역의 나무덧널무덤에서 출토된 껴묻거리는 종류가 다양했고 개수도 많았다. 출토된 껴묻거리 종류로 칠기(漆器), 청동 거울(銅鏡), 질그릇(土器), 무기(武器), 말갖춤(馬具), 수레갖춤(車具), 장신구(裝身具), 청동기(靑銅器), 옥(玉), 금속품(金屬品) 등이 있다. 본 글은 나무덧널무덤 축조 시기 또는 축조 집단과 관련되어 있는 껴묻거리를 중심으로 살펴보기로 한다.

(1) 칠기(漆器)

칠기는 옻나무에서 채취된 칠(漆)을 나무 등으로 만든 기물(器物) 표면에 바른 것을 말한다. 칠기는 평양 대동강면 지역 나무덧널무덤의 껴묻거리 중에서 다수를 차지하고 있다. 출토된 일부 칠기에서 기년명(紀年名), 길상어(吉祥語) 등의 명문을 발견했다. 이 명문 칠기들은 평양 대동강면 무덤떼의 축조 집단을 낙랑군과 연결 짓는 근거이자 평양 대동강면의 나무덧널무덤 축조 시기를 추정하는 근거로 활용하고 있다.

칠기의 제작기법은 목심제(木心製), 협저제(夾紵制), 목심협저제(木心夾紵製), 남태제(藍胎製)로 분류될 수 있다. 목심제는 나무를 깎아 기물(器物) 모양을 만들고 표면에 옻칠한 것이다. 협저제는 모시(紵)를 양잿물에 담가 두어 오물을 빼고 부드럽게 만든 다음 기물 모양을 만들고 표면에 여러 번 옻칠한 것이다. 이 협저제 칠기는 가볍고 튼튼해 칠기 중에서 상품(上品)에 속한다. 목심협저제는 나무를 깎아 기물 모양을 만들고 표면에 모시나 베(布)를 붙인 뒤 그 위에 옻칠한 것이다. 남태제는 대나무를 엮어 기물 모양을 만들고 표면에 옻칠한 것이다. 남정리 제116호 무덤의 채회칠협(彩繪漆篋)과 칠통(漆筒)이 대표적인 남태제 칠기다.

칠기를 장식하는 기법으로 광물성 염료를 섞어 만든 여러 색상의 채칠(彩漆)로 칠기 표면에 다양한 무늬를 세밀하게 그리는 칠회(漆繪) 기법, 기물의 테두리나 표면에 먼저 채칠을 바르고 옻칠한 뒤 침과 같은 뾰족한 도구로 선을 그어 무늬를 새기는 기법, 장식성과 견고함을 위해 칠기 테두리나 측면에 금동(金銅)이나 은(銀)으로 만든 테두리를 덧씌우는 기법, 칠기에 유리옥(琉璃玉)을 끼워 넣는 기법이 있다. 유리옥을 끼워 넣는 기법은 칠함덮개(漆函蓋)에서 주로 확인되었다. 이 칠함덮개는 덮개 안에 나뭇잎 모양의 금동 사엽(金銅四葉) 장식을 넣고, 중심에 납작한 공(球) 모양의 유리옥을 사엽(四葉)의 각 중심에 알(卵) 모양의 유리옥을 끼워 넣는다. 그리고 덮개 뒷면에 새(鳥)나 짐승(獸)을 그려 유리옥을 통해 이것들을 볼 수 있게 했다. 이 유리옥들은 거의 무색의 유리이지만 출토될 당시에 풍화(風化)되어 반투명처럼 보였다.

ⓐ 유형

출토된 칠기의 유형은 칠이배(漆耳杯), 칠반(漆盤), 칠안(漆案), 칠완(漆盌), 칠렴(漆奩), 칠존(漆尊), 칠갑(漆匣), 칠우(漆盂), 칠비(漆匕), 칠작(漆勺), 칠호(漆壺), 칠세(漆洗) 등으로 다양하다. 그러나 칠기는 완전한 형태로 출토된 경우가 많지 않았고, 일부분이 썩거나 조각 형태로 출토된 경우가 많았다. 본 글은 유형 특징이 분명하고 많이 출토된 칠이배, 칠반, 칠렴, 칠안에 대해 구체적으로 살펴보기로 한다.

칠이배(漆耳杯)는 타원형의 몸체에 2개의 손잡이가 붙어 있는 칠기로, 손잡이 모양이 귀(耳)를 닮아 이배(耳杯)라고 부른다. 칠이배는 주로 술잔으로 사용된 것으로 짐작된다. 출토된 칠이배 제작기법으로 목심제, 협저제, 목심협저제가 있다. 칠이배의 바깥쪽과 안쪽 바닥은 흑칠(黑漆)을 했고, 안쪽 옆면은 주칠(朱漆)을 했다. 안쪽 바닥에 운문(雲文), 와문(渦文), 괴수문(怪獸文) 등을 그렸고, 일부 기년명이나 길상어 등이 있었다. 바깥쪽 몸체에 반원의 동심원문(同心圓文), 용문(龍文), 쌍조문(雙鳥文) 등을 그렸다.

석암리 제194호 무덤에서 출토된 시원(始元) 2년명 칠이배는 협저제 칠기로, 안쪽 바닥에 주칠로 테두리 안에 괴수 네 마리를 그렸고 바깥쪽 몸체에 색조(色調)가 다른 흑칠로 용 네 마리를 그렸다. 손잡이(耳) 윗면에 서로 마주 보게 괴수를 그렸고, 아랫면에 가는 운문

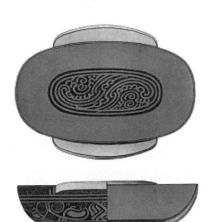

정백리 제2호 무덤에서 출토된 쌍조문 칠이배[176]

을 그렸다. 석암리 제205호 무덤에서 출토된 칠이배는 목심협저제 칠기로, 안쪽 바닥에 주칠로 와문을 그렸고, 바깥쪽 몸체에 주칠로 'X'자 선을 기준으로 서로 마주 보고 있는 새 2마리를 1쌍으로 하여 총 4쌍을 그렸다. 이 쌍조문 칠이배는 또 정백리 제2호 무덤, 석암리 제6호 무덤, 석암리 제194호 무덤, 정백리 제13호 무덤에서 출토되었다.

칠반(漆盤)은 둥근 접시 모양의 칠기로, 일부 굽이 있었다. 칠반 제작기법으로 목심제, 협저제, 목심협저제가 있다. 보통 바깥쪽은 흑칠을 했고, 안쪽은 주칠과 흑칠을 번갈아 한 것이 많았다. 안쪽 바닥에 곰(熊) 세 마리가 서로 마주 보는 삼웅문(三熊文), 괴수문, 운문 등을 그렸고, 일부 기년명·길상어 등을 그렸다. 안쪽 측면에 반리문(蟠螭文)에서 변형된 기이한 무늬나 운문 등을 그렸고 바깥쪽 몸체에 쌀 모양 점무늬(米點文), 운문, 운기당초문(雲氣唐草文), 마름모무늬 등을 그렸다.

정백리 제2호 무덤에서 출토된 칠반은 목심제 칠기로, 테두리에 금동제(金銅製) 장식을 하고 있었다. 안쪽 바닥에 주칠로 삼웅문을 그렸고, 사이의 빈 곳은 둥근 점(圓點)으로 메웠다. 안쪽 측면에 반리문과 운문에서 변형된 기이한 무늬를 그렸고, 바깥쪽 몸체에 반원 모

정백리 제127호 무덤에서 출토된
삼웅문(三熊文) 칠반[177]

양의 와문을 그렸다. 칠반의 안쪽 바닥에 삼웅문이 그려져 있는 칠반은 석암

176 朝鮮總督府, 1927,『古蹟調査特別報告』第四冊 圖版 上冊, 85쪽.
177 朝鮮古蹟研究會, 1935,『古蹟調査報告 第二-樂浪王光墓-』, 圖版 第49.

리 제6호 무덤, 석암리 제9호 무덤, 석암리 제194호 무덤, 석암리 제205호 무덤에서 출토되었다.

석암리 제205호 무덤에서 출토 된 칠반의 안쪽은 주칠을 했고, 바 깥쪽은 흑칠을 했다. 특히 안쪽 측 면 테두리 가까운 곳에 신선(神 仙) 모습이 그려져 있었고, 다시 간 격을 두고 다른 곳에 용과 범(虎) 이 그려져 있었다. 신선 모습은 흑

석암리 제205호 무덤에서 출토된
'永平 十二年'명 칠반 신선 화상[178]

칠·주칠·황칠(黃漆)·녹칠(綠漆)의 채칠(彩漆)로 그려져 있었는데, 두 신선이 바위 위에 서로 마주 보며 앉아 있고 바위 오른쪽에 한 마리 기린(麒麟)이 여 기저기 뛰어다니고 있었다. 용과 범은 매우 소박하게 그려져 있었다.

칠렴(漆奩)은 보관 용도의 칠기로, 형태로 방렴(方奩)과 원렴(圓奩)이 있 다. 석암리 제194호 무덤, 석암리 제205호 무덤, 정백리 제127호 무덤의 경 우 칠렴(漆奩) 속에 여러 개의 소형 합자(盒子)가 들어 있는 상태로 출토되었 다. 칠렴과 합자 안에 청동 거울(銅鏡), 화장용품, 비녀(釵) 등이 넣어져 있기 도 했다.

석암리 제194호 무덤에서 출토된 칠렴은 협저제의 원렴으로, 합자 6개 와 청동 거울이 들어 있었다. 안쪽은 주칠을 했고, 바깥쪽은 흑칠을 했다. 덮 개와 몸통 옆면의 테두리는 은제(銀製) 장식으로 되어 있었다. 칠렴의 덮개 는 중앙에 금동 사엽좌를 박았고, 금은 금속구로 크고 작은 동심원을 만들어

---

178 東京帝國大學 文學部, 1931, 『樂浪』, 圖版 第58.

덮개 윗면을 여러 구획으로 나누
고 있었다. 덮개 몸통은 금은 금속
구로 나눈 여러 옻칠 면에 주칠·황
칠·녹칠의 운기문(雲氣文)을 배경
으로 금은의 엷은 금속을 잘라 산
악, 조수(鳥獸), 인물 등을 표현하
고 있었다. 덮개 바깥 바닥은 채칠
의 운기문을 배경으로 용사(勇士)
한 명과 사나운 범 한 마리가 싸우
는 모습을 표현하고 있었고, 안쪽
바닥은 유려한 운문을 배경으로 용
머리에 네 발 달린 괴수를 표현하
고 있었다.

석암리 제194호 무덤에서 출토된
원형칠렴의 바닥 그림[179]

　남정리 제116호 무덤에서 출토
된 채화칠협(彩畵漆篋)은 잘게 쪼
갠 대나무로 기물을 짠 다음 표면
에 광택이 나는 흑칠을 한 것이다.
그리고 흑칠 바탕 위에 주색, 황색,
적색(赤色), 짙은 초록(濃綠), 다갈
색(茶褐), 엷은 먹색(薄墨) 등 다양

남정리 제116호 무덤의
채화칠협 몸통 윗부분 그림[180]

한 채칠로써 인물과 무늬가 그려져 있었는데, 가는 선과 굵은 선으로 다양한

179 樂浪漢墓刊行會, 1974, 『樂浪漢墓第1冊-大正十三年度發掘調査報告書』, 제12도.

인물을 생생하게 묘사했고 각 인물의 개성까지 잘 표현했다. 인물상은 몸체 상부에 30명, 몸체와 뚜껑의 네 모서리 부분에 2명씩 묘사하고 있었다. 인물상 옆에 오왕(吳王)·시랑(侍郎), 미녀(美女)·황후(皇后), 초왕(楚王)·시자(侍者), 미녀 등의 인물이 누구인지를 알 수 있는 글씨를 적어 놓았다.

칠안(漆案)은 직사각형 또는 둥근 모양을 한 몸체에 다리(却)가 붙어 있는 것으로 그릇이나 책을 올려놓는 용도로 사용했다. 특히 석암리 제6호 무덤과 석암리 제9호 무덤에서 특이한 모양의 다리가 달린 칠안이 출토되었다. 석암리 제6호 무덤에서 출토된 칠안은 둥근 모양이며, 금동제 말 다리(馬脚) 모양의 상다리가 달려 있었다. 이 칠안은 목심협저제 칠기로, 테두리에 금동제 장식을 하고 있었다. 앞면은 주칠을 했고, 테두리 옆면과 뒷면은 흑칠을 했다. 금동 테두리 장식을 따라 연속 마름모무늬 띠(菱繋文帶)를 둘렀고, 중앙에 다시 연속 마름무늬 띠로 구획을 나눠 그 안쪽 공간에 구름 속을 다니는 상서로운 새(瑞禽)를 그렸다. 테두리 옆면을 2층으로 나눠 넓은 위층은 동물문(禽獸文)을 그렸고, 좁은 아래층은 고사리무늬(蕨手文)를 그렸다. 금동제 말 다리 모양의 상다리는 구리로 속이 빈 말발굽을 만들고 거기에 사각형의 나무 몸통을 끼워 넣어 만들었다. 이 상다리는 속에 각저칠(刻苧漆)을 채우고 위쪽을 장부처럼 만들어 칠안의 몸체에 끼웠다.

석암리 제9호 무덤에서 출토된 칠안은 직사각형이며 금동제 곰 모양의 상다리가 달려 있었다. 이 칠안은 출토 당시 나무로 된 칠안 몸체는 거의 썩어 없어진 상태였다. 앞면은 주칠을 했고, 가는 선으로 구름과 동물을 그렸다. 테두리는 흑칠을 했다. 장축에 12개 단축에 6개의 꾸밈못(飾釘)을 박았고,

---

180 朝鮮古蹟研究會, 1934, 『古蹟調査報告 第一-樂浪彩篋塚-』, 圖版 第48.

칠안 테두리를 금속물로 덧씌웠다. 금동제 곰 모양의 상다리는 곰이 웅크리고 앉아 입을 벌리고 왼쪽 앞다리를 들어 칠안 몸체를 받치고, 오른쪽 앞다리는 뒷다리 무릎 위에 놓은 모습을 하고 있었다. 금동제 곰 모양의 상다리는 양쪽 귀, 눈, 이마, 양쪽 젖꼭지, 배꼽, 양어깨, 양손, 무릎에 보석을 박아 넣고 털을 오목새김(陰刻) 한 것 2개와 양쪽 젖꼭지, 손, 무릎에 보석을 박아 넣지 않고 털도 오목새김 하지 않은 것 2개가 있었다. 전자는 암컷을 후자는 수컷을 표현한 것으로 짐작된다. 이 곰 모양의 상다리도 마찬가지로 그 안에 나무를 끼우고 각저칠을 채운 다음 위쪽을 장부처럼 만들어 칠안의 몸체에 끼워 넣었다.

석암리 제9호 무덤에서 출토된
칠안 곰 모양 상다리 및 금속구[181]

▶ 평양 대동강면 지역의 나무덧널무덤에서 출토된 칠기

무덤명	칠이배	칠반	칠함	칠안	칠렴	칠갑	칠완	칠우
오야리 고분								
정백리 제2호 무덤	●	●	●					
정백리 제3호 무덤		●	●	●			●	
석암리 제6호 무덤	●	●	●	●				
석암리 제9호 무덤	●	●	●	●			●	
갈성리 갑분								
입봉리 제9호 무덤								
유정리 제3호 무덤								
석암리 제200호 무덤		●	●		●			
석암리 제194호 무덤	●	●	●	●	●			

181 朝鮮總督府, 1927,『古蹟調査特別報告』第四冊 圖版 上冊, 56쪽.

무덤명	칠이배	칠반	칠함	칠안	칠렴	칠갑	칠완	칠우
석암리 제20호 무덤		●						●
석암리 제52호 무덤								
석암리 제205호 무덤	●	●		●	●		●	●
오야리 제18호 무덤	●				●			
오야리 제19호 무덤		●		●	●		●	
오야리 제20호 무덤	●			●	●	●		
오야리 제21호 무덤	●	●						
남정리 제116호 무덤	●	●	●	●		●		
석암리 제201호 무덤	●	●		●	●	●		
석암리 제260호 무덤		●						
정백리 제127호 무덤	●	●	●	●	●			
정백리 제8호 무덤								
정백리 제13호 무덤	●	●		●	●	●		
정백리 제122호 무덤								
정백리 제17호 무덤	●	●		●				
정백리 제59호 무덤								
정백리 제19호 무덤	●	●		●		●		
장진리 제30호 무덤	●	●		●	●			
석암리 제212호 무덤	●	●		●	●			
석암리 제257호 무덤	●	●		●	●	●		
정백리 제4호 무덤		●						
석암리 제219호 무덤	●	●		●	●	●		

ⓒ 기년명 칠기

평양 대동강면의 나무덧널무덤에서 출토된 칠기 중에서 기년명, 길상어, 인명(人名) 등이 적혀 있는 것이 있다. 보통 기년명은 뾰족한 도구로 새겨져 있고, 길상어 또는 인명 등은 옻칠로 쓰여 있다. 본 글은 나무덧널무덤의 제작 시기, 축조 집단 성격 등을 짐작할 수 있는 기년명이 있는 칠기를 중심으로 살펴보기로 한다.

기년명 칠기의 명문은 제작 시기, 제작 공관(工官), 칠기 종류, 용량, 제작 장인(匠人), 감독관의 순서로 이루어져 있다. 가장 이른 시기의 것은 석암리 제194호 무덤에서 출토된 시원(始元) 2년의 칠이배(기원전 85년)이지만, 왕망·동한 초기인 1세기 초반부터 1세기 후반까지의 것이 많다.

제작 공관은 촉군서공(蜀郡西工)과 광한군공(廣漢郡工)으로, 서한 시대의 지방공관에 해당한다. 왕망이 다스리던 시절 촉군서공은 성도군공(成都郡工)으로, 광한군공은 자동군공(子同郡工)으로 명칭이 각각 바뀌었지만 동한시대에 다시 이전 이름으로 고쳤다. 석암리 제194호 무덤에서 출토된 '□□ 5년'의 칠이배는 제작 공관이 자동군공인 점으로 볼 때 왕망이 다스리던 시절에 제작된 것으로 짐작할 수 있어서 제작 시기를 시건국(始建國) 5년(13년) 또는 천봉(天鳳) 5년(18년)으로 추정할 수 있다. 석암리 제200호 무덤에서 출토된 칠반도 제작 공관이 '□도군공'인 점으로 보아 왕망이 다스리던 시절에 제작되었다고 추측할 수 있다.

제작 장인은 공정별 장인과 그 이름을 함께 표기했다. 소공(素公)은 기물의 형태를 만드는 장인, 휴공(髤工)은 초벌 옻칠을 하는 장인, 상공(上工)은 덧칠 또는 마무리칠을 하는 장인, 조공(汨工)[182]은 무늬와 명문을 새기는 장인, 화공(畫工)은 무늬를 그리는 장인, 황도공(黃

석암리 제194호 무덤에서 출토된
'元始 三年' 명 칠이배[183]

塗工)은 금속제 테두리 장식을 덧씌우는 장인, 청공(淸工)은 다듬고 광택을
내는 장인, 조공(造工)은 제작 공정 책임자, 질공(髤工)은 협저제 칠기 공정
에서 기물을 만든 후 옻칠을 하기 전에 가는 모래나 점토로 표면을 매끄럽게
다듬는 장인을 말한다.

감독관도 직책과 그 이름을 함께 표기했다. 그 직책으로 호공졸사(護工卒
史), 장(長), 승(丞), 연(掾), (수)령사[(守)令史] 등이 있다. 명문 순서와 그 직
책 이름으로 볼 때 호공졸사가 공관의 최고 감독관이자 책임자로 짐작된다.

▶ 평양 대동강면 지역의 나무덧널무덤에서 출토된 명문 칠기 및 기년명

출토 무덤	칠기 유형	기년명	제작 시기
석암리 제9호 무덤	과반 (果槃)	居攝三□蜀□西工 □□□髤工畫紵黃釦果槃 髤工廣 上工廣 銅釦黃塗工充 畫工廣 胡工豊 淸工平 造工宜造 護工卒史章 長良 守丞巨 掾親 守令史巖主	8년
		居聑三年 □□西工 造乘輿髤工畫紵 □□□□□□□ 造工弘造 護工卒史巖 長□□□□	8년
석암리 제194호 무덤	칠이배	始元二年 蜀□西工長廣成 丞何放 護工卒史勝 守令史母弟 嗇夫索喜 佐勝 髤工當 畫工吻造	기원전 85년
		始元二年 蜀□西工長廣成 丞何放 護工卒史勝 守令史母弟 嗇夫索喜 佐勝 髤工當 洀工将左 畫工定造	
		元始三年 蜀郡西工造乘輿髤洀畫木黃耳桮 容一升十六龠 素工豊 髤工贛 上工譚 銅耳黃塗工充 畫工譚 洀工戎 淸工政 造工宜造 護工卒史章 長良 丞鳳 掾隆 令査寬主	3년
		□□□□五年 子同郡工官造乘輿髤洀畫木黃耳桮 容一升十六龠 素工□ 髤工豊 上工詎 黃耳工丘 畫工敖 洀工威 淸工昌 造工成 護工史輔 宰音 守丞□ 掾忠史倉掌 大尹播 威德子□□	

---

182 '洀'을 '浣'으로 보아, 건칠 양식에서 옻칠 밑바탕을 담당하는 '浣工'으로 해석하기로
한다(原田淑人, 1926, 「樂浪出土漆器の銘文に見ゆる胡工に就て」, 『史學雜誌』 第
37編 第8號, 史學會, 775-778.; 原田淑人, 1927, 「再び樂浪出土漆器銘文中の胡字
に就て幷に牢の字に就て」, 『史學雜誌』 第38編 第6號, 史學會, 553-556쪽).

183 樂浪漢墓刊行會, 1974, 『樂浪漢墓第1冊-大正十三年度發掘調査報告書』, PL 30.

출토 무덤	칠기 유형	기년명	제작 시기
	칠반	永始元年 蜀郡西工造乘輿髹洀畵紵黄釦飯槃 容一斗 髹工廣 上工廣 銅釦黄塗工政 畵工年 洀工威 清工東 造工林造 護工卒史安 長孝 丞䯞 掾譚 守令史通主	기원전 16년
	칠반	永始元年 蜀郡西工造乘輿髹洀畵紵黄釦飯槃 容一斗 髹工壺 上工壺 銅釦黄塗工甲 畵工恭 洀工之 清工東 造工林造 護工卒史安 長孝 丞䯞 掾譚 守令史通主	기원전 16년
	칠반	□□□□□ 髹洀畵紵黄釦飯槃 □□□□□□□□ 黄塗工順 畵工年 洀工之 清工東 造工林造 護□□□□	
	칠부 (漆桴)	綏和元年 供工二彭造 掾臨主 守右丞何 守令□鳳省	기원전 8년
	칠합 (漆榼)	陽朔二年 廣漢郡工官造乘輿髹洀畵木黄釦榼 容二斗 素工寬 髹工嚴 上工貴 銅釦黄塗工勳 畵工長 洀工尊 清工博 造工同造 護工卒史成 長廷 丞爲 掾憙 佐宜王主	기원전 23년
석암리 제200호 무덤	칠반 (漆盤)	□□□□都郡工官造乘與髹 □□□□□□ 史輔 宰音 丞令 掾忠 史欽掌 尹咸 臧里附城訴者	
석암리 제205호 무덤	칠이배	建武廿一年 廣漢郡工官造乘輿髹洀木俠紵杯 容二升二合 素工伯 髹工魚 上工廣 泥工合 造工隆造 護工卒史凡 長匡 丞䴑 掾恂 令史郎主	45년
	칠이배	建武廿八年 蜀郡西工造乘輿俠紵器 二升二合 羹㯟 素工回 髹工吳 泥工文 汜工廷 造工忠 護工卒史早 長汜 丞庚 掾翁 令史茂主	52년
	칠반	永平十二年 蜀郡西工絑紵行 三丸 治千二百 盧氏作 宜子孫牢	69년
	칠반	永平十二年 蜀郡西工夾紵行 三丸 宜子孫 盧氏作	69년
오야리 제20호 무덤	칠이배	永平四十年 蜀郡西工造 乘輿俠紵容(?)一(?)升(?)八合杯 素工壽 㻦工封 泥工常 洀工長 造工原 護工(?)掾順 昌周(?)守 丞惟 掾泥 令史方主	71년
	칠반	髹洀畵紵銀塗釦升槃 居攝三年 考工處造 守令史音 掾賞主右 丞月(?) 守令□(就)省	8년
	칠반	髹洀畵紵銀塗釦飯槃 容一升 居攝三年 □□□□□ 守令史並 掾慶主右 丞□ 令就省	
	칠반	□□□□□□□ 造乘輿髹洀畵紵黄釦飯槃 容一升髹工 □□□□□□ 惲長(?)親丞馮掾忠令 □□□□□	
석암리 제201호 무덤	칠이배	元始四年 廣漢郡工官造乘輿髹畵紵鸞㯟 容二升 髹工玄 上工護 畵工武 造工仁造 護工卒史惲 長丞馮 掾史 守令史萬主	4년

출토 무덤	칠기 유형	기년명	제작 시기
석암리 제260호 무덤	칠이배	☐☐☐☐☐ 畵木銅銀塗耳桮 容二升 居攝三年 供 工二服 造守令史並 掾☐☐☐☐	8년
	칠반	☐☐☐工古 畵工同 淯工戎 淸工白 造工宗 造護工卒 史☐守☐丞☐☐☐	
정백리 제17호 무덤184	칠배	永光元年 右工賜☐塗畵夫長熹主右 丞裁(?) 令曷省	기원전 43년

(2) 청동 거울(銅鏡)

청동 거울은 청동기시대에 제기(祭器)의 하나로 사용되었지만, 평양 대동
강 지역의 나무덧널무덤에서 출토된 청동 거울은 일부 칠렴에서 화장용품과
함께 넣어진 채로 발견된 점으로 보아 미용기(美容器)로 사용된 것으로 짐작
된다.

나무덧널무덤에서 출토된 청동 거울은 대부분 한(漢)에서 제작되어 수입된
것으로 추정된다. 한의 청동 거울은 유형별 유행 시기가 분명해 나무덧널무
덤의 축조 시기 연구에 주요한 자료로 활용하고 있다.

나무덧널무덤에서 출토된 청동 거울의 유형으로 소명경(昭明鏡), 방격규
구경(方格規矩鏡), 훼룡문경(虺龍文鏡), 연호문경(連弧文鏡), 수대경(獸帶
鏡), 신수경(神獸鏡)이 있다. 이 중에서 방격규구경, 연호문경, 수대경이 많
이 출토되었다.

소명경은 명문(銘文)을 새긴 것으로 명문대경(銘文帶鏡) 중 하나다. 정백
리 제127호 무덤에서 출토된 소명경은 반구(半球) 모양의 손잡이(鈕) 주위
에 동그라미 12개가 있고, 그 바깥에 반원호(半圓弧)를 인접해서 둘렀다. 이

---

184 梅原末治, 1934, 「漢代漆器紀年銘文集錄」, 『東方學報』 第5冊, 207-222쪽.

반원호와 가장자리(外緣)의 사이에 명문을 돋을새김(浮彫)으로 표현했다. 명문 내용은 '涑冶鉛華以淸而明 爲鏡宣文章 延年益壽辟不羊 與天毋極而日光 千秋萬歲長樂未央'이다.

정백리 제127호 무덤에서 출토된 소명경[185]

방격규구경은 사엽뉴좌(四葉鈕座)의 주위에 방격(方格)을 두르고 그 안에 12간지(干支)를 배치한 뒤, 방격과 가장자리 사이에 소위 TLV 규구(規矩)를 배치하고, 규구 사이에 사신(四神) 등의 서수(瑞獸)를 배치한 다음 가장자리 안쪽에 길상구의 명문을 새긴 것이다. 석암리 제6호 무덤에서 출토된 방격규구경은 사엽뉴좌 주위에 방격을 두르고, 방격 주위에 TLV 규구와 8개의 유(乳)를 배치했다. 규구와 유

석암리 제6호 무덤에서 출토된 방격규구경[186]

의 사이에 청룡·백호·주작·현무 및 세 마리 서수를 돋을새김으로 표현했고. 가장자리 안쪽에 명문을 새겼다. 가장자리에 톱니무늬(鋸齒文), 물결무늬(波文), 톱니무늬를 순서대로 새기고 있다. 명문 내용은 '尙方作竟眞大好 上有

---

185 朝鮮古蹟硏究會, 1935, 『古蹟調査報告 第二-樂浪王光墓-』, 圖版 第79.
186 朝鮮總督府, 1927, 『古蹟調査特別報告』第四冊 圖版 上冊, 121쪽.

山人不知老 渴飮玉泉飢食棗 子孫備具長相保 樂毋亟□'이다.

훼룡문경은 원형 뉴좌(鈕座) 바깥에 S자 용무늬(龍文)를 간략화한 훼룡무늬(虺龍文)를 4개의 유(乳) 사이에 배치한 것이다. 오야리 제21호 무덤에서 출토된 훼룡문경은 원형 뉴좌 바깥에 4개의 유를 배치한 뒤 그 사이에 훼룡무늬를 배치했고, 가장자리에 톱니무늬를 새겼다. 오야리 제21호 무덤 출토 훼룡문경의 훼룡무늬는 더욱 간략화되었고, 발굴·조사 담당자는 발굴조사보고서에 덩굴무늬(唐草文)로 적고 있다.

오야리 제21호 무덤에서 출토된 훼룡문경[187]

연호문경은 사엽뉴좌의 바깥으로 8개의 반원호를 두른 뒤 사엽좌와 반원호 사이에 '長宜子孫'·'壽如金石' 등의 길상구를 새긴 것이다. 발굴보고서는 내행화문경(內行花文鏡)으로 적고 있다. 평양 대동

석암리 제9호 무덤에서 출토된 연화문경[188]

강면 지역의 나무덧널무덤에서 출토된 연화문경은 대부분 전형적인 연화문

187 朝鮮總督府, 1935, 『昭和五年度古蹟調査報告』 第一冊, 圖版 第119.
188 朝鮮總督府, 1927, 『古蹟調査特別報告』 第四冊 圖版 上冊, 33쪽.

경 형식을 띠고 있다.

수대경은 원형뉴좌(圓形鈕座)의 바깥으로 사신(四神) 등의 서수(瑞獸)를 배치하고 그 바깥에 명문을 새긴 것이다. 수대경은 서수를 주된 무늬로 삼는 점에서 방격규구경과 같지만, 방격과 규구가 보이지 않는다는 점 때문에 방격규구경과 구별된다. 정백리 제2호 무덤에서 출토된 수대경은 반구 모양의 손잡이 주위에 좌우로 마주 보는 커다란 용과 범을 두 곳에 걸쳐 돋을새김으로 표현했고, 그 바깥에 사엽좌(四葉座)를 가지는 7개의 유(乳)를 배치했다. 이 사엽좌와 7개의 유 사이에 사신과 신인(神人), 서수(瑞獸) 등을 표현했고, 사신과 신인·서수 사이 빈 곳은 구름(飛雲)과 작은 새(小禽)로 채우고 있다. 특히 청룡의 옆에 까마귀(烏)를 작은 동그라미 안에 넣어 해(日)를, 백호의 옆에 두꺼비(蟾蜍)를 작은 동그라미 안에 넣어 달(月)을 표현하고 있다. 가장자리 안쪽에 명문을 새겼고, 가장자리는 톱니무늬와 기이한 반리무늬(蟠螭文)를 새기고 있다. 명문의 내용은 '靑蓋作竟大母傷 巧工刻之成文章 左龍右虎辟不羊 朱鳥玄武順陰陽 子孫備具居中央 長保□□□富昌 壽敝金石如侯王' 이다.

정백리 제2호 무덤에서 출토된 수대경[189]

신수경은 동왕부(東王父)·서왕모(西王母) 등의 신선상과 용·범 등의 서수

---

189 朝鮮總督府, 1927, 『古蹟調査特別報告』 第四冊 圖版 上冊, 89쪽.

를 돋을새김으로 표현한 것이다. 정백리 제3호에서 출토된 신수경은 반구 모양 손잡이 주위의 좌우상하에 신인(神人)을 두고 4개의 유(乳)를 배치한 뒤, 그 사이에 많은 서수를 돋을새김으로 두껍게 표현했다. 가장자리 안쪽에 소위 '반원방격띠(半圓方格帶)' 14개를 두었는데, 방격은 약간 직사각형이며 가로세로선으로 4구역으로 나누고 각 구역에 한 글자씩 돋을새김으로 표현하고 있다. 반원과 방격 사이의 빈 곳은 점무늬(星文)와 밤알무늬(栗文)로 채우고 있다. 가장자리에 달리는 짐승 모양의 무늬 띠(走獸帶)와 연속 마름모무늬 띠(菱繫文帶)를 새겨 놓고 있다. 명문 내용은 '吾作明竟 幽涑三商 配像萬疆 統德序道 敬奉賢良 雕刻素社 百身擧樂 衆善主陽 啓德神明 富貴安樂 子孫番昌 學者高亶 土至公卿 見師命長'이다.

정백리 제3호 무덤에서 출토된 신수경[190]

▶ 평양 대동강면 지역의 나무덧널무덤에서 출토된 청동 거울

무덤명	소명경	방격규구경	훼룡문경	연호문경	수대경	신수경
오야리 고분						
정백리 제2호 무덤				●	●	
정백리 제3호 무덤					●	●
석암리 제6호 무덤		●		●		
석암리 제9호 무덤				●		

190 朝鮮總督府, 1927, 『古蹟調査特別報告』第四冊 圖版 上冊, 111쪽.

무덤명	소명경	방격 규구경	훼룡 문경	연호 문경	수대경	신수경
갈성리 갑분						
입봉리 제9호 무덤						
유정리 제3호 무덤						
석암리 제200호 무덤		●				
석암리 제194호 무덤		●		●		
석암리 제20호 무덤					●	
석암리 제52호 무덤			●			
석암리 제205호 무덤				●		
오야리 제18호 무덤						
오야리 제19호 무덤						●
오야리 제20호 무덤						
오야리 제21호 무덤			●			
남정리 제116호 무덤						
석암리 제201호 무덤						
석암리 제260호 무덤						
정백리 제127호 무덤	●	●				
정백리 제8호 무덤					●	
정백리 제13호 무덤				●	●	
정백리 제122호 무덤					●	
정백리 제17호 무덤						
정백리 제59호 무덤					●	
정백리 제19호 무덤				●		
장진리 제30호 무덤						
석암리 제212호 무덤						
석암리 제257호 무덤	●				●	
정백리 제4호 무덤				●		
석암리 제219호 무덤						

(3) 질그릇(土器)

질그릇은 발굴·조사된 평양 대동강면 지역의 거의 모든 나무덧널무덤에서 출토되었다. 그러나 출토될 당시 부서져 조각난 것이 많았고 자세한 설명이나 사진·도면이 발굴조사보고서에 없는 경우도 많아 형태를 구체적으로 파악할 수 있는 질그릇은 적은 편이다. 본 논문은 완전한 형태이며 발굴조사보고서에 자세한 설명이나 사진·도면이 확인되는 질그릇을 중심으로 살펴보기로 한다.

평양 대동강면 지역의 나무덧널무덤에서 출토된 질그릇은 그 형태에 따라 화분형(花盆形) 질그릇, 호(壺), 옹(甕)으로 분류될 수 있다. 호는 바닥 모양에 따라 원저호(圓底壺)와 평저호(平底壺)로 다시 분류될 수 있다.

화분형 질그릇은 속이 깊은 화분(花盆) 모양을 한 것이다. 화분형 질그릇은 발굴조사보고서에 따라 와완(瓦盌) 또는 감과형(坩堝形) 질그릇으로 적혀 있다. 두께가 두껍고, 회청색을 띠는 경우가 많다. 표면은 점토(泥)에 운모(雲母)가 섞여 있어 광택이 약간 나며, 겉만 그슬려 물이 침투하는 것을 막거나 흑칠을 하기도 했다. 아가리 테두리 부분(口緣部)은 바깥으로 접어 만들었다. 제작기법은 화분형 질그릇 안쪽의 베(布)를 댄 흔적으로 보아 나무틀에 베를 대고 진흙을 붙여서 만들었을 것으로 짐작된다. 화분형 질그릇은 시기 차이에 따른 유형 변화가 거의 없지만, 초기의 평평한 바닥인 유형에서 후기의 낮은 굽을 붙인 유형으로 바뀌었을 것으로 짐작한다.

오야리 제20호 무덤에서 출토된 화분형 토기[191]

원저호는 바닥이 약간 둥근 모양을 한 호(壺)다. 두께가 얇고, 회청색, 회색, 검은색을 띤다. 원저호는 물에 개어 불순물을 없앤 세밀한 점토를 낮은 온도에서 구워서 만들었다. 아가리 테두리 부분은 바깥으로 벌어져 있고, 목

---

191 朝鮮總督府, 1935,『昭和五年度古蹟調査報告』第一冊, 圖版 第20-2.

부분(頸部)은 짧다. 몸통 전체 또는 몸통 아래에 꼰무늬(繩文)를 두들겨 새기고 있다. 제작기법은 몸통의 물레질 흔적으로 볼 때 적당한 굵기의 점토 띠를 말아 올려 형태를 만든 뒤 물레에서 물손질을 해 표면을 다듬었을 것으로 짐작된다. 갈성리 갑분에서 출토된 원저호는 몸통 상부와 하부 사이에서 이어 붙인 흔적을 확인할 수 있었는데, 몸통 상부와 하부를 별도로 만든 후 서로 이어 붙여 만들었던 것으로 짐작된다.

정백리 제8호 무덤에서 출토된 원저호[192]

평저호는 바닥이 평평한 모양을 한 호(壺)다. 두께가 얇고, 회색, 회흑, 회청색, 회백색을 띤다. 평저호는 원저호와 마찬가지로 물에 개어 불순물을 없앤 세밀한 점토를 낮은 온도에서 구워서 만들었다. 아가리의 테두리 부분은 넓고, 목은 길거나 짧다. 평저호는 어깨 부분(肩部)에서 배 부분(胴部)으로 갈수록 넓어지다가 배 부분에서 최대 지름을 이루고, 다시 바닥 부분(低部)으로 가면서 좁아진다. 제작기법은 평저호 안팎에 물레의 흔적이 있고, 남정리 제116호 무덤에서 출토된 평저호의 바닥에 실로 자른 흔적이 있어 물레를 사용해서 만들었다고 짐작된다.

옹은 구형(球形) 또는 난형(卵形)을

석암리 제9호 무덤에서 출토된 평저호[193]

192 국립중앙박물관, 2002, 『平壤 貞柏里 8·13號墓』, 圖版 25, 86쪽.
193 朝鮮總督府, 1927, 『古蹟調査特別報告』第四冊 圖版 上冊, 73쪽.

한 것이다. 두께가 두껍고, 회백색을 띠는 경우가 많다. 점토에 가는 모래를 섞어 높은 온도에서 구워 만들었다. 아가리(口)가 넓고, 목은 거의 없이 어깨로 이어진다. 바닥은 둥근 모양으로 출토 당시 받침대 위에 있기도 했고, 나무 덮개가 덮어져 있기도 했다. 옹 안에서 물고기 뼈와 비늘이 발견되는 경우가 있었는데, 매장 시 제물(祭物)을 담았던 것으로 짐작한다. 제작기법은 아가리 부분, 몸통 부분, 바닥 부분으로 나누어 만든 후 이어 붙였을 것으로 추정된다. 석암리 제9호 무덤에서 출토된 옹은 배 부분 아래에 꼰무늬가 비스듬하게 새겨져 있고, 흑색 얼룩이 있어 무늬를 베풀었을 것으로 짐작된다. 석암리 제200호 무덤에서 출토된 옹은 아가리 테두리 부분에 주선(朱線)의 톱니무늬(鋸齒文)가 있다. 석암리 제20호 무덤에서 출토된 옹은 백색 도채(塗彩)가 발려져 있고, 오야리 제19호 무덤에서 출토된 옹은 목 부분에 주선(朱線)을 둘렀다. 남정리 제116호 무덤에서 출토된 옹은 세밀한 점토로 표면을 다듬었고, 어깨에 톱니무늬와 그 아래에 권점(圈點)을 새겼고. 거기에 추가로 '李'라는 글자를 새겼다. 석암리 제201호 무덤에서 출토된 옹은 흙으로 표면을 다듬었고, 흑선(黑線)과 주점(朱點)으로 보아 무늬를 새겼을 것으로 짐작한다.

석암리 제9호 무덤에서 출토된 옹[194]

194 朝鮮總督府, 1927, 『古蹟調査特別報告』 第四冊 圖版 上冊, 73쪽.

▶ 평양 대동강면 지역의 나무덧널무덤에서 출토된 질그릇

무덤명	화분형	원저호	평저호	옹
오야리 고분			●	
정백리 제2호 무덤				●
정백리 제3호 무덤				
석암리 제6호 무덤			●	●
석암리 제9호 무덤			●	●
갈성리 갑분	●	●	●	
입봉리 제9호 무덤				
유정리 제3호 무덤				
석암리 제200호 무덤			●	●
석암리 제194호 무덤				
석암리 제20호 무덤			●	●
석암리 제52호 무덤				
석암리 제205호 무덤	●		●	●
오야리 제18호 무덤			●	●
오야리 제19호 무덤	●		●	●
오야리 제20호 무덤	●	●	●	●
오야리 제21호 무덤				
남정리 제116호 무덤			●	●
석암리 제201호 무덤			●	●
석암리 제260호 무덤				●
정백리 제127호 무덤	●		●	●
정백리 제8호 무덤	●	●	●	●
정백리 제13호 무덤			●	●
정백리 제122호 무덤				
정백리 제17호 무덤				
정백리 제59호 무덤				
정백리 제19호 무덤				
장진리 제30호 무덤				
석암리 제212호 무덤				
석암리 제257호 무덤				
정백리 제4호 무덤				
석암리 제219호 무덤	●		●	

(4) 금구(金具)

금구는 금속(金屬)으로 만든 말갖춤(馬具), 수레갖춤(車具), 칠기·널(棺)을 꾸미는 장신구(裝飾具) 등을 말한다. 이 금구들 가운데 나무덧널무덤의 축조 집단의 성격과 관련되어 있을 것으로 추정되는 금구를 중심으로 살펴보기로 한다.

㉠ 금동 사엽좌 널 장식 금구(金銅四葉座棺飾金具)

금동 사엽좌 널 장식 금구는 나무널(木棺)을 꾸미는 금구 가운데 하나다. 이 금구는 얇은 금속판(金版)을 네 잎(四葉)의 나뭇잎 모양으로 잘라내고, 표면에 도금(鍍金)을 했다. 표면에 무늬를 새기고, 나무널에 징(鋲)이나 생옻(生漆)으로 부착했다. 금동 사엽좌 널 장식 금구는 오야리 제19호 무덤, 석암리 제201호 무덤, 정백리 제19호 무덤, 석암리 제212호 무덤, 석암리 제257호 무덤, 석암리 제219호 무덤에서 출토되었다.

특히 오야리 제19호 무덤의 금동 사엽좌 널 장식 금구는 표면에 모조(毛彫)로 사신(四神)을 표현했다. 이 금구는 안덧널(內槨)에 안치된 3개의 널 가운데 중심널(主棺)인 제2나무널의 앞뒤·좌우 옆판(側板)에 금동 고두충 모양의 널 장식 금구(金銅鼓豆蟲樣棺金具)와 함께 부착되어 있었다. 제2나무널의 안은 주칠을 했고, 바깥은 약 0.6cm 두께의 청칠(錆地)[195] 위에 두껍게 흑칠을 했다.

금동 고두충 모양의 널 장식 금구는 약간 타원형으로, 반 자른 계란(鷄卵)의 모양을 하고 있었다. 장축(長軸) 좌우 두 곳에 걸쳐 돌기(突起)를 만들어

---

195 숫돌가루를 물에 개고 여기에 생옻을 섞어 갠 것

벌레 다리의 모습처럼 표현했다. 표면에 도금한 흔적이 있고, 조수(鳥獸) 두 마리와 덩굴무늬(唐草文)를 모조로 표현했다. 이 금동 고두충 모양의 널 장식 금구는 좌우 옆판 3곳, 앞뒤 옆판 2곳에 걸쳐 박혀 있었는데, 앞뒤 옆판의 한 쌍은 약간 비스듬하게 서로 마주 보게 했다. 뒷면은 비어 있고 중앙에 못이 나 있었는데, 뒷면에 창칠을 가득

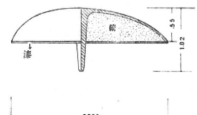

오야리 제19호 무덤에서 출토된
금동 고두충 모양의 널 장식 금구 실측도[196]

채우고 나무널에 생옻과 못을 부착한 것으로 추정된다.

금동 사엽좌 널 장식 금구는 얇은 금동판으로 되어 있었고, 도금한 흔적이 있었다. 출토 당시 녹 때문에 암록색(暗綠色)을 띠었지만, 곳곳에 아름다운 동색(銅色)이 보였다. 금동 사엽좌 널 장식 금구는 표면에 모조로 무늬를 표현했는데, 앞뒤 옆판과 좌우 옆판에 부착한 것의 무늬가 각각 달랐다. 앞뒤 옆판에 부착한 금동 사엽좌 널 장식 금구는 전면에 걸쳐 운당초무늬(雲唐草文)를 새겼고, 테두리에 톱니무늬(鋸齒文)를 둘러 새겼다. 좌우 옆판에 부착한 금동 사엽좌 널 장식 금구는 각 잎에 사신(四神)을 새겼다. 위쪽 잎은 날개를 좌우로 펼친 봉황(鳳凰)을 새겼고, 주변에 조수(鳥獸)를 새겼다. 왼쪽 잎은 날아오르는 백호(白虎)를 새겼고, 위쪽 부분은 조수를, 아래는 곰(熊)으로 보이는 괴수(怪獸)를 새겼다. 오른쪽 잎은 날아오르는 창룡(蒼龍)을 새겼고,

196 朝鮮總督府, 1935, 『昭和五年度古蹟調査報告』第一冊, 37쪽.

위쪽 모서리는 신인(神人)을 새겼
다. 아래쪽 잎은 현무(玄武)를 새겼
고, 위쪽 부분은 날아다니는 새(鳥)
를 새겼다. 그리고 공동적으로 빈
곳에 운당초무늬를 새겼다. 테두리
에 위쪽 잎에 운당초무늬와 괴수를
새겼고, 나머지에 톱니무늬를 새겼
다. 이 금동 사엽좌 널 장식 금구들
은 중앙과 각 잎의 앞쪽에 금동원

오야리 제19호 무덤에서 출토된
금동 사엽좌 널 장식 금구 묘사도[197]

좌못(金銅圓座鋲)을 박아 나무널에 부착했다. 금동원좌못 표면은 용(龍)을
모조로 표현했고, 테두리에 톱니무늬를 둘렀다. 금동원좌못도 금동 고두충
모양의 널 장식 금구처럼 뒤에 창칠을 가득 채우고 생옻으로 붙인 것으로 추
정된다.

ⓒ 은제 드리개 장식

드리개 장식은 말갖춤(馬具) 중의 하나로, 말안장 후걸이에 부착해 장식했
다. 대표적 드리개 장식은 석암리 제219호 무덤의 서실(西室) 서남 모서리에
서 출토된 은제 드리개 장식이 있다. 이 은제 드리개 장식은 은판(銀板)을 아
래로 갈수록 끝이 넓어지는 꽃잎 모양으로 만들고, 윗면에 괴수(怪獸) 무늬를
타출(打出)기법으로 표현했다. 길이는 13.28cm, 최대 폭 7.15cm, 최대 두
께 1.0cm다. 산악(山岳)에 서 있는 괴수의 머리 부분은 용(龍)에 가깝고, 머

---

197 朝鮮總督府, 1935, 『昭和五年度古蹟調査報告』 第一冊, 圖版 第20.

리 부분에 갈라진 두 뿔과 두 귀를 표현했다. 구부림이 있는 목 부분에 갈기를 표현했고, 등에 튀어나온 혹을 표현했다. 어깨에 날개 하나를 표현했고, 꼬리 부분은 늘어뜨린 긴 꼬리로 표현했다. 발은 발톱 3개가 나 있는 새 발(鳥足)처럼 표현했다. 그리고 뿔 앞쪽으로 괴수 어깨에서 새 머리가 갈라져 나와 있는데 그 주둥이가 괴수 주둥이를 향해 있다. 괴수의 몸과 그 아래 방향에 둥근 구멍 6개를 뚫고, 반구(半球) 모양의 붉은 마노(瑪瑙)를 끼워 넣어 꾸미고 있었다. 오목한 면을 한 뒷면에 피껍질(稗殼)에 흑칠을 더한 충전물을 채우고 있다. 둘레에 사이를 두고 12개의 작은 구멍이 뚫려 있었는데, 이 작은 구멍에 실을 꿰어 가죽에 꿰맸을 것으로 짐작한다.

석암리 제219호 무덤의
은제 드리개 장식[198]

ⓒ **띠쇠(鉸具)**

띠쇠는 가죽 허리띠 한쪽 끝에 붙여진 것으로, 버클(buckle)과 같은 것이다. 대표적 띠쇠로, 석암리 제9호 무덤의 널 안 피장자(被葬者) 배 부분에서 발견된 금제 띠쇠가 있다. 이 금제 띠쇠는 한쪽은 평평하면서 좁고 다른 한쪽은 점점 넓게 가다가 둥글게 되어 있다. 이 둥근 끝의 가까이에 그믐달 모양으로 뚫어진 구멍이 있고, 그 중앙에 걸쇠가 경첩으로 달려 있다. 길이는 약 10cm, 너비는 가장 좁은 부분이 약 1.5cm, 가장 넓은 부분이 약 7cm, 높이는 약 2.3cm다.

---

198 朝鮮古蹟硏究會, 1934, 『昭和八年度古蹟調査報告』, PL 38.

이 금제 띠쇠는 순금판(純金板)을 두들겨 윗면을 볼록하게 만든 뒤, 그 면에 어미용(母龍) 한 마리와 아이용(兒龍) 일곱 마리를 반 볼록새김(半肉)으로 두들겨 만들었다. 거기에 가는 금실을 납땜해 붙이고 이 용들의 윤곽 및 세세한 부분에 운기무늬(雲氣文)를 새겼다. 금실을 따라서 밤알보다 큰 금 알갱이를 납땜해 용들의 몸통을 잇고 다시 밤알 크기의 금 알갱이로 용의 윤곽, 세세한 부분, 구름 등을 만들어 금실로 납땜했다. 마지막에는 여기저기에 에메랄드 모양의 초록색을 띠는 터키석을 끼워 넣었다. 터키석은 처음 41과(顆)를 사용했지만, 발견될 당시는 7과만 남아 있었다.

석암리 제9호 무덤에서 출토된 금제 띠쇠[199]

(5) 꾸미개(裝飾具)

꾸미개의 용도는 머리, 몸 등을 꾸미는 것이다. 평양 대동강면 지역의 나무덧널무덤에서 출토된 꾸미개 유형으로 은가락지(銀指環), 은팔찌(銀釧), 귀걸이(耳璫), 비녀(釵), 패옥(佩玉), 꾸밈구슬(裝飾玉) 등이 있다. 이 꾸미개 가운데 나무덧덜무덤 축조 집단의 성격과 관련되어 있는 것으로 짐작되는 꾸미개를 중심으로 살펴보기로 한다.

㉠ 대모제(玳瑁製) 꾸미개

대모(玳瑁)는 인도양·태평양의 열대 바다에 주로 서식하는 바다거북이다.

---

199 국립중앙박물관 편, 2001, 『낙랑 樂浪』, sol, 64쪽.

대모의 등껍질은 무늬가 아름답고 색상이 다양해서 공예품의 재료로 많이 사용되었고, 대모 등껍질로 만든 공예품은 고가품(高價品)에 속했다. 나무덧널 무덤에서 출토된 대모제 꾸미개 유형으로 비녀, 패옥 등이 있다.

대모비녀(玳瑁釵)는 대모제 꾸미개 가운데 많이 출토된 유형이다. 석암리 제9호 무덤, 석암리 제194호 무덤, 석암리 제205호 무덤, 오야리 제20호 무덤, 남정리 제116호 무덤, 석암리 제201호 무덤, 정백리 제127호 무덤, 정백리 제8호 무덤, 정백리 제13호 무덤, 정백리 제19호 무덤, 석암리 제257호 무덤, 정백리 제4호 무덤, 석암리 제219호 무덤에서 출토되었다. 특히 석암리 제205호 무덤의 대모비녀는 동널과 서널 안 부인(婦人)의 머리카락 뭉치에 끼워져 있었다. 동널의 대모비녀는 비녀 머리가 동그라미를 띠고, 길이 약 3cm를 남기고 두 가닥으로 나눠진다. 이 대모비녀는 얇은 대모를 겹겹이 붙여 만들었다. 서널의 대모비녀는 정수리 부분에 끼워져 있었는데, 좌우에 3개씩 옻칠한 나무로 만든 나무비녀와 함께 끼워져 있었다. 이 대모비녀도 동널의 대모비녀와 모양이 비슷하다. 남성의 대모비녀도 석암리 제205호 무덤에서 출토되었다. 중간널이 남자의 머리 부분에 남아 있었는데, 짧고 작다는 점에서 남자의 것임이 확실했다. 중앙 부분은 전체 길이의 3분 1 정도 잘록해져서 가늘고, 단면(斷面)은 모두 마름모 모양을 하고 있다.

대모패옥(玳瑁佩玉)은 오야리 제20호 무덤에서 출토되었다. 도자형패(刀子形佩)는 자루의 끝에 둥근 고리가 있는 칼(刀子) 모양의 패(佩)로, 몸통은 안쪽으로 꺾이고 칼날 끝은 두드러지게 위로 꺾어져 있었다. 전체 길이는 약 10cm, 두께는 약 0.2cm다. 전형패(錢形佩)는 동전(錢) 모양의 패로, 윗부분에서 아랫부분은 약간 두껍고, 표면에 흑갈색으로 나뭇결 모양의 층을 가졌다. 그리고 중앙에 정사각형의 구멍이 뚫려 있다. 뚫린 구멍 좌우에 '五銖'이

란 글자가 오목새김(陰刻) 되어 있
다. 뒷면은 어떠한 무늬가 없고, 황
색 바탕의 나뭇결 모양의 검은색
얼룩무늬를 가지고 있다. 지름은
약 1.2cm다. 조형패(鳥形佩)는 2
개가 발견되었다. 첫 번째는 수탉
(雄鷄) 모양으로, 높이 약 1.5cm,

오야리 제20호 무덤에서 출토된 패옥(佩玉)[200]

너비 약 2cm, 두께 약 0.3cm다. 두 번째는 수컷 원앙(鴛鴦) 모양으로, 높
이 약 1cm, 너비 약 1.5cm, 두께 0.4cm다. 공통으로 옆면 약간 아래에 조
그만 구멍이 뚫려 있다. 충형패(蟲形佩)는 직사각형(長方形) 몸통의 한쪽
끝이 예리하게 뾰족하고 다른 끝에 4층(層)의 새김줄(刻目)이 있는 패다. 그
리고 그곳 옆면에 조그마한 구멍이 뚫려 있다. 길이는 약 1.9cm, 지름은 약
0.6cm다.

㉡ 꾸밈구슬(裝飾玉)

꾸밈구슬은 주로 널 안 피장자의 가슴이나 손목 부위로 짐작되는 곳에서
출토되었다. 꾸밈구슬은 위아래로 통하는 구멍이 뚫려 있는 점으로 볼 때 실,
가죽 등으로 꿰어 목에 걸치거나 손목에 찼을 것으로 짐작된다. 꾸밈구슬은
석암리 제6호 무덤, 석암리 제200호 무덤, 오야리 제20호 무덤, 정백리 제8
호 무덤, 정백리 제127호 무덤, 정백리 제122호 무덤, 석암리 제219호 무덤
에서 출토되었다. 특히 오야리 제20호 무덤과 석암리 제219호 무덤에서는

---

200 朝鮮總督府, 1935, 『昭和五年度古蹟調査報告』第一冊, 圖版 第109-2.

다양한 종류와 소재의 꾸밈구슬이 많이 발견되었다.

꾸밈구슬의 소재는 유리(瑠璃), 호박(琥珀), 석탄(石炭), 수정(水晶), 마노(瑪瑙), 파리(玻璃) 등으로 다양하다. 그리고 그 형태에 따라 납작옥(扁玉), 대롱옥(管玉), 절구옥(臼玉), 심엽형(心葉形), 평옥(平玉), 절자옥(切子玉), 둥근 옥(丸玉), 굽은 옥(曲玉), 주판알옥(算盤玉), 대추옥(棗玉) 등으로 나눌 수 있다.

굽은 옥은 정백리 제8호 무덤의 제1호 널 안의 피장자 왼손 부위에서 오직 1개만 출토되었다. 쉼표를 크게 확대한 모양으로, 길이 약 2.45cm다. 호박(琥珀)으로 만들었고, 머리 부분과 꼬리 부분의 끝에 약간의 홈이 나 있다.

대추옥은 오야리 제20호 무덤, 정백리 제8호 무덤, 정백리 제122호 무덤, 정백리 제19호 무덤, 석암리 제219호 무덤에서 출토되었다. 대추 모양으로, 횡단면은 둥근 모양을 하고 있다. 마노, 호박, 유리 등으로 만들었고, 중앙에 구멍이 뚫려 있다.

절자옥은 다면옥(多面玉)으로 불리기도 하는데, 석암리 제205호 무덤, 오야리 제18호 무덤, 오야리 제20호 무덤, 정백리 제17호 무덤에서 출토되었다. 주판알 모양으로, 횡단면은 육각형(六角形) 모양을 하고 있다. 대부분 수정으로 만들어져 있었지만, 오야리 제20호 무덤의 제1덧널에서 마노로 만든 것이 출토되기도 했다. 위아래로 통하는 구멍이 뚫

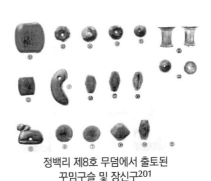

정백리 제8호 무덤에서 출토된
꾸밈구슬 및 장신구[201]

201 국립중앙박물관, 2002, 『平壤 貞柏里 8·13號墓』, 圖版 22, 84쪽.

려 있다.

(6) 도장(印)

평양 대동강면 무덤떼에서 가장 주목하는 껴묻거리로, 피장자의 성명이나 생전(生前)의 관직명이 새겨져 있다.

석암리 제52호 무덤에서 출토된 구리 도장면(印面)에 '王雲'이란 글자가 오목새김(陰刻)으로 새겨져 있다. 이 구리 도장은 정사각형으로, 배면(背面)의 손잡이(鈕)로 네 다리로 서 있는 거북이 모양의 것이 있었지만 출토 당시는 잃어버린 후였다. '王雲'은 무덤 피장자의 성명으로 짐작한다. 길이는 1.33cm이고, 두께는 0.76cm다.

석암리 제205호 무덤에서 출토된 나무 도장(木印)은 양면으로 '五官掾王旴印'과 '王旴信印'이란 글자가 오목새김으로 새겨져 있다. 이 양면 나무 도장은 피장자 허리 부분으로 짐작되는 곳에서 발견되었다. 옆면 중앙에 구멍 하나가 뚫려 있었는데, 이 구멍에 끈이 매달렸을 것으로 짐작된다. '五官掾'은 동한시대의 지방관리로, 군(郡) 태수(太守) 아래의 하급 관리를 말한다. '王旴'는 피장자의 성명으로 짐작한다.

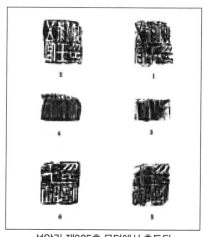

석암리 제205호 무덤에서 출토된
'五官掾王旴印' 및 '王旴信印' 나무 도장[202]

202 東京帝國大學 文學部, 1931, 『樂浪』, 圖版 117.

석암리 제205호 무덤의 피장자 중 한 명은 생전에 '오관연'이란 관직을 지낸 '왕우'로 짐작한다. 길이는 2.4cm이고, 두께는 1.06cm다.

정백리 제127호 무덤에서 출토된 도장은 2개다. 하나는 양면 나무 도장으로, 피장자 허리 부분으로 짐작되는 곳에서 발견되었다. 한쪽 면에 '樂浪大守掾王光之印'이란 글자가 3자(字) 3행(行)으로, 나머

정백리 제127호 무덤에서 출토된
'王光私印' 도장[203]

지 면에 '臣光'이란 글자가 1자 2행으로 새겨져 있다. 또 다른 하나는 손잡이가 있는 나무 도장(鼻鈕木印)으로, 위의 나무 도장과 같은 곳에서 발견되었다. 도장면에 '王光私印'이란 글자가 1자 2행으로 새겨져 있다. 이 나무 도장은 해진 흔적이 없이 깨끗해 새롭게 깎아서 피장자에게 선사한 것으로 짐작된다. 두 도장은 공통적으로 황양목(黃楊木)으로 만들었고, 도장 글자는 오목새김으로 새겼다. 석암리 제127호 무덤의 피장자 중의 한 명은 생전에 낙랑대수(태수) 아래 하급 관리인 '연'이란 관직을 지낸 '왕광'으로 짐작된다.

석암리 제219호 무덤에서 출토된 도장은 4개다. 첫째는 정사각형으로, 도장 몸체에 거북이 모양의 손잡이가 달린 은 도장(銀印)이다. 도장면에 '王根信印'이란 글자가 오목새김으로 새겨져 있다. 거북이는 머리가 약간 위를 향해 있고 앞발을 바깥으로 열고 약간 서 있는 자세를 하며, 등껍질은 선각(線刻)으로 표현했다. 배 부분에 끈을 다는 구멍이 뚫려 있다. 최고 높이는 1.61cm이고, 길이는 1.61cm다. 둘째와 셋째는 나무 도장으로, 위의 은도장

203 朝鮮古蹟硏究會, 1935, 『古蹟調査報告 第二-樂浪王光墓-』, 圖版 第35-2.

에서 가까운 곳에서 발견되었다. 썩은 정도가 심해 채집할 수 없었는데, 조사자는 석암리 제205호 무덤과 정백리 제127호 무덤에서 출토된 도장처럼 관직명을 새겼던 도장으로 추정한다. 넷째는 손잡이가 있는 나무 도장(鼻鈕木印)으로 '□野之印'이라는 글자가 새겨져 있다. 이 나무 도장은 위의 도장들과 다른 널 안에서 발견되었다. 정사각형으로, 도장 몸체에 반원형 구멍이 뚫린 손잡이가 달려 있다. 발굴될 당시는 썩은 정도가 심해 채집할 수 없었다. 조사자는 확인할 수 없는 앞의 한 글자를 '玉'으로 추정했다. 그는 동성불혼(同姓不婚)의 관습으로 남편 성(姓)인 '王'과 구별하기 위해 한 획을 추가한 것으로 보았다. 그는 석암리 제219호 무덤은 남편인 '왕근'과 아내인 '옥야'가 합장된 무덤으로 보았다.

2. 벽돌방무덤(塼室墳)

발굴·조사로 확인한 무덤 60기 중에서 벽돌방무덤은 27기다. 벽돌방무덤은 평지나 낮은 언덕에 무덤구덩이를 파고 그 안에 직사각형 무늬의 벽돌(紋塼)로 사각형 방(室) 모양의 무덤방을 만든 뒤 널과 껴묻거리를 두고 그 위에 다시 흙을 덮은 무덤이다. 벽돌방무덤의 특징은 무덤방 한쪽 벽면에 널문(羨門)을 설치하고 널문에서 지상 방향으로 널길(羨道)을 만들었다는 점이다. 널문은 직사각형 벽돌로 1줄 또는 2줄의 반원 아치(Arch) 모양으로 만들었고, 장례를 마친 뒤 벽돌이나 나무 각재로 막았다. 널길은 흙벽 또는 직사각형 민무늬 벽돌로 쌓은 벽으로 되어 있고, 널문에서 지상까지 길게 이어져 있거나 널문 앞에서 지상 방향으로 짧게 만들어져 있기도 하다. 겉모습은 나무덧널무덤과 마찬가지로 반구(半球) 모양의 흙무지무덤으로 추정하지만, 조사자에 따라 방대형(方臺形)으로 추정하기도 한다. 나무덧널무덤과 마찬가지로 발굴·조사를 할때 풍화와 주민의 채굴로 흙이 무너져 내린 상태였기 때문에 어떤 모습인지 확신할 수 없다.

1) 구조

(1) 무덤방의 구성

벽돌방무덤의 무덤방 구성은 무덤방 개수에 따라 무덤방이 1개인 단실묘, 2개인 이실묘, 3개 이상인 다실묘로 분류될 수 있다.

단실묘(單室墓, A1)는 하나의 흙무지 안에 하나의 널방이 있는 것이다. 이 무덤으로 대동강면 고분 갑분, 대동강면 고분 을분, 대동강면 고분 서분, 정백리 제4호 무덤, 석암리 제7호 무덤, 석암리 제253호 무덤, 평양역 고분, 정백리 제221호 무덤, 석암리 제255호 무덤, 석암리 제218호 무덤, 정백리 제24호 무덤이 있다. 널길은 대부분 널문 앞에서 지상 방향으로 짧게 만들어져 있고, 널문은 널방 남벽·동벽의 중앙 또는 한쪽에 치우치게 설치했다. 널방 공간을 나누지 않고 널방 한쪽에 치우쳐 널을 안치했고, 널을 둔 공간 외의 나머지 공간에 껴묻거리를 두었다. 그러나 석암리 제10호 무덤은 널방 공간을 남북 방벽에 이르는 벽돌 벽으로 껴묻거리를 두는 동방과 널을 안치하는 서방으로 분리했다. 서방은 다시 북벽에서 남벽 방향으로 뻗어 있는 짧은 벽돌 벽으로 공간을 나눴다. 서방의 벽돌 벽은 부부의 널을 구분하기 위한 시설로 짐작된다.

석암리 제10호 무덤의 널방 북벽[204]

---

204 朝鮮總督府, 1925, 『古蹟調査特別報告』第四冊, 圖版 下冊, 174쪽.

이실묘(二室墓, A2)는 하나의 흙무지 안에 무덤방 2개가 있는 것이다. 이 무덤은 무덤방 2개의 연결 여부에 따라 널방 2개가 따로 있는 무덤, 앞방과 뒷방이 통로로 연결된 무덤, 중심방과 딸린 방이 통로로 연결된 무덤으로 분류될 수 있다.

널방 2개가 따로 있는 무덤(A2-1)은 하나의 흙무지 안에 널방 2개를 따로 조성한 것이다. 이 무덤으로 정백리 제5호 무덤이 있다. 정백리 제5호 무덤은 널방 2개를 나란히 동서 방향으로 조성했다. 널문과 널길은 동서 각 널방에서 모두 확인되지 않았다. 동서 각 널방은 부서진 벽돌을 재사용해 만들었고, 널 2기를 안치했다. 널 2기는 벽돌로 만든 널받침대(棺臺)의 위에 안치되어 있다. 정백리 제5호 무덤은 나무덧널무덤인 오야리 제20호 무덤과 비슷한 무덤방 구성과 평면 형태를 띤다.

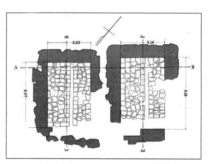

정백리 제5호 무덤의 단면도[205]

앞방, 뒷방이 통로로 연결된 무덤(A2-2)은 하나의 흙무지 안에 앞방과 뒷방을 조성하고 통로로 연결한 것이다. 이 무덤으로 석암동 고분, 대동강면 고분 동분, 석암리 제8호 무덤, 정백리 제219호 무덤, 남정리 제53호 무덤이 있다. 널길은 정백리 제219호 무덤과 남정리 제53호 무덤에서 자세하게 확인되었다. 두 무덤의 널길은 널문에서 약 1.2m까지 벽돌 벽으로 만들었고 나머지 구간은 흙벽으로 만들었다. 널문은 앞방의 남벽 또는 동벽에 설치했고,

205 朝鮮總督府, 1925,『古蹟調査特別報告』第四冊, 圖版 下冊,

한 줄 또는 두 줄의 반원 아치 모양
으로 만들었다. 앞방은 주로 껴묻
거리를 두는 공간으로 사용했고,
뒷방은 널 2기를 안치해 널방으로
사용했다. 널 2기는 한쪽 벽에 치
우쳐 만든 널받침대 위에 안치되어

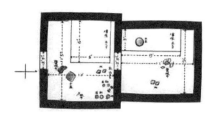

대동강면 고분의 동분 실측도[206]

있다. 통로 입구인 무덤문(玄門)의 모습은 석암동 고분에서 자세하게 확인되
었는데, 한 줄의 반원 아치 모양으로 만들었다.

　중심방과 딸린 방이 통로로 연결된 무덤(A2-3)은 중심방(主室)에 딸린 방
(副室)을 덧붙이고 통로로 연결한 것이다. 이 무덤으로 오야리 제25호 무덤
만 있다. 오야리 제25호 무덤은 무덤방 구성이 앞방·뒷방이 통로로 연결된
무덤과 같지만, 딸린 방의 밑바닥이 중심방보다 위쪽에 있다는 점에서 중심
방을 조성한 이후 딸린 방을 덧붙였을 것으로 짐작되기 때문에 다른 유형으
로 분류될 수 있다. 널길과 널문은 확인되지 않았다. 그러나 발굴·조사를 할
때 딸린 방 서벽을 잃어버린 상태였기 때문에 확신할 수 없다. 딸린 방은 중
심방 서벽에 접하도록 설치했고,
동벽 중앙에 중심방으로 이어지는
통로를 설치했다. 조사자는 딸린
방에 나무널 1기와 껴묻거리를 둔
것으로 추정했다. 중심방은 나무널
3기를 안치했고 나머지 공간은 껴

오야리 제25호 무덤의 전경[207]

---

206 朝鮮總督府, 1915, 『朝鮮古蹟圖譜』一, 17쪽.

묻거리를 두었다. 나무널 3기는 동벽과 남벽에 인접해 벽돌로 만든 널받침대의 위에 안치되어 있다. 중심방과 딸린 방을 이어주는 통로는 폭 0.65m, 높이 0.5m로 좁고 낮았다.

다실묘(多室墓, A3)는 하나의 흙무지 안에 무덤방 3개를 조성하고 통로로 연결한 것이다. 이 무덤은 앞방 유무(有無)에 따라 앞방, 곁방, 뒷방이 통로로 연결된 무덤과 곁방 2개와 널방이 통로로 연결된 무덤으로 분류될 수 있다.

앞방, 곁방, 뒷방이 통로로 연결된 무덤(A3-1)은 하나의 흙무지 안에 앞방, 곁방, 뒷방을 조성하고 통로로 연결한 것이다. 이 무덤으로 정백리 제1호 무덤, 봉산 양동리 제3호 무덤, 봉산 양동리 제5호 무덤, 정백리 제277호 무덤, 장진리 제45호 무덤, 도제리 제50호 무덤이 있다. 널길은 정백리 제277호 무덤과 장진리 제45호 무덤에서 자세하게 확인되었다. 두 무덤에서 널길은 지상 방향으로 비탈면을 이루고 있었고, 흙벽으로

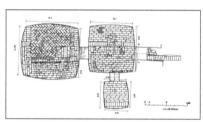

봉산 양동리 제5호 무덤의 실측도[208]

만들어져 있었다. 널문은 앞방의 한쪽 방벽에 중앙 또는 약간 한쪽으로 치우쳐 설치되었고, 1줄 또는 2줄의 반원 아치 모양으로 만들었다. 곁방을 앞방 한쪽 방벽에 접하도록 조성했고 통로로 앞방과 이어졌다. 곁방은 앞방과 뒷방보다 작은 크기였고, 주로 껴묻거리를 두는 공간으로 사용되었다. 앞방과 뒷방은 '一' 자 모양으로 연결되어 있었고 통로로 이어졌다. 앞방과 뒷방은

---

207 朝鮮古蹟研究會, 1938, 『昭和十二年度古蹟調査報告』, 圖版 第111-2.
208 국립중앙박물관, 2001, 『鳳山 養洞里 塼室墓』日帝强占期資料調査報告 2, 圖面 17, 68쪽.

비슷한 크기였고 주로 널을 안치하는 널방으로 사용했다. 널은 대부분 벽돌로 만든 널받침대의 위에 안치되어 있다.

곁방 2개와 널방이 통로로 연결된 무덤(A3-2)은 하나의 흙무지 안에 널방과 곁방 2개를 조성하고 통로로 연결한 것이다. 이 무덤으로 봉산 태봉리 제1호 무덤이 있다. 널길의 길이는 약 7m이고, 널문은 두 줄의 반원 아치 모양으로 만들었다. 곁방 2개는 널방 한쪽 방벽의 바깥 양쪽에 만들어져 있었고, 통로로 널방과 이어지게 했다. 곁방 2개는 널방보다 작은 크기였고, 주로 껴묻거리를 두는 공간으로 사용했다. 널방 중앙에 나무널을 안치했던 것으로 짐작되었지만, 널받침대를 확인할 수 없었다.

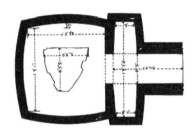

봉산 태봉리 제1호 무덤의 실측도[209]

(2) 바닥면(床)

벽돌방무덤의 바닥면(床)은 무덤구덩이의 밑바닥 위에 무늬가 없는 직사각형 벽돌을 두 겹으로 깔아 만들었다. 아래 바닥은 일부 무덤(석암리 제255호 무덤·남정리 제53호 무덤·도제리 제50호 무덤)에서만 일자 바닥으로 확인되었고, 위 바닥은 거의 모든 무덤에서 삿자리무늬 바닥 또는 일자 바닥으로 확인되었다.

삿자리무늬 바닥 무덤(B1)은 무덤방의 위 바닥을 벽돌을 서로 엇바꾸면서 삿자리무늬 모양으로 깐 것이다. 이 무덤으로 정백리 제1호 무덤, 정백리 제

---

209 朝鮮總督府, 1915, 『朝鮮古蹟圖譜』一, 37쪽.

4호 무덤, 석암리 제7호 무덤, 석암
리 제253호 무덤, 봉산 양동리 제3
호 무덤, 평양역 고분, 정백리 제219
호 무덤, 정백리 제221호 무덤, 정
백리 제227호 무덤, 장진리 제45호
무덤, 석암리 제255호 무덤, 남정리
제53호 무덤, 도제리 제50호 무덤,

평양역 고분의 바닥면 모습[210]

석암리 제218호 무덤, 정백리 제24호 무덤이 있다.

일자 바닥 무덤(B2)은 무덤방의
위 바닥을 무덤방의 방 벽과 평행하
게 벽돌을 '一' 자 모양으로 깐 것이
다. 이 무덤으로 정백리 제5호 무덤,
석암리 제8호 무덤이 있다. 정백리
제5호 무덤의 동서 널방은 부서진

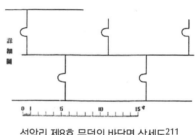
석암리 제8호 무덤의 바닥면 상세도[211]

벽돌을 재사용해 깔았다. 석암리 제8호 무덤은 장부와 장부 구멍이 있는 모
자벽돌(母子塼)을 사용해 깔아 바닥면을 다른 무덤보다 단단하게 했다.

삿자리무늬 바닥과 일자 바닥을 혼용한 무덤(B3)은 무덤방에 따라 삿자리
무늬 바닥 또는 일자 바닥으로 깐 것이다. 이 무덤으로 봉산 양동리 제5호 무
덤과 오야리 제25호 무덤이 있다. 봉산 양동리 제5호 무덤은 앞방과 곁방을
일자 바닥으로, 뒷방을 삿자리무늬 바닥으로 깔았다. 오야리 제25호 무덤은
중심방을 삿자리무늬 바닥으로, 딸린 방을 일자 바닥으로 깔았다.

---

210 朝鮮總督府, 1932, 『昭和七年度古蹟調査報告』第一冊, 圖版 第5-2.
211 朝鮮總督府, 1927, 『古蹟調査特別報告』第四冊 圖版 下冊, 167쪽

(3) 무덤방 벽

벽돌방무덤의 무덤방 벽은 무늬 벽돌을 쌓아 만들었다. 벽돌은 주로 메쌓기 (空積)[212]로 쌓았지만, 봉산 양동리 제5호 무덤, 평양역 고분, 남정리 제53호 무덤에서 회반죽을 사용한 흔적을 확인했다. 무늬 벽돌은 길이면 또는 마구리면에 기하무늬(幾何紋)가 돋을새김(陽刻) 되어 있는데, 무덤방 안에서 기하무늬가 보이도록 벽돌을 쌓았다.

무덤방 벽의 평면 형태는 방 벽이 바깥 방향으로 약간 볼록한 배흘림 모양을 한 직사각형이거나 배흘림 없는 직사각형이다. 방 벽을 배흘림 모양으로 한 목적은 토압(土壓)을 견디기 위한 것으로 짐작된다.

도제리 제50호 무덤의 앞방 전경[213]

배흘림 구조의 무덤(C1)은 발굴·조사된 평양 대동강면 지역의 벽돌방무덤 중에서 대다수를 차지한다. 배흘림 구조는 '동장구조(胴張構造)'라고도 한다. 이 무덤은 무덤방 벽을 쌓아 올리는 방식에 따라 3횡1종 방식의 무덤과 2횡1종 방식의 무덤으로 분류될 수 있다.

3횡1종 방식의 무덤(C1-1)은 기하무늬 벽돌을 3번은 길이면 가로 쌓기 (長邊平積)로 하고 1번은 마구리면 세로 쌓기(短邊垂積)로 해서 쌓아 올리는 방식의 무덤을 말한다. 이 무덤으로 석암동 고분, 대동강면 고분 갑분, 정백리 제1호 무덤, 정백리 제4호 무덤, 석암리 제7호 무덤, 석암리 제10호 무

---

212 모르타르나 시멘트 같은 접착제를 사용하지 않고 석재나 벽돌 등을 쌓아서 구조물을 만드는 건축 방식(대한건축학회 온라인 건축용어사전, http://dict.aik.or.kr/)
213 朝鮮古蹟研究會, 1936, 『昭和十年度古蹟調査報告』, 圖版 第31.

덤, 봉산 태봉리 제1호 무덤, 봉산 양동리 제3호 무덤, 봉산 양동리 제5호 무덤, 평양역 고분, 정백리 제219호 무덤, 정백리 제221호 무덤, 정백리 제227호 무덤, 장진리 제45호 무덤, 석암리 제255호 무덤, 남정리 제53호 무덤, 도제리 제50호 무덤이 있다.

2횡1종 방식의 무덤(C1-2)은 기하무늬 벽돌을 2번은 길이면 가로 쌓기로 하고 1번은 마구리면 세로 쌓기로 해서 쌓아 올리는 방식의 무덤을 말한다. 이 무덤으로 정백리 제24호 무덤이 있다. 정백리 제24호 무덤은 먼저 바닥면 위에 길이면 가로 쌓기로 해서 3단을 쌓고, 그 위에 2횡1종 방식으로 쌓아 방벽을 만들었다.

상자식 구조의 무덤(C2)은 무덤방 벽의 평면 형태가 직사각형이다. 이 무덤은 무덤방 벽을 쌓아 올리는 방식에 따라 3횡1종 방식의 무덤, 1횡1종 방식의 무덤, 가로 쌓기 방식의 무덤, 3횡1종과 가로 쌓기를 혼용한 무덤으로 분류될 수 있다.

3횡1종 방식의 무덤(C2-1)으로 석암리 제218호 무덤이 있다. 석암리 제218호 무덤은 먼저 바닥면 위에 길이면 가로 쌓기로 2단을 쌓고, 그 위에 3횡1종 방식으로 널길 아치의 어깨까지 쌓고 그 위에 마구리면 가로 쌓기(短邊平積) 1단, 길이면 가로 쌓기 7단을 쌓아서 방 벽을 만들었다.

1횡1종 방식의 무덤(C2-2)은 기하무늬 벽돌을 한 번은 길이면 가로 쌓기로 하고 또 한 번은 마구리면 세로 쌓기로 해서 쌓아 올리는 방식의 무덤을 말한다. 이 무덤으로는 석암리 제8호 무덤이 있다.

가로 쌓기 방식의 무덤(C2-3)으로 정백리 제5호 무덤이 있다. 그러나 발굴·조사를 할 때 정백리 제5호 무덤의 방벽은 3단 정도밖에 남아 있지 않아서 방벽 축조 방식을 확실하게 말하기가 어렵다.

3횡1종과 가로 쌓기 방식을 혼용한 무덤(C2-4)으로 오야리 제25호 무덤이 있다. 오야리 제25호 무덤의 중심방은 3횡1종으로 쌓아 방벽을 만들었지만, 딸린 방은 정백리 제5호 무덤처럼 길이면 가로 쌓기를 하여 방벽을 만들었다. 중심방과 딸린 방의 방벽 쌓기 방식 차이는 두 방이 시간적 차이를 두고 조성되었음을 보여주는 것으로 생각된다.

석암리 제218호 무덤의 널방 북벽[214]

(4) 천장

벽돌방무덤 천장은 발굴·조사를 할 때 대부분 무너져 내린 상태였기 때문에 정백리 제227호 무덤의 곁방과 같이 원형이 완전하게 남아 있는 경우는 드물었다. 발굴·조사를 할 때 남아 있는 상태로 짐작하면, 평양 대동강면 무덤떼의 벽돌방무덤 천장은 벽돌로 사각뿔대 모양으로 조성한 것과 나무 각재를 방 벽에 걸친 것으로 분류될 수 있다.

사각뿔대 모양의 천장을 한 무덤(D1)은 사방(四方) 방벽에서 기하무늬 벽돌을 가지고 안쪽으로 조금씩 좁혀가며 쌓아 올려 천장을 조성한 것이다. 이 무덤으로 석암동 고분, 정백리 제1호 무덤, 정백리 제4호 무덤, 석암리 제7호 무덤, 석암리 제10호 무덤, 봉산 태봉리 제1호 무덤, 봉산 양동리 제3호 무덤, 봉산 양동리 제5호 무덤, 평양역 고분, 정백리 제227호 무덤, 장진리 제45호 무덤, 도제리 제50호 무덤, 정백리 제24호 무덤이 있다. 발굴·조사된

---

214 유네스코동아시아문화연구센터, 2003, 『朝鮮古蹟研究會 遺稿 Ⅲ』, 圖版 第11, 45쪽.

평양 대동강면 지역의 벽돌방무덤 대부분에 해당한다.

이 무덤들을 발굴·조사할 때 직사각형 벽돌 외에 사다리꼴 벽돌을 발견했다. 이 사다리꼴 벽돌은 직사각형 벽돌로 사각뿔대 모양의 천장을 쌓을 때 생기는 빈틈을 메우기 위한 용도로 사용한 것으로 추정된다. 이 사다리꼴 벽돌도 한쪽 면에 기하무늬가 돋을새김 되어 있다. 발굴·조사를 할 때 천장의 원형이 남아 있지 않더라도 이 사다리꼴 벽돌을 근거로 하여 무덤의 천장을 사각뿔대 모양으로 조성했을 것으로 짐작할 수 있다. 정백리 제1호 무덤은 천장 벽돌 사이에 질그릇 파편이나 기와 파편을 끼워 넣어 두기로 했다.

정백리 제227호 무덤의 곁방 천장[215]

나무 평천장을 한 무덤(D2)은 방 벽 사이에 나무 각재를 나란히 걸쳐 천장으로 한 것이다. 이 무덤으로 석암리 제8호 무덤, 오야리 제25호 무덤(중심방), 석암리 제218호 무덤이 있다. 발굴·조사를 할 때 나무 평천장은 이미 썩었지만 방벽 상면이 편평한 점, 천장으로 이어지는 부분에서 벽돌을 쌓은 흔적이 보이지 않는다는 점, 무덤방 바닥에서 나무 각재 파편이 발견되었다는 점 등으로 볼 때 나무 평천장이었을 것으로 짐작한다. 이 무덤들의 방벽 구조는 모두 상자식 구조다. 특히 석암리 제218호 무덤은 나무 평천장 위에 벽돌을 두 겹으로 깔았다. 천장을 덮은 벽돌은 모자벽돌이며, 장부 혹은 장부 구멍을 한쪽에 만든 벽돌도 있었다. 나무 평천장의 위에 벽돌을 덮은 이 무덤

---

215 朝鮮古蹟硏究會, 1934,『昭和八年度古蹟調査報告』, 圖版 第27-1.

으로 석암리 제218호 외에 나무덧널무덤인 석암리 제6호 무덤과 정백리 제127호 무덤이 있다.

▶〈표 7〉 평양 대동강면 지역의 벽돌방무덤 구조

조사 무덤	무덤방 구조	바닥면	벽돌방 방벽 축조	천장 구조	비고
석암동 고분	앞방+뒷방	알 수 없음	배흘림, 3횡1종	사각뿔대 모양	
대동강면 고분 갑(甲)	널방	알 수 없음	배흘림, 3횡1종	알 수 없음	
대동강면 고분 을(乙)	널방	알 수 없음	알 수 없음	알 수 없음	
대동강면 고분 동(東)	앞방+뒷방	알 수 없음	알 수 없음	알 수 없음	
대동강면 고분 서(西)	널방	알 수 없음	알 수 없음	알 수 없음	
정백리 제1호 무덤	앞방+뒷방 +곁방	삿무늬	배흘림, 3횡1종	사각뿔대 모양	천장 벽돌 사이에 질그릇 또는 기와 파편을 끼워 넣음
정백리 제4호(151호) 무덤	널방	삿무늬	배흘림, 3횡1종	사각뿔대 모양	
정백리 제5호(153호) 무덤	벽돌방 2	직선 (1겹)	직선, 마구리쌓기	알 수 없음	한 흙무지 안에 벽돌방 2개가 동서로 나란히 있음.
석암리 제7호(99호) 무덤	널방	삿무늬	배흘림, 3횡1종	사각뿔대 모양	
석암리 제8호(120호) 무덤	앞방+뒷방	직선	직선, 1횡1종	나무 평천장	
석암리 제10호(253호) 무덤	널방	삿무늬	배흘림, 3횡1종	사각뿔대 모양	벽돌벽로 널방공간과 널을 구분함.
봉산 태봉리 제1호 무덤	앞방+뒷방 +곁방2	알 수 없음	배흘림, 3횡1종	사각뿔대 모양	
송산리 제1호 무덤	알 수 없음	알 수 없음	알 수 없음	알 수 없음	
봉산 양동리 제3호 무덤	앞방+뒷방 +곁방	삿무늬	배흘림, 3횡1종	사각뿔대 모양	
봉산 양동리 제5호 무덤	앞방+뒷방 +곁방	직선 + 삿무늬	배흘림(灰), 3횡1종	사각뿔대 모양	직선바닥: 널길, 앞방, 곁방 삿무늬바닥: 뒷방
평양역 고분(永和九 年在銘塼出土古墳)	널방	삿무늬	배흘림(灰), 3횡1종	사각뿔대 모양	
정백리 제219호 무덤	앞방+뒷방	삿무늬	배흘림, 3횡1종	알 수 없음	널길: 벽돌+흙벽 널문: 반원 아치형, 나무 문미, 벽돌 장식

조사 무덤	무덤방 구조	바닥면	벽돌방 방벽 축조	천장 구조	비고
정백리 제221호 무덤	널방	삿무늬	배흘림, 3횡1종	알 수 없음	널길: 흙벽 널문: 반원 아치형, 나무 문미(門楣)
정백리 제227호 무덤	앞방+뒷방 +곁방	삿무늬	배흘림, 3횡1종	사각뿔대 모양	널길: 흙벽 널문: 반원 아치형, 돌 문미
장진리 제45호 무덤	앞방+뒷방 +곁방	삿무늬	배흘림, 3횡1종	사각뿔대 모양	널길: 흙벽 널문: 2줄 반원 아치형
석암리 제255호 무덤	널방	삿무늬 (직선)	배흘림, 3횡1종	알 수 없음	널문: 널방에서 약 1m까지 반원 아치형 벽돌 벽
남정리 제53호 무덤	앞방+뒷방	삿무늬 (직선)	배흘림(灰) 3횡1종	알 수 없음	널길: 벽돌+흙벽 널문: 2줄 반원 아치형, 돌 문미
도제리 제50호 무덤	앞방+뒷방 +곁방	삿무늬 (직선)	배흘림, 3횡1종	사각뿔대 모양	널길: 벽돌+흙벽
오야리 제25호 무덤	널방+곁방	직선 + 삿무늬	직선 3횡1종, 길이쌓기	나무평천장 (널방)	널방: 삿무늬바닥, 3횡1종 쌓기 곁방: 직선바닥, 길이쌓기
석암리 제218호 무덤	널방	삿무늬	직선, 3횡1종	나무평천장 (벽돌 2겹)	널문: 반원 아치형
정백리 제24호 무덤	널방	삿무늬	바닥 위 3단 평적 2횡1종	사각뿔대 모양	

※ 갈현리고분은 무늬벽돌만 채집되어 그 구조를 자세히 알 수 없음

2) 출토 유물

평양 대동강면 지역의 벽돌방무덤에서 출토된 껴묻거리는 비교적 적다. 도굴이 쉬운 구조 때문에 껴묻거리의 대부분을 도굴당했을 가능성이 있다. 그러나 평양 대동강면 무덤떼의 존재가 알려지기 전인 1916년 발굴·조사된 정백리 제2호 무덤, 정백리 제3호 무덤, 석암리 7호 무덤, 석암리 제8호 무덤, 석암리 제10호는 도굴당한 흔적이 없었지만, 출토된 껴묻거리는 적었다. 출토된 껴묻거리의 종류로 칠기(漆器), 청동 거울(銅鏡), 질그릇(土器), 무기(武器), 말갖춤(馬具), 수레갖춤(車具), 장신구(裝身具), 청동기(靑銅器), 금속품(金屬品) 등이 있다. 본 논문은 벽돌방무덤 축조 시기 또는 축조 집단의 성격

과 관련되어 있는 것으로 짐작되는 껴묻거리를 중심으로 살펴보기로 한다.

(1) 청동 거울

청동 거울은 방격규구경, 연호문경, 수대경, 반룡문경(盤龍文鏡), 기봉경(夔鳳鏡)이 출토되었다.

방격규구경은 오직 도제리 제50호 무덤에서만 조각으로 출토되었다. 연호문경은 석암동 고분, 대동강면 을분, 석암리 제255호 무덤, 오야리 제25호 무덤, 정백리 제24호 무덤에서 출토되었다. 수대경은 오직 석암동 고분에서 일부가 파손된 상태로 출토되었다. 이 청동 거울들의 무늬와 명문은 나무덧널무덤에서 출토된 것과 같았다.

반룡문경은 뉴좌(鈕座) 주위에 용이나 범의 머리와 다리를 돋을새김(浮彫)으로 표현하고 그 주위에 명문을 두른 것이다. 명문의 바깥 둘레는 덩굴무늬와 빗살무늬(櫛齒文)로 꾸몄다. 반룡문경은 오야리 제25호 무덤과 석암리 제218호 무덤에서 출토되었다. 오야리 제25호 무덤에서 출토된 반룡문경은 출토할 당시 검은 구리색(銅色)에 녹이 있었지만, 여기저기에 아름다운 광택이 있었다. 중앙의 반구 모양 손잡이 주위에 용과 범을 돋을새김으로 표현하고, 그 바깥에 명문을 둘렀다. 명문 내용은 '王氏作竟莫大巧', '上有山人不知老', '渴飮玉泉汎食棗'다. 바깥 둘레(外椽)는 '오주전(五珠錢)'모양의 동전 무늬와 해·달을 상징하는 까마귀·두꺼비를 두었고, 그 사이에 화문(華文)으로 변한 사신(四神)을 두었다. 거울의 지름은 약 13.2cm다. 석암리 제218호 무덤에서 출토된 반룡문경은 출토될 당시 녹이 많이 슬었지만, 검은색 광택을 띠었고, 거울 뒷면에 베(布) 조각이 붙여져 있었다. 중앙의 반구 모양 손잡이 주위에 용과 범을 마주 보게 배치했고, 그 바깥에 명문을 둘렀다. 명문 내

용은 '尙方作竟眞大巧上有仙人'
이다. 바깥 둘레는 안쪽부터 빗살
무늬, 톱니무늬, 이중톱니무늬(複
線鋸齒文)를 순서대로 두었다. 거
울 지름은 약 11.4cm이고, 손잡이
높이는 약 12mm다.

오야리 제25호 무덤에서 출토된 반룡문경[216]

기봉경은 중국 상주(商周)시대
의 청동기에서 등장하는 상상의
영조(靈鳥)인 기봉(夔鳳) 두 마리를 서로 마주 보게 새기고, 그 사이에 명문
을 둔 것이다. 기봉경은 봉산 양동리 제5호 무덤과 정백리 제24호 무덤에서
출토되었다. 봉산 양동리 제5호 무덤의 기봉경은 조각으로 출토되었다. 바
깥 둘레에서 약간 간격을 두고 2개의 연호무늬가 보이는데, 일정한 간격으
로 배치한 것을 볼 때 전체 16개의 연호무늬를 이루는 것으로 짐작된다. 거
울의 지름은 약 11.6cm, 두께는 약
0.3~0.2cm로 추정된다. 정백리 제
24호 무덤의 기봉경은 기봉처럼 표
현된 용과 범 각각 두 마리가 서로
마주 보도록 새겨져 있어 특이하
다. 반구 모양 손잡이 주위의 실패
모양 사엽좌에 '吾作明鏡'이란 글
자를, 그 사이에 '長宜子孫'이란 글

정백리 제24호 무덤에서 출토된 기봉경[217]

216 朝鮮古蹟硏究會, 1938, 『昭和十二年度古蹟調査報告』, 圖版 第114-1.
217 유네스코동아시아문화연구센터, 2003, 『朝鮮古蹟硏究會 遺稿 Ⅲ』. 圖版 第12, 80쪽.

자를 각각 새겼다. 명문의 바깥은 사엽좌로 4등분하고, 각각의 중앙에 기봉처럼 표현된 용과 범을 새겼다. 그리고 용과 범 사이의 주위에는 연호무늬를, 바깥 둘레에 넝쿨무늬를 새겼다. 거울의 지름은 약 13.9cm이고, 손잡이의 높이는 약 13.5mm다.

청동 거울 외에 철로 만든 철경(鐵鏡)도 출토되었다. 철경은 대동강면 갑분과 도제리 제50호 무덤에서 출토되었지만, 부식(腐蝕)이 심해 무늬나 형태를 파악할 수 없었다.

▶ 평양 대동강면 지역의 벽돌방무덤에서 출토된 청동 거울

무덤명	방격 규구경	연호 문경	수대경	신수경	반룡경	기봉경	철경
석암동 고분		●	●				
대동강면 고분 갑(甲)							●
대동강면 고분 을(乙)		●					
대동강면 고분 동(東)							
대동강면 고분 서(西)							
정백리 제1호 무덤							
정백리 제151호(4호) 무덤							
정백리 제153호(5호) 무덤							
석암리 제99호(7호) 무덤							
석암리 제120호(8호) 무덤							
석암리 제253호(10호) 무덤							
봉산 태봉리 제1호 무덤							
봉산 고당성 동북분							
봉산 양동리 제3호 무덤							
봉산 양동리 제5호 무덤						●	
평양역 고분 (永和九年在銘塼出土古墳)							
정백리 제219호 무덤							
정백리 제221호 무덤							

무덤명	방격규구경	연호문경	수대경	신수경	반룡경	기봉경	철경
정백리 제227호 무덤							
장진리 제45호 무덤							
석암리 제255호 무덤		●					
남정리 제53호 무덤							
도제리 제50호 무덤	●						●
오야리 제25호 무덤		●			●		
석암리 제218호 무덤					●		
정백리 제24호 무덤		●				●	

(2) 질그릇

㉠ 실용기(實用器)

실생활에서 사용하는 질그릇 유형을 말한다. 벽돌방무덤에서 출토된 실용기에는 화분형 질그릇, 옹(甕), 호(壺), 분(盆), 완(盌), 반(盤) 등이 있다. 특히 남정리 제53호 무덤에서 질그릇 겉면에 옻칠(漆)한 도태칠기(陶胎漆器)가 출토되었다. 그러나 대부분 조각으로 출토되어 유형은 파악할 수 없었다.

화분형 질그릇은 속이 깊은 화분(花盆) 모양을 한 것이다. 화분형 질그릇은 석암리 제7호 무덤, 봉산 양동리 제3호 무덤, 정백리 제221호 무덤, 정백리 제227호 무덤, 남정리 제53호 무덤에서 출토되었다. 이 가운데 석암리 제7호 무덤에서 출토된 화분형 질그릇이 대표적이다. 석암리 제7호 무덤에서 출토된 화분형 질그릇은 회백색이며 모래를 섞은 점토를 높은 온도에서 구워 만들었다. 아가리 테두리는 둥글고 바닥으로 갈수록 지름이 좁아진다. 바닥은 높은 굽이 있다. 아가리 지름(口徑)은 16.1cm이고, 높이(高)는 16.7cm다.

옹은 구형(球形) 또는 난형(卵形)을 한다. 회백색 또는 회색을 띠는데, 점토에 가는 모래를 섞어 높은 온도에서 구워 만들었다. 바닥은 둥근 모양으로,

받침대 흔적이 확인되기도 했다. 옹은 석암동 고분, 대동강면 갑분, 대동강면 동분, 석암리 제7호 무덤, 석암리 제8호 무덤, 봉산 양동리 제5호 무덤, 정백리 제219호 무덤, 정백리 제221호 무덤, 석암리 제255호 무덤, 남정리 제53호 무덤, 도제리 제50호 무덤, 오야리 제25호 무덤에서 출토되었다. 옹은 대부분 조각으로 출토되지만, 봉산 양동리 제5호 무덤에서 출토된 옹은 완서한 형태를 띠고 있다. 봉산 양동리 제5호 무덤에서 출토된 옹은 구형이며 회색을 띤다. 점토에 가는 모래를 섞어 높은 온도에서 구워 만들었다. 아가리 테두리는 따로 만들어 몸통에 붙였고, 둥근 바닥을 하고 있다. 그리고 겉면과 안면을 베(布)로 정리한 뒤, 회전판으로 물손질했을 것으로 짐작한다. 아가리 지름은 23.9cm, 높이는 37.5cm, 두께는 0.5~0.8cm다.

호는 정선(精選) 점토를 낮은 온도에서 구워 만든 것이며, 두께가 얇고 황갈색 또는 황회색을 띤다. 호는 바닥 형태에 따라 바닥이 둥근 원저호와 바닥이 평평한 평저호로 구분할 수 있다.

원저호는 오직 봉산 양동리 제3호 무덤에서만 출토되었다. 이 원저호는 정선된 점토를 낮은 온도에서 구워 만들었고, 황갈색을 띤다. 목은 길고 나팔 모양처럼 바깥 방향으로 크게 벌어져 있다. 목 부분은 따로 만들어 붙인 후 회전판으로 물손질을 했을 것으로 짐작되고, 바닥 부분도 따로 만들어 붙인 것으로 추

봉산 양동리 제3호 무덤에서 출토된 원저호[218]

218 국립중앙박물관, 2001, 『鳳山 養洞里 塼室墓』日帝强占期資料調査報告 2, 圖版 14, 119쪽.

정된다. 그리고 겉면과 안면의 흔적으로 보아 마지막에 베(布)로 표면을 다듬고 회전판으로 물손질을 했을 것으로 짐작된다. 아가리 지름은 20.5cm이고, 높이는 36.9cm이며, 두께는 0.5~0.9cm다.

평저호는 석암동 고분, 대동강면 갑분, 대동강면 동분, 정백리 제4호 무덤, 석암리 제7호 무덤, 봉산 양동리 제3호 무덤, 정백리 제219호 무덤, 정백리 제227호 무덤, 장진리 제45호 무덤, 남정리 제53호 무덤, 도제리 제50호 무덤, 오야리 제25호 무덤, 석암리 제218호 무덤에서 출토되었다.

평저호에는 두 가지 형태가 있는데 목이 길고 나팔 모양처럼 바깥으로 많이 벌어진 것과 목이 곧게 뻗은 것이다. 봉산 양동리 제3호 무덤에서 출토된 평저호는 정선된 점토를 낮은 온도에서 구워 만든 것으로, 황갈색을 띤다. 바닥 부분을 따로 만들어 몸통에 붙인 후 깎아서 다듬었을 것으로 짐작된다. 배 부분에서 최대 지름을 이룬다. 목 부분은 길고 나팔 모양으로 바깥으로 크게

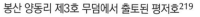

봉산 양동리 제3호 무덤에서 출토된 평저호[219]   대동강면 고분 동분에서 출토된 평저호[220]

219 朝鮮總督府, 1915, 『朝鮮古蹟圖譜』一, 19쪽
220 국립중앙박물관, 2001, 『鳳山 養洞里 塼室墓』日帝强占期資料調査報告 2, 圖版 12, 117쪽.

벌어졌다. 물레흔이 있고, 두께가 얇다. 아가리 지름은 13.4cm, 바닥 지름은 10.9cm, 높이는 28.7cm, 두께는 0.35~1.0cm다.

분은 정선된 점토에 모래를 섞어 만들었다. 바닥은 평평하고 바닥 부분에서 곡선 느낌으로 올라간다. 아가리 테두리는 크게 바깥 방향으로 벌어지며 끝부분으로 갈수록 수평을 이룬다. 회갈색을 띠며, 회전판 물손질 흔적과 바닥면에 실로 뗀 흔

석암리 제218호 무덤에서 출토된 분[221]

적이 있다. 분은 봉산 양동리 제5호 무덤, 정백리 제219호 무덤, 정백리 제227호 무덤, 석암리 제218호 무덤, 정백리 제24호 무덤에서 출토되었다.

ⓒ 명기(名器)

실생활에서 사용하는 용도가 아니라 종교적 의미로 무덤에 넣어둔 것을 말한다. 벽돌방무덤에서 출토된 명기에는 시루(甑), 부뚜막(竈) 모양, 정(鼎)이 있다. 정은 오직 정백리 제1호 무덤에서 출토되었다. 시루와 부뚜막 모양의 명기는 따로 출토되기도 하고, 같이 출토되기도 했다.

시루는 속이 깊은 발(鉢) 모양으로 바닥에 여러 개의 구멍이 뚫려 있는 것이다. 무른 재질(軟質)에 회흑색 또는 차갈색(茶褐色)을 띤다. 입(口)은 넓고, 바닥은 좁고 평평하다. 시루는 석암동 고분, 대동강면 동분, 석암리 제7호 무덤, 봉산 양동리 제5호 무덤, 정백리 제277호 무덤, 석암리 제218호, 정백

---

221 유네스코동아시아문화연구센터, 2003, 『朝鮮古蹟研究會 遺稿 Ⅲ』, 圖版 第13-2, 47쪽.

리 제24호 무덤에서 출토되었다. 봉산 양동리 제5호 무덤에서 출토된 시루
는 바닥 부분을 따로 만들어 몸통에 붙였고, 연결 이음새는 깎아서 다듬었다.
바닥에 7개의 구멍이 뚫려 있고, 표면은 베(布)로 다듬었다. 아가리의 지름
은 10.4cm이고, 바닥의 지름은 4.7cm, 높이는 5.9cm, 두께는 0.2~0.4cm
다. 석암리 제218호 무덤에서 출토된 시루는 아가리 부분이 바깥 방향으로
벌어져 있고, 아가리 테두리에 주선(朱線) 두 줄을 둘렀다. 회전판으로 물손
질했고, 바닥 부분에 살구씨(杏仁) 모양의 구멍 십수 개가 뚫려 있었다. 아
가리의 지름은 23.2cm, 바닥의 지름은 8.4cm, 높이는 14.1cm, 두께는
0.5~0.75cm다. 정백리 제24호 무덤에서 출토된 시루는 2점으로, 모두 아가
리 부분이 밖으로 벌어져 있고 회전판으로 물손질했던 흔적과 바닥면에 실로
뗀 흔적이 있다.

부뚜막 모양은 한쪽에 사각형의 부뚜막 입구를 반대쪽에 굴뚝을 만든 뒤,
윗면에 여러 개의 구멍을 뚫고 거기에 작은 질그릇, 시루 등을 올려 둔 것이
다. 부뚜막 모양 명기는 석암동 고분, 석암리 제7호 무덤, 석암리 제8호 무덤
(조각), 봉산 양동리 제5호 무덤, 정
백리 제219호 무덤, 정백리 제227
호 무덤, 석암리 제255호 무덤, 남
정리 제53호 무덤, 정백리 제24
호 무덤에서 출토되었다. 봉산 양
도리 제5호 무덤에서 출토된 부뚜
막 모양의 명기는 머리가 없는 네

정백리 제24호 무덤에서 출토된
부뚜막 모양의 명기[222]

222 유네스코동아시아문화연구센터, 2003, 『朝鮮古蹟硏究會 遺稿 Ⅲ』, 圖版 第13, 81쪽.

발 달린 동물의 모양을 하고 있다. 단단한 재질에 회청색을 띤다. 윗면에 3개의 구멍을 뚫고, 그 위에 소형 질그릇 3개를 얹고 점토로 붙였다. 굴뚝 부분으로 갈수록 폭이 좁아진다. 길이는 45.6cm이고, 높이는 22.8cm이며, 두께는 0.5~1.4cm다. 정백리 제24호 무덤에서 출토된 부뚜막 모양의 명기는 둥근 느낌의 직사각형이며, 따로 굴뚝 부분을 만들어 붙였다. 윗면에 2개의 구멍이 뚫려 있고, 회전판으로 물손질한 흔적이 있다. 길이는 17.8cm이고, 높이는 24.1cm이며, 두께는 0.6~0.9cm다.

▶ 평양 대동강면 지역의 벽돌방무덤에서 출토된 질그릇

무덤명	옹	호	분	화분형	시루	부뚜막
석암동 고분	●	●			●	●
대동강면 고분 갑(甲)	●	●				
대동강면 고분 을(乙)						
대동강면 고분 동(東)	●	●			●	
대동강면 고분 서(西)						
정백리 제1호 무덤						
정백리 제151호(4호) 무덤		●				
정백리 제153호(5호) 무덤						
석암리 제99호(7호) 무덤	●	●		●	●	●
석암리 제120호(8호) 무덤	●					●
석암리 제253호(10호) 무덤						
봉산 태봉리 제1호 무덤						
봉산 고당성 동북분						
봉산 양동리 제3호 무덤		●				
봉산 양동리 제5호 무덤	●		●		●	●
평양역 고분 (永和九年在銘塼出土古墳)						
정백리 제219호 무덤	●	●	●			●

무덤명	옹	호	분	화분형	시루	부뚜막
정백리 제221호 무덤	●			●		
정백리 제227호 무덤		●		●	●	●
장진리 제45호 무덤		●				
석암리 제255호 무덤	●					●
남정리 제53호 무덤	●	●		●		●
도제리 제50호 무덤	●					
오야리 제25호 무덤	●					
석암리 제218호 무덤		●	●		●	
정백리 제24호 무덤			●		●	●

(3) 벽돌

㉠ 무늬벽돌(紋樣塼)[223]

벽돌방무덤 축조에 사용된 벽돌은 단단한 재질(硬質)의 직사각형으로, 길이면과 마구리면에 무늬가 새겨져 있다. 길이면의 경우 길이면 전체를 보통 두줄의 구획선(區畫線)을 가지고 4개의 구역(區)으로 나눈 뒤, 같은 무늬를 되풀이해서 새기거나 각각 다른 무늬를 새기기도 했다. 무늬 종류는 대부분 기하학적(幾何學的) 무늬다. 기하학적무늬는 직선무늬(直線文)와 곡선무늬(曲線文)으로 크게 나눌 수 있는데, 주로 직선무늬가 대다수를 차지한다.

직선무늬는 마름모무늬(斜方文 또는 菱形文), 교차선무늬(交叉線文), 직각무늬(直角文), 가로선무늬(橫線文), 바둑판무늬(方格文), 기울어진 바둑판무늬(斜格文), 꺾인선무늬(斜格文), 세로선무늬(縱線文), 3행 6열로 배치한 구슬무늬(珠文), 연속 직선무늬 등으로 세분된다.

---

223 朝鮮總督府, 1927, 『古蹟調査特別報告 第4冊 - 樂浪郡時代の遺蹟』

마름모무늬는 직선무늬 중에서 가장 많이 발견되는 무늬다. 기본무늬로 마름모 하나만 있는 단선마름모무늬(單線菱), 마름모 여러 개를 겹친 이중마름모무늬(二重菱)·삼중마름모무늬(三重菱)·사중마름모무늬(四重菱)·오중마름모무늬(五重菱)가 있다. 이 기본무늬에 구슬무늬(珠文), 세로선(縱線), 사선(斜線), 기울어진 '田'자를 중심에 추가로 넣은 것이 있다. 이들 외에 마름모 4면에서 구획선 모서리로 대각선이 나 있는 것, 교차선과 비슷한 마름모 2개가 인접하는 것도 있다.

교차선무늬는 선(線) 2개를 'X'자 모양으로 엇갈리게 둔 것을 기본무늬로 한다. 이 기본무늬에 좌우 또는 좌우·상하에 구슬무늬를 둔 것, 좌우·상하에 구슬무늬를 두고 전체에 마름모를 씌운 것, 'X'선 사방에 꺾은선(折線)을 둔 것이 있다. 이들 외에 선 12개가 중심에 모여 방선(放線) 모양을 이룬 것, 절반에 사선무늬(斜線文)를 새긴 것도 있다.

직각 무늬로 정사각형 중심에 작은 네모난 점을 배치한 것, 사각형 안에 '十'자를 엇갈려 '田'자 모양을 한 것이 있다. 연속 직선 무늬로 마름모무늬를 단순하게 연속으로 배치한 것, 복잡하게 변형된 이중 마름모무늬를 연속으로 배치한 것, 절반에 파도무늬(波紋)를, 나머지에 마름모무늬를 각각 새긴 것, 사다리꼴(梯形)이 복잡하게 이어지는 것이 있다.

곡선무늬는 원무늬(圓文), 반원무늬(半圓文), 사반원무늬(四半圓文), S자무늬, 고사리무늬(厥手文)로 나뉜다.

원무늬 가운데 동그라미 2개를 겹친 이중원무늬(二重圓)가 가장 많다. 이중원무늬 외에 이중원 2개를 나란히 배치한 것, 이중원 중심에 점무늬(點文)를 넣은 것, 좌우에 원을 상하에 반원을 배치한 것, 수레바퀴(車輪) 모양을 한 것, 중심에 점무늬를 넣은 이중원을 중앙에 배치하고 이중원 사방에서 대각

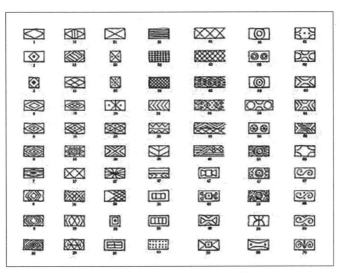

평양 대동강면 벽돌방무덤의 무늬벽돌[224]

선 3줄이 이어지는 것, 중심에 점무늬를 넣은 이중원을 중앙에 배치하고 네
모서리에 이중 반원 또는 중심에 점무늬를 넣은 이중 반원을 둔 것도 있다.

반원무늬로 반원을 상하에 배치하고 세로선을 그은 것, 반원을 네 모서
리에 배치하고 중심에 점무늬 3개를 나란히 넣은 것, 좌우·상하에 반원을 배
치한 것, 상하에 반원을 좌우에 삼각형 또는 이중삼각형을 배치한 것, 상하에
삼중 반원을 좌우에 삼각형을 배치한 것 등이 있다. 사반원무늬는 네 모서리
에 사반원을 배치한 것이다.

ⓒ 명문 벽돌(銘文塼)

벽돌방무덤에서 무늬벽돌 외에 명문이 새겨진 벽돌이 확인되었다. 이 명문
벽돌을 가지고 피장자의 성명이나 무덤의 축조 시기를 추정해 볼 수 있다. 대

---

224 朝鮮總督府, 1927, 『古蹟調査特別報告 第4冊 - 樂浪郡時代の遺蹟』, 74.樂浪塼文
樣圖

표적인 명문 벽돌은 1911년 황해도 봉산 태봉리 제1호 무덤에서 출토된 것과 1932년 평양역 고분에서 출토된 것이 있다.

1911년 황해도 봉산 태봉리 제1호 무덤에서 출토된 명문 벽돌은 총 7개로 명문 내용은 아래와 같다.

「大歲」 명문 벽돌 (3종)
大歲在戊漁陽張撫夷塼〔側銘〕
大歲戊在漁陽張撫夷塼〔側銘〕
大歲申漁陽張撫夷塼〔側銘〕

애도문 벽돌(哀悼文塼) (4종)
八月八日造塼日八十石酒〔側銘〕 張使君塼〔小口銘〕
趙主簿令塼勲意不臥〔側銘〕 張使君塼〔小口銘〕
哀哉夫人奄背百姓子民憂感 夙夜不寧永側玄宮痛割人情〔側銘〕 張使君〔小口銘〕
天生小人供養君子千人造塼以 父母既好且堅典齎記之〔側銘〕 使君帶方太守 張撫夷塼〔小口銘〕

「大歲」 명문 벽돌 3종의 명문을 합쳐보면 '大歲在戊申漁陽張撫夷塼'으로 읽을 수 있다. '大歲 戊申'은 대세간지법(大歲干支法)에 따라 동진(東晉) 목제(穆帝) 영화(永和) 4년인 348년으로 보는 것이 일반적이다. '漁陽'은 중국 위·진시대의 유주(幽州)에 속하는 곳으로, 지금의 하북성(河北省) 북쪽 어양진(漁陽鎭)에 해당한다. '張撫夷'은 피장자의 성명으로 짐작된다. 즉, 중국 어양 출신의 장무이가 사망하자 348년에 무덤을 조성한 것이다. 애도문 벽돌 4종의 명문 중에서 '使君帶方太守 張撫夷塼'가 있는데, 이로써 피장자인 '장무이'가 생전에 '帶方太守'라는 관직을 지냈음을 알 수 있다.

봉산 태봉리 제1호 무덤에서 출토된
명문 벽돌의 일부[225]

1932년 평양역 고분에서 출토된 명문 벽돌은 길이 34.8cm, 너비 15.5cm, 두께 5.5cm의 직사각형 모양으로, 길이면에 명문이 볼록새김(陽刻)되어 있다. 명문 내용은 아래와 같다.

永和九年三月十日遼東韓玄菟太守嶺佟利造

'永和九年'은 동진의 목제시대인 353년에 해당한다. '嶺'은 명의(名義) 상의 관직명을 뜻하는 것이기 때문에, '遼東韓玄菟太守嶺'은 관직명으로 짐작된다. '佟利'는 피장자의 성명으로 짐작된다. 즉, 생전에 '遼東韓玄菟太守嶺'이란 이름의 관직을 받았던 '동리'가 사망하자 353년에 무덤을

평양역 고분의 '永和 九年' 명 명문 벽돌[226]

225 朝鮮總督府, 1915, 『朝鮮古蹟圖譜』 一, 42쪽.

조성한 것이다. 『자치통감(資治通鑑)』에 따르면, 고구려와 전연(全燕)의 전쟁 때 전연 장수인 '동수(佟壽)'가 고구려로 귀순했다고 한다. 성(姓)이 '동(佟)'으로 같다는 점에서 '동리'도 전연과 관련 있는 인물로 짐작된다.

226 朝鮮總督府, 1932, 『昭和七年度古蹟調查報告』 第一冊, 圖版 第4-2.

IV

평양 대동강면
무덤떼의 검토

1. 축조 시기 및 특징

1) 축조 시기

평양 대동강면 무덤떼에서 출토된 껴묻거리를 근거로 하여 나무덧널무덤과 벽돌방무덤의 축조 시기를 살펴보겠다. 다만, 본 글의 목적은 평양 대동강면 무덤떼의 축조 집단을 밝히는 데 있으므로 각 무덤의 축조 시기가 아니라 나무덧널무덤과 벽돌방무덤 두 무덤 유형의 대략적인 축조 시기를 살펴보겠다.

평양 대동강면 무덤떼에서 정확한 축조 시기를 알려주는 껴묻거리가 출토된 무덤은 벽돌방무덤인 봉산 태봉리 제1호 무덤과 평양역 고분만 있다. 그래서 평양 대동강면 무덤떼의 축조 시기는 일부 껴묻거리에 있는 기년(紀年)과 껴묻거리의 등장 및 유행 시기를 근거로 하여 추정할 수밖에 없다. 축조 시기를 추정하는 데 사용할 껴묻거리는 청동 거울(銅鏡)이다. 청동 거울은 두 무덤의 유형에서 모두 출토되었고, 모두 한(漢)에서 만들어져 평양 대동강 지역으로 수입되었다. 한의 청동 거울은 등장과 유행 시기가 연구되어, 한의 무덤이나 유적을 연구하는 데 활용되고 있다.

나무덧널무덤에서 출토된 껴묻거리 중 기년이 있는 것은 칠기(漆器)가 있다. 다음의 표는 나무덧널무덤에서 출토된 기년명 칠기를 연대가 빠른 것부터 정리한 것이다.

▶ 나무덧널무덤에서 출토된 기년명 칠기

기년명	연대	출토 무덤	칠기 유형
始元 二年	기원전 85년	석암리 제194호 무덤	칠이배
永光 元年	기원전 43년	정백리 제17호 무덤	칠이배
陽朔 二年	기원전 23년	석암리 제194호 무덤	칠합(漆榼)
永始 元年	기원전 16년	석암리 제194호 무덤	칠반
綏和 元年	기원전 8년	석암리 제194호 무덤	칠부(漆榑)
元始 三年	기원후 3년	석암리 제194호 무덤	칠이배
元始 四年	기원후 4년	석암리 제201호 무덤	칠이배
居攝 三年	기원후 8년	석암리 제9호 무덤	칠반
		석암리 제20호 무덤	칠반, 칠이배
建武 廿一年	기원후 45년	석암리 제205호 무덤	칠이배
建武 廿八年	기원후 52년	석암리 제205호 무덤	칠이배
永平 十二年	기원후 69년	석암리 제205호 무덤	칠반
永平 四十年	기원후 71년	오야리 제20호 무덤	칠이배

나무덧널무덤에서 출토된 기년명 칠기 가운데 가장 시기가 빠른 것은 석암리 제194호 무덤에서 출토된 '始元 二年'명 칠이배로, 기원전 85년에 해당한다. 가장 시기가 가장 늦은 것은 오야리 제20호 무덤에서 출토된 '永平 四十年'명 칠이배로, 기원후 71년에 해당한다. 즉, 나무덧널무덤에서 출토된 칠기의 기년은 기원전 1세기 후반부터 1세기 후반까지가 해당한다.

나무덧널무덤에서 출토된 한의 청동 거울에는 소명경, 방격규구경, 훼룡문경, 연호문경, 수대경, 신수경이 있다. 다음의 표는 나무덧널무덤에서 출토된 한의 청동 거울과 그 등장 및 유행 시기를 정리한 것이다.

▶ 나무덧널무덤에서 출토된 한의 청동 거울

유형	출토 무덤	등장 및 유행 시기
소명경	정백리 제127호 무덤	기원전 1세기 ~ 기원 전후
	석암리 제257호 무덤	
방격규구경	석암리 제6호 무덤	기원전 1세기 후반 ~
	석암리 제200호 무덤	
	석암리 제194호 무덤	
	정백리 제127호 무덤	
훼룡문경	석암리 제52호 무덤	기원 전후
	오야리 제21호 무덤	
연호문경	정백리 제2호 무덤	기원후 1 ~ 2세기 전반
	석암리 제6호 무덤	
	석암리 제9호 무덤	
	석암리 제194호 무덤	
	석암리 제205호 무덤	
	정백리 제13호 무덤	
	정백리 제19호 무덤	
	정백리 제4호 무덤	
수대경	정백리 제2호 무덤	기원후 1 ~ 3세기 전반
	정백리 제3호 무덤	
	석암리 제20호 무덤	
	정백리 제18호 무덤	
	정백리 제13호 무덤	
	정백리 제122호 무덤	
	정백리 제59호 무덤	
	석암리 제257호 무덤	
신수경	정백리 제3호 무덤	2세기 후반 ~ 4세기 전반
	오야리 제19호 무덤	

나무덧널무덤에서 출토된 한의 청동 거울 중에서 등장 시기가 가장 빠른 것은 소명경으로, 기원전 1세기에 등장해 기원 전후까지 유행했다. 등장 시기가 가장 늦은 것은 신수경으로, 2세기 후반에 등장해 4세기 전반까지 유행했다. 즉, 한의 청동 거울로 나무덧널무덤의 축조 상한 시기는 기원전 1세기로 추정할 수 있다. 이 축조 상한 시기는 앞서 살펴본 칠기의 기년 범위와 일치한다.

그런데 나무덧널무덤에서 출토된 한의 청동 거울 중에서 연호문경과 수대경이 다수를 차지하고 있다. 연호문경은 1세기에 등장해 2세기 전반까지 유행했고, 수대경은 1세기에 등장해 3세기 전반까지 유행했다. 그래서 나무덧널무덤은 1세기에서 3세기 전반에 활발하게 축조되었을 것으로 생각된다.

이상 검토한 내용을 종합하면, 나무덧널무덤은 기원전 1세기 후반에 축조되기 시작했고, 1세기에서 3세기 전반에 걸쳐 유행했다.

벽돌방무덤에서 출토된 껴묻거리 중에서 기년이 있는 것은 명문 벽돌(銘文塼)이다. 명문 벽돌은 나무덧널무덤의 기년명 칠기와 다르게 해당 무덤의 축조 시기를 정확하게 알려주고 있다. 기년이 있는 명문 벽돌이 출토된 무덤은 봉산 태봉리 제1호 무덤과 평양역 고분이다. 봉산 태봉리 제1호 무덤의 기년은 '大歲 戊申年'으로, 348년에 해당한다. 평양역 고분의 기년은 '永和九年'으로, 353년에 해당한다. 명문 벽돌만 봤을 때 벽돌방무덤은 4세기 후반에 축조되었음을 알 수 있다.

벽돌방무덤에서 출토된 한의 청동 거울로 방격규구경, 연호문경, 수대경, 반룡경, 기봉경이 있다. 다음의 표는 벽돌방무덤에서 출토된 한의 청동 거울과 그 등장 및 유행 시기를 정리한 것이다.

▶벽돌방무덤에서 출토된 한의 청동 거울

유형	출토 무덤	등장 및 유행 시기
방격규구경	도제리 제50호 무덤	기원전 1세기 후반 ~
연호문경	석암동 고분	기원후 1세기 ~ 2세기 전반
	대동강면 을분	
	석암리 제25호 무덤	
	오야리 제25호 무덤	
	정백리 제24호 무덤	
수대경	석암동 고분	기원후 1세기 ~ 3세기 전반
반룡경	오야리 제25호 무덤	2세기 후반 ~ 3세기 전반
	석암리 제218호 무덤	
기봉경	봉산 양동리 제15호 무덤	2세기 후반 ~ 4세기 전반
	정백리 제24호 무덤	

벽돌방무덤에서 출토된 한의 청동 거울 중에서 시기가 가장 빠른 것은 방격규구경으로, 기원전 1세기 후반에 등장해 유행했다. 시기가 가장 늦은 것은 기봉경이며, 2세기 후반에 등장해 4세기 전반까지 유행했다. 즉, 한의 청동 거울로 살펴본 벽돌방무덤의 축조 상한 시기는 기원전 1세기 이후로 추정할 수 있다. 이 시기는 나무덧널무덤의 축조 시기와 일치한다. 그러나 나무덧널무덤과 벽돌방무덤이 동시에 등장해서 유행했다고 볼 수는 없다. 나무덧널무덤에서 많이 출토된 연호문경과 수대경이 벽돌방무덤에서 많이 출토되지 않았고, 연호문경이 오야리 제25호 무덤에서 반룡경과, 정백리 제24호 무덤에서 기봉경과 함께 출토되었기 때문이다. 그래서 한의 청동 거울로 살펴본 벽돌방무덤의 축조 상한 시기는 반룡경과 기봉경이 등장하는 2세기 후반이다.

이상의 검토한 내용을 종합하면, 벽돌방무덤은 2세기 후반에 축조되기 시작했고, 4세기 후반에도 계속해서 축조되었다.

함경남도와 황해도 지역의 돌방벽화무덤(石室壁畵墳)들 가운데 가장 시기가 빠른 무덤은 황해남도 안악군(安岳郡)에 있는 안악 제3호 무덤이다. 안악 제3호 무덤은 서쪽 옆방(側室) 오른쪽 벽에 쓰인 7행, 68자의 묵서명(墨書銘) 중에서 '永和十三年'이란 기년을 따라 축조 시기가 동진(東晉)의 목제(穆帝)시대인 357년으로 추정된다.[227] 4세기 후반에 돌방벽화무덤이 함경남도와 황해도 지역에서 처음 등장했고, 5세기에 들어서면서 돌방벽화무덤이 함경남도와 황해도 지역에서 주된 무덤으로 자리 잡은 것으로 알려져 있다. 이러한 점을 고려한다면, 벽돌방무덤은 평양 대동강면 지역에서 4세기 후반에 돌방벽화무덤과 함께 축조되다가 5세기에 들어서면서 축조가 서서히 줄어든 것으로 추정할 수 있다.

지금까지 추정한 내용을 다시 정리하면, 나무덧널무덤은 기원전 1세기 후반에 등장해서, 1세기부터 3세기 전반에 걸쳐 유행했다. 벽돌방무덤은 2세기 후반에 등장해서 4세기 후반까지 축조되다가 5세기 이후 돌방벽화무덤으로 대체되면서 점점 줄어들었다.

현재 평양 대동강면 무덤떼의 축조 시기는 축조 집단으로 추정되는 낙랑군의 설치 시기와 일치하는 것으로 보고 있다. 낙랑군의 설치 시기는 기원전 108년부터 317년까지로, 약 400년으로 본다. 그러나 껴묻거리로 추정한 축조 시기와 비교해 보면 차이가 있다. 나무덧널무덤의 등장 시기는 기원전 1세기 후반으로 낙랑군 설치시기보다 약 100년이 늦고, 벽돌방무덤 축조의 하한 시기는 4세기 후반으로 낙랑군 폐치시기에서 약 100년이 지난 후이다.

이러한 시간적 차이는 한(漢) 무덤의 축조 시기 연구 결과에서 또한 나타난

---

227 金元龍, 1973, 『韓國 考古學 槪說』, 一志社, 116-128쪽.

다. 황샤오펀(黃曉芬)은 한의 무덤을 무덤 주인의 사회 신분과 경제력에 따라 대형 무덤과 중소형 무덤으로 구분해 축조 시기를 검토했다. 그는 한의 나무덧널무덤 형식은 대형 무덤과 중소형 무덤 모두 중국 전국(戰國)시대에 해당하는 기원전 5세기부터 등장해 한(漢)으로 이어졌다고 말한다. 반면 한의 벽돌방무덤은 대형 무덤과 중소형 무덤에 따라 다르게 나타난다고 말한다. 그는 대형 무덤에서 나무덧널무덤 형식은 서한 초기(初期)인 기원전 2세기 후반에 중원(中原) 지역인 지금의 서안시(西安市)와 낙양시(洛陽市) 지역을 중심으로 감소하기 시작했고, 같은 시기에 벽돌방무덤 형식이 등장하기 시작했다고 말한다. 그는 중소형 무덤에서 나무덧널무덤 형식은 지역에 따라 다른 과정을 보이지만, 일반적으로 서한 초기 이후에도 계속 이어졌고, 동한 시기인 1세기 초반이 되어서야 한의 전 지역에서 벽돌방무덤 형식이 등장하기 시작했다고 말한다.[228]

순단위(孫丹玉)는 요동반도(遼東半島) 및 요하(遼河) 지역에 있는 한의 무덤에 대한 연구에서 요동반도 남단(南端)에 있는 한의 무덤 유적을 정리하고 그 축조 시기를 추정한다. 요동반도 남단 지역은 평양 대동강면 지역과 지리적으로 가까워 문화 교류를 했을 가능성이 큰 지역이므로 그 지역에 있는 한의 무덤의 축조 시기를 살펴보아야 한다. 그는 요동반도에 있는 한의 나무덧널무덤의 축조 시기를 언급하면서 대련시(大連市) 강둔(姜屯) 유적이 기원전 3세기에서 기원전 2세기 중반으로 가장 빠르고, 와방점시(瓦房店市) 마권자(馬圈子) 유적이 2세기 중반에서 3세기 초반으로 가장 늦다고 말한다. 그는 요동반도에 있는 한의 벽돌방무덤의 축조 시기는 벽돌방 개수에 따라 다르

---

228 黃曉芬 著; 김용성 역, 2006, 『한대의 무덤과 그 제사의 기원』, 학연문화사, 136-218쪽.

게 나타난다고 말한다. 그는 벽돌방이 한 개인 단실묘(單室墓)의 축조 시기
는 기원전 1세기 후반에서 3세기 초반이며, 벽돌방이 2개인 쌍실묘(双室墓)
과 여러 개인 다실묘(多室墓)의 축조 시기는 1세기 초중반에서 3세기 초반이
라고 말한다.[229]

이처럼 껴묻거리로 추정한 평양
대동강면 무덤떼의 등장 및 축조 시
기는 지금의 학계 인식과 차이가 있
다. 또한 일반적인 한의 무덤과 차
이가 있고, 지리적으로 가까워 문화
교류의 가능성이 큰 요동반도 남단
에 있는 한의 무덤과 또한 차이가 있다.

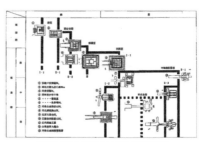

한의 대형 무덤의 구조 변화[230]

▶ 요동반도 남단의 한의 무덤 유적[231]

발굴 연대	지점	묘장형 제유형	원보고 연대	본문 기별
1933	南山里	双室磚墓	漢	2세기 중반~3세기 초반
1934	營城子	双室磚墓	漢魏晋	2세기 중반~3세기 초반
1934	李家溝	木室墓	西漢 中期	기원전 1세기 후반~1세기 초반
1954	營城子 貝殼墓	箱式墓	西漢	기원전 1세기 후반~1세기 초반
1954	營城子 貝殼墓	單室磚墓	西漢末	1세기 초중반
1954	營城子 貝殼墓	單室磚墓	東漢	1세기 초중반
1955	三澗區	箱式墓	不明	不明
1957	營城子	多室磚墓	東漢末-魏晋	2세기 중반~3세기 초반
1964	旅順 尹家村	箱式墓	漢代	기원전 2세기 중반~기원전 1세기 후반
1972	前牧城驛	双室磚墓	東漢 前期	1세기 후반~2세기 중반
1972	前牧城驛	單室磚墓	東漢 前期	1세기 후반~2세기 중반

229 孫丹玉, 2019, 『遼海地區漢墓研究』, 吉林大學 博士.
230 黃曉芬 著; 김용성 역, 2006, 『한대의 무덤과 그 제사의 기원』, 학연문화사, 161쪽.
231 孫丹玉, 2019, 『遼海地區漢墓研究』, 吉林大學 博士, 206-216쪽.

발굴 연대	지점	묘장형 제유형	원보고 연대	본문 기별
1981	刻家屯	箱式墓	西漢 后期	1세기 초중반
1981	刻家屯	箱式墓	西漢 晚期	기원전 1세기 후반~1세기 초반
1982	西礓坡	單室磚墓	東漢末	2세기 중반~3세기 초반
1982	西礓坡	箱式墓	東漢末	2세기 중반~3세기 초반
1988	沙崗子	單室磚墓	東漢 初期	1세기 초중반
1989	瓦房店 馬圈子	箱式墓	東漢末	2세기 중반~3세기 초반
1992	大潘家	箱式墓	西漢 前期	기원전 2세기 중반~기원전 1세기 후반
1993	董家溝	單室磚墓	東漢 早期	1세기 초중반
1999	沙崗子 農科院	單室磚墓	西漢末-東漢初期	기원전 1세기 후반~1세기 초반
2006	前牧城驛	單室磚墓	西漢末-東漢早	1세기 초중반
2006	前牧城驛	木室墓	西漢末-東漢早	1세기 초중반
2006	沙崗子	双室磚墓	東漢 晚期	2세기 중반~3세기 초반
2006	沙崗子	双室磚墓	東漢 中晚期	1세기 후반~2세기 중반
2010	大連姜屯	箱式墓	西漢 早期	기원전 3세기~기원전 2세기 중반
2010	大連姜屯	箱式墓	西漢 早期	기원전 2세기 중반~기원전 1세기 후반
2010	大連姜屯	箱式墓	西漢 中期	기원전 3세기~기원전 2세기 중반
2010	大連姜屯	箱式墓	西漢 中期	기원전 2세기 중반~기원전 1세기 후반
2010	大連姜屯	箱式墓	西漢 晚期	기원전 1세기 후반~1세기 초반
2010	大連姜屯	箱式墓	王莽-東漢初	기원전 1세기 후반~1세기 초반
2010	大連姜屯	箱式墓	王莽-東漢初	1세기 초중반
2010	大連姜屯	單室磚墓	王莽-東漢初	기원전 1세기 후반~1세기 초반
2010	大連姜屯	單室磚墓	王莽-東漢初	1세기 초중반
2010	大連姜屯	單室磚墓	東漢 早期	1세기 초중반
2010	大連姜屯	單室磚墓	東漢 早期	1세기 후반~2세기 중반
2010	大連姜屯	單室磚墓	東漢 中晚期	1세기 초중반
2010	大連姜屯	單室磚墓	東漢 中晚期	1세기 후반~2세기 중반
2010	大連姜屯	單室磚墓	東漢 中晚期	2세기 중반~3세기 초반
2010	大連姜屯	双室磚墓	東漢 早期	1세기 초중반
2010	大連姜屯	双室磚墓	東漢 早期	1세기 후반~2세기 중반
2010	大連姜屯	双室磚墓	東漢 中晚期	1세기 후반~2세기 중반
2010	大連姜屯	双室磚墓	東漢 中晚期	2세기 중반~3세기 초반
2010	大連姜屯	多室磚墓	東漢 早期	1세기 초중반
2010	大連姜屯	多室磚墓	東漢 中晚期	2세기 중반~3세기 초반
2010	大連姜屯	多室磚墓	東漢 晚期	1세기 후반~2세기 중반

2) 특징

(1) 구조적 특징

첫째로, 평양 대동강면 무덤떼 나무덧널무덤의 전형적(典型的) 구조는 나무덧널의 평면 형태가 '井'자이고, 바닥 위의 나무 각재 한 개로 널 내부를 여러 개의 공간으로 나눈 것이다. 소위 '귀틀식 나무덧널무덤'이라고 불린다.

한의 나무덧널무덤 형식의 전형적 구조로 방재(方材)나 판재(板材)를 사용해 사각형 혹은 정사각형의 상자(箱) 모양으로 짜 맞춘 상자형 덧널(箱子形槨), 보통의 상자형 덧널 내부를 막아 여러 개의 독립된 칸(厢)으로 나눈 칸막이형 덧널(間切形槨), 나무 각재를 칸막이 덧널 둘레 전체를 둘러싸서 일종의 보호벽을 덧댄 제주형 덧널(題湊形槨)이 있다.[232] 이 가운데 많이 축조된

한의 나무덧널무덤 형식은 '상자형 덧널'과 '칸막이형 덧널'이며, 두 나무덧널 형식의 평면 형태는 모두 '□'자다. 그리고 '칸막이형 덧널'에서 덧널 내부는 나무덧널 벽재(壁材)와 같은 재(材)를 쌓아 만든 '칸막이'로 나뉜다.

한의 나무덧널무덤 형식-칸막이 덧널[233]

요동반도 남단에 있는 한의 나무덧널무덤의 형식도 '상자형 덧널'을 하고 있다. 요동반도 남단의 대표적 한의 나무덧널무덤 유적인 양성자(營城子) 유적을 살펴보면, 양성자 유적의 나무덧널무덤은 단인 단실묘(單人 單室墓), 부부합장 쌍실묘(夫婦合葬 双室墓), 부부 합장 단실묘(夫婦合葬 單室墓)로

---

232 黃曉芬 著; 김용성 역, 2006, 『한대의 무덤과 그 제사의 기원』, 학연문화사, 136-218쪽.
233 黃曉芬 著; 김용성 역, 2006, 『한대의 무덤과 그 제사의 기원』, 학연문화사, 화보.

세분화할 수 있는데, 모두 '상자형 덧널'모양을 하고 있다.[234]

이처럼 평양 대동강면 무덤떼의 나무덧널무덤 형식과 한의 나무덧널무덤 형식의 전형적 구조를 비교

영성자(營城子) 유적 한의 나무덧널무덤의 형식[235]

해 보면 차이가 있다. 그런데 평양 대동강면 무덤떼의 나무덧널무덤 가운데 오야리고분, 오야리 제18호 무덤, 오야리 제19호 무덤(안쪽 덧널벽)은 '상자형 덧널' 또는 '칸막이형 덧널'의 형식을 띠고 있고, 산동(山東)지역의 나무덧널무덤인 임기시(臨沂市) 금작산(金雀山) M31 무덤, 제성현(諸城縣) 덧널무덤, 내서현(萊西縣) M2 무덤은 '井'자 모양의 평면 형태를 띤다. 이 산동 지역 나무덧널무덤의 축조 시기는 기원전 3세기 초반부터 기원전 1세기 후반까지에 해당한다. 그러나 평양 대동강면 무덤떼 나무덧널무덤의 '상자형 덧널' 또는 '칸막이형 덧널'의 형식은 나무덧널 벽재의 결구(結構) 방식을 알 수 있는 무덤 12기 중에서 3기에 불과하고, 한의 나무덧널무덤 형식에서 '井'자 모양의 평면 형태를 띠는 무덤은 산동지역에 한정해 소수의 무덤에서 확인된다. 그래서 이 무덤들은 그 지역에서 전형적 구조의 무덤이라고 할 수 없고 특수한 구

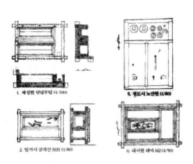

중국 산동(山東) 지역의 나무덧널무덤 형식[236]

234 于臨祥, 1958,「營城子貝墓」,『考古學報』제71, 中國科學院, 71-95쪽.
235 于臨祥, 1958,「營城子貝墓」,『考古學報』제71, 中國科學院, 73쪽.
236 黃曉芬 著; 김용성 역, 2006,『한대의 무덤과 그 제사의 기원』, 학연문화사, 그림 46, 192쪽.

조의 무덤이라고 말할 수 있다.

둘째로, 평양 대동강면 무덤떼의 벽돌방무덤의 전형적(典型的) 구조는 무덤방(墓室) 벽면이 바깥쪽으로 약간 볼록한 '배흘림'모양을 하고, 천장은 사각뿔대 모양이다. 본 글은 '배흘림식 벽돌방무덤'이라고 부르겠다. 한나라 벽돌방무덤 형식의 전형적 구조를 살펴보면, 무덤

벽돌방무덤-일직선 무덤방 벽면, 아치형 천장[237]

방 벽면이 일직선 모양이고, 천장은 아치(arch) 또는 돔(dome) 모양이다.

요동반도 남단에 있는 한의 벽돌방무덤 형식은 '일직선의 무덤방 벽면'과 '배흘림식 무덤방 벽면'을 보여주고 있고, 천장 형태는 일부 무덤에서 사각뿔대로 확인된다.

영성자 유적의 벽돌방무덤은 무덤방 형태가 직사각형(長方形) 또는 정사각형(方形)이고, 무덤문(墓門)과 널길(墓道)이 있다. 이 유적의 벽돌방무덤은 모두 '일직선의 무덤방 벽면'이다.[238]

대련시 강둔(姜屯) 유적의 벽돌방무덤은 평면 형태가 모두 '甲' 자이고,

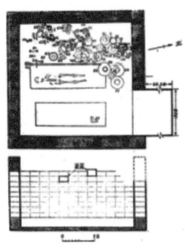

영성자(營城子) 유적 10호 무덤의 실측도[239]

237 黃曉芬 著; 김용성 역, 2006, 『한대의 무덤과 그 제사의 기원』, 학연문화사, 화보.
238 于臨祥, 1958, 「營城子貝墓」, 『考古學報』 제71, 中國科學院, 71-95쪽.

무덤문과 널길을 함께 지니고 있다. 널길은 직사각형의 비탈 형태이고, 무덤문은 다수가 무덤방 벽면 중앙에 있다. 무덤방 벽면은 '일직선의 무덤방 벽면'과 '배흘림식 무덤방 벽면'을 가지는데, '일직선의 무덤방 벽면'이 비교적 많다.[240]

대련시 강둔(姜屯)의 벽돌방무덤-M84무덤(배흘림), M87무덤(일직선)[241]

천장 형태는 영성자(營城子) 유적의 제1호·제2호 무덤, 남산리(南山里) 제4호 무덤, 난산리 도가둔(刀家屯) 벽돌방무덤에서 사각뿔대로 확인된다.[242]

평양 대동강면 무덤떼의 벽돌방무덤과 한의 벽돌방무덤 형식의 전형적 구조를 비교해 보면, 평양 대동강면 무덤떼의 전형적 구조는 일반적인 한의 벽돌방무덤 형식과 차이가 있지만, 요동반도 남단의 한의 벽돌방무덤과 비슷한 모습을 보인다. 그러나 요동반도 남단 한의 벽돌방무덤 가운데 '배흘림식 무

239 于臨祥, 1958, 「營城子貝墓」, 『考古學報』 제71, 中國科學院, 78쪽.
240 遼寧省文物考古研究所 編著, 2013, 『姜屯 漢墓(上)』. 文物出版社.
241 遼寧省文物考古研究所 編著, 2013, 『姜屯 漢墓(下)』. 文物出版社. 彩板124.
   遼寧省文物考古研究所 編著, 2013, 『姜屯 漢墓(下)』. 文物出版社. 彩板126.
242 東邦考古學叢刊 甲種刊行會, 1981, 「營城子」, 東邦考古學叢刊 甲種 全六卷, 第四冊, 雄山閣出版株式會社.
   東邦考古學叢刊 甲種刊行會, 1981, 「南山裡」, 東邦考古學叢刊 甲種 全六卷, 第三冊, 雄山閣出版株式會社.
   孫丹玉, 2019, 『遼海地區漢墓研究』, 吉林大學 博士, 206-216쪽.

덤방 벽면'을 가진 무덤은 비교적 적고, 사각뿔대 모양의 천장은 요동반도 남단의 한의 벽돌방무덤만의 특징이라기보다 무덤방 축조 기술의 부족으로 생각된다.

영성자(營城子) 제2호 무덤의 천장 모습[243]

한의 벽돌방무덤에서 천장 형태는 이전 나무덧널무덤의 평천장에서 아치 또는 돔으로 변화했다. 그러나 돔 형태는 높은 수준의 기술력이 필요하므로 중간 변화 과정에서 사각뿔대 천장이 등장했고, 점차 4조(條) 능선(稜線)이 사라지면서 돔 형태가 완성되었다고 할 수 있다. 그 예로 하남성(河南省) 양성현(襄城縣) 자구(茨溝) 벽돌방무덤의 중심방(主室)과 곁방(側室)을 살펴보면, 곁방의 사각뿔대 천장의 4조 능선이 이미 흔적만 남아 있고, 중심방의 돔 천장은 4조 능선이 완전히 소실되어 천장 면이 반구체(半球體)를 구성한다.[244]

하남성 양성현 자구의 벽돌방무덤[245]

셋째로, 평양 대동강면 무덤떼의

243 東邦考古學叢刊 甲種刊行會, 1981, 『營城子』, 東邦考古學叢刊 甲種 全六卷, 第四冊, 雄山閣出版株式會社, 圖版 第21-2.
244 黃曉芬 著; 김용성 역, 2006, 『한대의 무덤과 그 제사의 기원』, 학연문화사, 263-265쪽.
245 黃曉芬 著; 김용성 역, 2006, 『한대의 무덤과 그 제사의 기원』, 학연문화사, 그림 70, 264쪽.

나무덧널무덤은 2개 이상의 널(棺)을 안치했다. 발굴·조사를 할 때 평양 대동강면 무덤떼의 나무덧널무덤 가운데 널방에 나무널(木棺)이 남아 있는 무덤이 많아 무덤에 안치된 나무널의 개수를 확인할 수 있다. 평양 대동강면 무덤떼의 벽돌방무덤은 널방에 나무널이 남아 있지 않았고, 널 받침대(棺臺)만 확인되었다.

▶ 평양 대동강면 무덤떼의 나무덧널무덤에 안치된 나무널의 개수

나무널 개수	무덤명
2개	오야리고분, 정백리 제2호, 정백리 제3호, 석암리 제6호, 석암리 제200호, 석암리 제20호, 석암리 제51호, 정백리 제127호, 정백리 제13호, 정백리 제59호, 정백리 제19호, 장진리 제30호, 석암리 제212호, 석암리 제257호, 정백리 제4호, 석암리 제219호
3개	석암리 제194호, 오야리 제18호, 오야리 제21호, 남정리 제116호, 석암리 제201호
4개	석암리 제205호, 오야리 제19호, 정백리 제8호

평양 대동강면 무덤떼의 나무덧널무덤은 다곽단장묘(多槨單葬墓)인 오야리 제20호 무덤을 제외하고, 외널무덤(單葬墓)은 없고, 두널무덤(合葬墓) 또는 여러널무덤(多葬墓)이 있다. 일반적인 한의 나무덧널무덤은 대부분 외널무덤이고, 요동반도 남단에 있는 한의 나무덧널무덤은 외널무덤 또는 두널무덤이다. 평양 대동강면 무덤떼의 나무덧널무덤처럼 하나의 덧널에 여러 널이 함께 안치되는 무덤은 드물다. 발굴·조사자나 연구자는 여러널무덤에 안치된 사람들의 가족관계를 추정해볼 때, 두널무덤은 부부(夫婦), 여러널무덤은 가족일 가능성이 크다고 보았다.

넷째로, 평양 대동강면 무덤떼의 벽돌방무덤 가운데 공심 벽돌무덤(空心塼墓)이 확인되지 않는다. 공심 벽돌이란 속인 빈 대형 벽돌로, 표면에 인물, 동물, 식물 등을 표현한 그림 벽돌(畫像塼)의 한 종류다. 공심 벽돌무덤은 나무덧널무덤에서 벽돌방무덤으로 바뀌는 시기인 기원전 2세기에 중국의 중원 지역인 지금의 서안시와 낙양시 지역을 중심으로 해서 처음 등장해 한의 전 영역에서 벽돌방무덤이 축조되기 시작하는 동한 초기인 1세기대 이후 점차 쇠퇴했다. 평양 대동강면 무덤떼의 벽돌방무덤은 기하학무늬가 새겨진 소형 벽돌만 가지고 축조했다.

다섯째로, 평양 대동강면의 '귀틀식 나무덧널무덤'이 '배흘림식 벽돌방무덤'으로 변화·발전했다는 고고학적 증거는 확인되지 않는다. 황샤오펀(黃曉芬)은 한의 나무덧널무덤은 서한시대의 대형 무덤을 대표로 해서 '덧널 내의 개통(開通)', '바깥세상과 개통', '덧널 내부에 제사 공간 확립'이란 세 단계의 변화 과정을 거쳐 벽돌방무덤으로 발전했다고 주장한다.[246] 그런데 평양 대동강면 무덤떼에서 이러한 변화 과정을 뒷받침할 수 있는 고고학적 증거가 확인되지 않는다. 물론 남정리 제 116호 무덤처럼 벽돌방무덤의 평면 형태와 같거나, 정백리 제2호 무덤, 정백리 제6호 무덤, 오야리 제19호 무덤처럼 무덤방 축조에 벽돌을 활용한 무덤이 있다. 그러나 이 무덤들은 황샤오펀이 주장한 세 단계의 변화 모습과 일치하지 않는다.

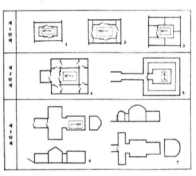

한나라 나무덧널무덤의 변화 3단계[247]

---

246 黃曉芬 著; 김용성 역, 2006, 『한대의 무덤과 그 제사의 기원』, 학연문화사, 162-167쪽.
247 黃曉芬 著; 김용성 역, 2006, 『한대의 무덤과 그 제사의 기원』, 학연문화사, 그림39, 163쪽.

(2) 껴묻거리의 특징

첫째로, 화분형 질그릇이 '귀틀식 나무덧널무덤'과 '배흘림식 벽돌방무덤'에서 모두 출토된다. 화분형 질그릇은 기원전 2세기 후반에 등장하며, 대동강 유역의 구덩무덤(土壙墓)에서 집중적으로 발견된다고 알려져 있다. 대표적인 출토 유적으로 황해도 황주군 금석리 유적, 복사리 망암동 유적, 은율군 운성리 유적, 신천리 명사리 유적, 평안남도 강서군 태성리 유적 등이 있다.[248] 화분형 질그릇은 '귀틀식 나무덧널무덤'과 '배흘림식 벽돌방무덤'에서 유형이나 태토(胎土)가 크게 바뀌지 않고 모두 출토되었다. 이는 기원전 2세기 후반부터 4세기 후반까지 대동강 지역의 거주민 집단에 큰 변동이 없었다는 점과 평양 대동강면 무덤떼가 대동강 지역의 구덩무덤에서 이어진 무덤 문화임을 말한다.

둘째로, 평양 대동강면 무덤떼의 '귀틀식 나무덧널무덤'에서 출토된 껴묻거리의 문화 계통은 다양하다.

첫 번째 문화 계통은 한(漢)이며, 칠기, 청동 거울 등이 해당한다. 칠기에 새겨진 명문(銘文)에 따르면, 칠기의 제작 공관은 촉군서공(蜀郡西工)과 광한군공(廣漢郡工)이라고 한다. 촉군서공은 지금의 사천성(泗川省) 성도시(成都市) 지역, 광한군공은 지금의 사천성 일대로 장강(長江) 중상류 지역에 해당한다. 청동 거울은 그 양식이 모두 한의 청동 거울과 같다.

두 번째 문화 계통은 흉노(匈奴)이며, 금제 교구, 말갖춤 등이 해당한다. 석암리 제9호 무덤에서 출토된 금제 띠쇠는 순금판(純金板)을 두들겨 만드는 타출(打出)기법을 사용했고, 초록색을 띠는 터키석을 끼워 넣었다. 흉노 무덤

---

248 『고고학사전』, 2001, 국립문화재연구소, 1303-1304쪽.

인 올란 씨베르 유적 9호 무덤에서 출토된 금제 띠쇠는 타출기법을 사용해 호랑이를 반 볼록새김(半肉)으로 나타내고, 초록색을 띠는 터키석을 끼워 넣었다. 석암리 제9호 무덤의 금제교구와 비교해볼 때 전체

올란 씨베르 유적 9호 무덤에서 출토된 금제 띠쇠[249]

모양이나 새긴 동물은 다르지만, 타출기법과 초록색 터키석을 끼워 넣는 방식이 같아 같은 흉노 문화 계통으로 볼 수 있다.

석암리 제219호 무덤에서 출토된 은제 드리개 장식은 나뭇잎 모양 은판에 괴수(怪獸)를 타출기법으로 나타내고, 반구(半球) 모양 붉은 마노(瑪瑙)를 끼워 넣었다. 흉노 무덤인 골모드-2 유적의 1호 무덤에서 출토된 은제 드리개장식은 나뭇잎 모양의 은판에 외뿔이 달린 신화적인 동물(一角獸)을 타출기법으로 나타냈다. 이 신화적인 동물은 서양의 유니콘, 동양의 기린과 비교되는 것으로, 그 주변에 구름을 표현해 하늘을 날아다니는 모습으로 표현한다고 한다.[250] 석암리 제219호 무덤의 은제 드리개 장식과 비교해 보면, 전체 유형이 비슷하다는 점과 뿔

골모드-2 유적의 1호 무덤에서 출토된 은제 드리개 장식[251]

249 G. 에렉젠; 양시은, 2017, 『흉노』 중앙문화재연구원 학술총서 36; 동서문물연구원학술총서 1, 진인진, 182, 141쪽.
250 G. 에렉젠; 양시은, 2017, 『흉노』 중앙문화재연구원 학술총서 36; 동서문물연구원학술총서 1, 진인진, 236쪽.

이 달린 괴수를 표현했다는 점에서 같은 흉노 문화 계통으로 볼 수 있다.

세 번째 문화 계통은 동남아시아로, 대모비녀(玳瑁釵), 대모제 패옥(佩玉)이 해당한다. 대모비녀는 '귀틀식 나무덧널무덤'에서 화장용구 가운데 가장 많이 출토되었다. 대모(玳瑁)는 열대 또는 아열대 지역인 베트남 등에서 생산되는 것으로 알려져 있다.

이처럼 평양 대동강면 무덤떼의 '귀틀식 나무덧널무덤'에서 출토된 껴묻거리는 화분형 질그릇·수정절자옥(水晶多面玉)[252]과 같은 재지(在地) 문화 계통을 포함해 한(漢), 흉노, 동남아시아 등 다양한 문화 계통을 보여준다.

'귀틀식 나무덧널무덤'출토 껴묻거리가 다양한 문화 계통을 가지는 이유는 이들이 교역품의 성격을 띠기 때문이다.

평양 대동강면 무덤떼를 처음 발굴·조사한 대일항쟁기 일본 학자들은 칠기·청동 거울·금제 교구(鉸具) 등의 문화 계통을 한(漢)으로 보고, 이들의 성격을 한(漢) 조정의 하사품(下賜品)으로 생각했다.

그러나 고고학 연구 방법 측면에서 운반할 수 있는 유물이 그 유물의 원산지(原産地)에서 육로 또는 수로로 이동할 수 있는 지역에서 발견된다면, 그 유물의 성격은 교역 활동에 의한 결과물, 즉 교역품으로 봐야 한다. 평양 대동강 지역이 한, 흉노, 동남아시아로 육로 또는 수로로 이동할 수 있는 지역이고, 출토된 껴묻거리는 모두 운반할 수 있는 유물이므로 이 껴묻거리들은 모두 교역품으로 봐야 한다.

---

251 G.에렉젠; 양시은, 2017, 『흉노』 중앙문화재연구원 학술총서 36; 동서문물연구원 학술총서 1, 진인진, 344, 241쪽.
252 양아림, 2014, 「韓半島 出土 水晶多面玉의 展開 樣相과 特徵」, 『韓國考古學報』 93, 한국고고학회, 46-81쪽.

이것은 한 문화 계통인 칠기·청동 거울이 흉노 무덤에서 발견되고, 흉노 문화 계통인 금제 교구가 요동반도 남단에 있는 한의 벽돌방무덤에서도 발견된다는 점에서 다시 확인할 수 있다. 흉노 무덤에서 출토된 칠기들 가운데 칠이배가 가장 많다. 노용 올 유적의 흉노 무덤에서 출토된 칠이배는 그 명문을 보면 그 제작 공관은, 평양 대동강면 무덤떼의 '귀틀식 나무덧널무덤'에서 출토된 칠이배와 같은 '촉군서공(蜀郡西工)'이며, '승여(乘輿)'라는 명문으로 볼 때 황실 납품용임을 알 수 있다. 또 노용 올 유적 5호 무덤에서 출토된 칠이배에는 쌍조문(雙鳥文)이 그려져 있는데, 이 쌍조문 칠이배는 평양 대동강면 무덤떼의 정백리 제2호 무덤, 석암리 제6호 무덤, 석암리 제194호 무덤, 정백리 제13호 무덤에서도 출토되었다. 한의 청동 거울은 지금까지 몽골과 남바이칼 지역의 흉노 무덤에서 100여 점이 출토되었다. 출토된 한의 청동 거울의 유형으로 소명경, 일광경(日光鏡), 사유사신경(四乳四神鏡), 방격규구경(方格規矩鏡)이 있다.[253] 2003년 대련시 영성자(營城子) 한의 벽돌방무덤에서 금제 교구가 출토되었다.

이 금제 교구는 타출기법으로 용 10마리를 나타내고, 초록색의 보석을 끼워 넣었다. 이 금제 교구는 제작 기법과 형태에서 흉노 문화 계통의 유물임을 알 수 있으며, 석암리 제9호 무덤에서 출토된 금제 교구와 비슷하다.

대련시 영성자(營城子) 한의 벽돌방무덤에서 출토된 금제 교구(대련시 한묘박물관, 2015.10.16.)

253 G. 에렉젠; 양시은, 2017, 『흉노』 중앙문화재연구원 학술총서 36; 동서문물연구원학술총서 1, 진인진.

셋째로, '귀틀식 나무덧널무덤'은 후장(厚葬)을 했지만, '배흘림식 벽돌방무덤'은 박장(薄葬)을 했다. '귀틀식 나무덧널무덤'는 칠기, 청동용기, 질그릇, 수레갖춤, 말갖춤, 장신구 등 다양하고 화려한 껴묻거리가 출토되는 반면, '배흘림식 벽돌방무덤'는 질그릇, 장신구, 청동 거울 정도만 출토되었다. 두 무덤에서 모두 출토된 칠기(漆器)를 구체적으로 살펴보면, '귀틀식 나무덧널무덤'는 협저제 칠이배·남태제 칠기·채회칠기와 같은 고가(高價)의 칠기가 출토되지만, '배흘림식 벽돌방무덤'은 고가의 칠기가 거의 없고 일반 칠기의 개수도 적다. 두 무덤의 껴묻거리 수준 차이를 도굴의 결과로 이해할 수도 있다. 그러나 평양 대동강면 무덤떼가 본격적으로 알려지기 전인 1916년에 발굴·조사한 '배흘림식 벽돌방무덤'의 껴묻거리 개수도 적다는 점에서 도굴의 결과로만 설명할 수 없을 것 같다.

'귀틀식 나무덧널무덤'과 '배흘림식 벽돌방무덤'의 껴묻거리 차이는, '귀틀식 나무덧널무덤'에서 많이 출토되는 칠기, 청동 거울, 금제 교구 등이 모두 교역품이라는 점으로 볼 때 축조할 당시의 국제 정세의 변화 때문으로 생각한다. '귀틀식 나무덧널무덤'이 활발하게 축조된 기원전 1세기 후반부터 3세기 전반까지 동북아시아 지역의 국제 정세는 한(漢)과 흉노(匈奴)를 중심으로 비교적 안정적으로 유지되었다. 반면 '배흘림식 벽돌방무덤'이 축조된 2세기 후반부터 4세기 후반까지 동북아시아 지역의 국제 정세는 한의 멸망과 흉노의 분열로 매우 불안하였다. 즉, 2세기 후반부터 불안한 국제 정세로 교역 활동이 축소됨에 따라 교역품이 줄어들게 되었고, 그래서 이 시기에 축조된 '배흘림식 벽돌방무덤'의 껴묻거리가 '귀틀식 나무덧널무덤'에 비해 줄어들 수밖에 없었을 것이다.

넷째로, 평양 대동강면 무덤떼의 '배흘림식 벽돌방무덤'에서 도제 명기(陶

製 明器)로 부뚜막(竈) 모양의 소형 명기만 출토되었다. 황샤오펀(黃曉芬)은 한의 무덤이 덧널무덤에서 방무덤으로 변화하면서 껴묻거리도 변화하였다고 말한다. 그는 한의 벽돌방무덤 가운데 일부 대형 무덤은 무덤방 내에 실물과 같은 창고, 부뚜막, 우물, 화장실을 설치했고, 중소형 무덤은 무덤방 내에 실물을 모방하여 제작한 같은 종류의 소형 명기를 배치했다고 말한다.[254]

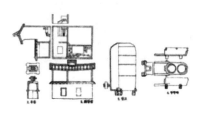

한(漢) 벽돌방무덤의 명기(明器) 조합[255]

요동반도 남단의 대련시 강둔(姜屯) 유적에서도 화장실을 제외하고 창고, 부뚜막, 우물 모양 소형 명기가 출토되었다. 이처럼 한의 벽돌방무덤에서 창고, 부뚜막, 우물, 화장실 모양 소형 명기가 조합(組合)되어 출토되었다. 그러나 평양 대동강면 무덤떼의 '배흘림식 벽돌방무덤'은 부뚜막 모양 소형 명기만 출토되었다.

대련시 강둔(姜屯) M158에서 출토된 소형 명기(창고, 우물, 부뚜막)[256]

다섯째로, 한의 벽돌방무덤의 표지 유물(標識 遺物) 가운데 하나인 가옥 모양 도제 명기(陶樓)는 평양 대동강면 무덤떼의 '배흘림식 벽돌방무덤'에서 출토되지 않았다. 이 가옥 모양의 도제 명기는 요동반도 남단의 대련시 강둔(姜屯)에서도 출토되었다.

254 黃曉芬 著; 김용성 역, 2006, 『한대의 무덤과 그 제사의 기원』, 학연문화사, 335-347쪽.
255 黃曉芬 著; 김용성 역, 2006, 『한대의 무덤과 그 제사의 기원』, 학연문화사, 그림 91, 337쪽.
256 遼寧省文物考古研究所 編著, 2013, 『姜屯 漢墓(下)』. 文物出版社. 彩板201.

가옥 모양의 명기(陶樓)
[하남성 초작시(焦作市) 출토, 하남성 박물원]257

대련시 강둔(姜屯) M158에서 출토된
가옥 모양의 명기258

　여섯째로, 평양 대동강면 무덤떼의 '배흘림식 벽돌방무덤' 축조에 사용된 벽돌은 기하학무늬 소형 벽돌뿐이다. 동한 초기인 1세기 후반부터 벽돌방무덤이 한의 전 영역에서 축조되면서 벽돌방무덤 축조에 기하학무늬 소형 벽돌과 요리, 사냥, 연회, 곡예, 서수(瑞獸), 문루(門樓) 등을 새기거나 찍은 대형 벽돌을 사용했다. 이 대형 벽돌은 소위 그림 벽돌(畫像磚)이라고 불린다. 요동반도 남단 대련시 강둔(姜屯)에 있는 한의 벽돌방무덤에서도 기하학무늬

한(漢)대의 그림 벽돌
(하남성박물관 소장, 2011.01.23.)

대련 강둔 M20에서 출토된 그림 벽돌259

257 河南博物院, 2009, 河南博物館, 67쪽.
258 遼寧省文物考古硏究所 編著, 2013, 『姜屯 漢墓(下)』. 文物出版社. 彩板 201.

뿐만 아니라 동물·식물·사람 얼굴 등이 새겨진 그림 벽돌이 함께 출토되었다. 한의 벽돌방무덤에서 장식(裝飾) 용도로 사용된 그림 벽돌은 평양 대동강면 무덤떼의 '배흘림식 벽돌방무덤'은 출토되지 않았다.

---

259 遼寧省文物考古硏究所 編著, 2013,『姜屯 漢墓(下)』. 文物出版社. 彩板 260.

2. 낙랑군의 설치 지역

서한 무제는 위만조선을 멸망시킨 후 그 영역에 낙랑군을 설치했다. 그러
므로 낙랑군의 설치 지역은 위만조선의 영역을 근거로 하여 추정할 수 있다.
위만조선의 영역은 『사기』 「조선열전」을 근거로 하여 대략 추정할 수 있다.
『사기』 「조선열전」은 위만조선이 실재했던 서한 무제시대의 기록이므로 위
만조선의 영역에 대해 다른 역사 기록보다 정확하다고 말할 수 있다.

⑦ 연왕(燕王) 노관(盧綰)이 배반하고, 흉노로 들어가자 만(滿)도 망명했다.
    무리 천 여인을 모아 북상투에 오랑캐의 복장을 하고, 동쪽으로 가 요새
    를 나와 패수(浿水)를 건너, 진이 예전에 비워둔 지역인 상하장(上下障)
    에서 살았다. 점차 진번과 조선의 만이(蠻夷) 및 옛 진·제의 망명자를 복
    속시켜 거느리고 왕이 되었고, 왕험(王險)에 도읍했다.[260]

사료 ⑦에 따르면, 위만은 망명할 당시 패수(浿水)를 건너 진이 예전에 비워둔 지역인 상하장(上下障)에서 살았고, 그 후 나라를 세워 왕이 된 후 왕험(王險)을 도성(都城)으로 삼았다고 한다. 위만이 한(漢)의 영역을 공격해 빼앗았다는 내용이 없으므로 왕험도 패수의 건너편 지역일 것이다. 그러므로 위만조선의 영역은 대체로 패수(浿水) 건너편의 지역으로 추정할 수 있다. 그러나 패수는 2,000년 전의 이름으로, 그 이름이 현재까지 남아 있을 가능성은 작다. 만약 패수라는 이름이 현재 남아 있더라도 같은 이름의 하천이 여러 곳에 있을 수 있으므로 현재 패수가 위만이 건넌 패수(浿水)라고 단정할 수 없다.

⑧ 조선왕 만(滿)은 옛날 연나라(燕) 사람이다. 처음 연나라 전성기에 일찍이 진번(眞番)과 조선(朝鮮)을 침략해 복속시키고, 관리를 두고 장새(鄣塞)를 쌓았다. 진이 연을 멸한 뒤, 요동 바깥 요(徼)에 속하게 했다. 한이 일어나서 그곳이 멀어 지키기 어려워 다시 요동의 예전 요새를 수리하고, 패수(浿水)에 이르러 경계로 삼고 연에 복속시켰다.[261]

사료 ⑧은 사료 ⑦의 앞 문단으로, 고조선과 전국시대 연(燕)·진(秦)·한(漢)의 경계에 관한 내용이다. 전국시대 연은 고조선을 공격해 그 영역 일부를 빼

---

260 『史記』 卷115 列傳 卷55 「朝鮮列傳」
   燕王盧綰反, 入匈奴, 滿亡命, 聚黨千餘人, 魋結蠻夷服而東走出塞, 渡浿水, 居秦故空地上下鄣, 稍役屬眞番朝鮮蠻夷及故燕亡命者王之, 都王險
261 『史記』 卷115 列傳 卷55 「朝鮮列傳」
   朝鮮王滿者, 故燕人也, 自始全燕時, 嘗略屬眞番朝鮮, 爲置吏築鄣塞, 秦滅燕, 屬遼東外徼, 漢興, 爲其遠難守, 復修遼東故塞, 至浿水爲界, 屬燕.

앗고, 그 경계 지역에 장새(鄣塞)를 쌓았다. 장새는 경계 주변을 지키기 위한 성보(城堡) 같은 군사시설을 말한다. 전국시대 연을 무너뜨린 진은 연이 쌓은 장새를 요(徼)에 속하게 했다. 요는 새(塞)가 없는 변경의 요처에 설치된 목책(木柵)과 같은 임시적인 성격의 시설물로, 강을 낀 지역에서 변경 방어의 기능을 지니며 여건과 상황이 불리하면 언제든지 철수할 수 있다.[262] 진을 이은 한(漢)은 그 요가 멀어 지키기 어려워, 요동의 예전 요새를 수리하고 패수(浿水)를 경계로 했다. 즉, 전국시대 연은 고조선과의 경계에 장새를 쌓고 관리를 파견해 자국 영토로 삼았지만, 진과 한은 그 지역에 임시 감시 초소만 두었을 뿐 실제로는 빈 땅으로 둔 채 중국 쪽으로 후퇴했다고 말할 수 있다. 사료 ⑦에서 위만이 패수(浿水)를 건너 처음 살았던 곳인 상하장을 진나라가 예전에 비워둔 지역(空地)이라고 한 것은 이러한 이유 때문일 것이다. 그렇다면 위만이 건넌 패수(浿水)는 사료 ⑧에서 한이 고조선과 경계로 삼은 패수(浿水)와 같은 하천이라고 말할 수 있다. 그래서 위만조선의 영역은 고조선과 한의 경계인 패수(浿水) 너머의 지역이라고 또한 말할 수 있다. 그러나 앞서 지적한 바와 같이 2,000년 전의 이름인 패수를 현재 지역으로 고증하기 어렵다. 반면 고조선과 전국시대 연·진의 경계는 『사기』 기록을 통해 추정할 수 있으므로 그 경계의 안쪽 지역에서 패수를 찾아볼 수 있다. 사료 ⑧에서 한이 그 경계 지역이 멀어 그 경계 지역을 버리고 그 뒤로 물러났기 때문이라고 했다.

⑨ 연은 동호(東胡)를 습격해 1천 리의 땅을 넓혔으며, 요동(遼東)을 건너 조

---

262 오현수, 2018, 「『사기』「조선열전」 기재 '秦故空地上下鄣'에 대한 검토」, 『한국사학보』 70, 고려사학회, 50-51쪽.

선을 공격했다.[263]

⑩ 그 후 연나라에 현명한 장수 진개(秦開)가 있어, 호(胡)에 인질로 가 있었
는데, 호가 매우 그를 믿었다. 돌아와 동호를 습격해 패주시켰고, 동호는
천여 리를 물러갔다. 형가(荊軻)와 함께 진왕을 죽이려고 했던 진무왕(秦
舞陽)이란 자가 진개의 자손이다. 연나라 또 장성(長城)을 쌓는데 조양
(朝陽)에서 양평(襄平)에 이르렀다. 상곡(上谷)·어양(漁陽)·우북평(右北
平)·요서(遼西)·요동군(遼東郡)을 설치함으로써 호를 막았다.[264]

사료 ⑨와 ⑩를 종합하면, 전국시대 연은 동호(東胡)와 조선을 공격한 뒤,
그들의 영역 일부를 빼앗고 그들과 경계에 장성을 쌓았다. 동호는 일반적으
로 지금의 중국 내몽골자치구(內蒙古自治區) 중부와 동부 지역에 살던 종족
(種族)으로 이해하고 있고, 전국시대 연은 주로 지금의 중국 하북성(河北省)
일대에 있었다고 알려져 있다. 또 사료 ⑨에서 요동 건너에 조선이 있다고 했
고, 사료 ⑩에서 전국시대 연은 이 장성 지역에 설치한 5군(郡) 가운데 요동
군이 있다고 했다. 이러한 점들을 종합해 보면 고조선은 전국시대 연의 동쪽
방면에 있었으며, 고조선과 전국시대 연의 경계 지역은 요동(遼東)이란 지역
이었던 것으로 추정할 수 있다.

---

263 『鹽鐵論』 卷第八 伐功 第四十五
　　燕襲走東胡, 辟地千里, 度遼東而功朝鮮,
264 『史記』 列傳 卷一百十 匈奴列傳第五十
　　其後燕有賢將秦開, 爲質於胡, 胡甚信之, 歸而襲破走東胡, 東胡卻千餘里, 與荊軻
　　刺秦王秦舞陽者, 開之孫也. 燕亦築長城, 自造陽至襄平, 置上谷漁陽右北平遼西遼
　　東郡以拒胡.

그런데 고조선과 전국시대 연의 경계를 요동이 아닌 다른 지역으로 적은 기록이 있다.

⑪ 연은 장군 진개를 파견해 서쪽 지방을 침공하고 2천여 리의 땅을 빼앗아 만번한(滿番汗)에 이르는 지역을 경계로 삼았다.[265]

사료 ⑪은 전국시대 연이 동호와 조선을 공격한 후 만번한에 이르는 지역을 경계로 삼았다고 적고 있다. 대체로 서한 요동군 소속의 현(縣)인 문현(文縣)과 번한현(番汗縣)을 합쳐 만번한으로 불렀다고 보고 있으며[266], 서한 요동군은 '요동'이란 지명에서 유래한 군 이름으로 알려져 있다. 그렇다면 요동은 특정 지역을 가리키는 지명이 아니라 더 넓은 지역을 통칭(通稱)하는 지명이고, 요동 안에 만번한이 있었다고 할 수 있다. 사료 ⑪은 고조선과 전국시대 연의 경계를 다른 지역으로 적은 것이 아니라 더 구체적인 지명을 기록했다고 말할 수 있다.

⑫ 진은 천하를 합병한 후에 몽염으로 하여금 30만 대군을 거느리고 북으로 가서 융적(戎狄)을 내쫓고, 하남(河南) 지역을 점령하여 장성(長城)을 쌓게 했다. 지형을 따라 험난한 곳을 이용해 요새를 만들었다. 임조(臨洮)부터 요동(遼東)까지의 길이가 만여 리나 되었다.[267]

---

265 『三國志』魏書 30 東夷傳 韓 [魏略]
　　燕乃遣將秦開攻其西方, 取地二千餘里, 至滿番汗爲界,
266 『漢書』卷二十八下 地理志第八下 遼東郡
　　襄平, 有牧師官. 莽曰昌平.
　　文, 莽曰文亭.
　　番汗, 沛水出塞外, 西南入海.

⑬ 땅은 동으로 동해(東海)에 이르고 조선에 미쳤다. 서로 임조(臨洮)와 강중 (羌中)에 이르렀다. 남으로 북향호(北嚮戶)에 이르렀다. 북으로 황하에 의 거해서 요새로 삼았다. 음산(陰山)과 나란히 요동(遼東)에 이르렀다.[268]

사료 ⑫와 ⑬를 종합하면, 진도 그 경계에 장성을 쌓았는데, 그 범위는 서 쪽 임조에서 동쪽 요동까지였다. 사료 ⑬에서 동으로 조선에 미쳤다고 했기 때문에 동쪽 경계가 고조선이며 바로 요동이었다고 할 수 있다.

이상의 내용을 종합하면, 전국시대 연과 진의 동쪽 경계가 바로 고조선이 었고, 그 경계 지역은 요동이라고 불렸다. 사료 ⑧에서 진이 요동 바깥에 요를 두었고 한(漢)도 요동의 예전 요새를 수리했다는 내용과 상통한다. 그렇다면 고조선과 한의 경계인 패수(浿水)는 이 요동 지역의 범위에서 찾을 수 있다.

전국시대 연·진 시기에 '요동(遼東)'이었던 지역에 관해 크게 두 가지 주장 이 있다.

윤내현은 『사기』 「진시황본기(秦始皇本紀)」에 진의 이세황제(二世皇帝)가 갈석산(碣石山)으로 순행한 뒤, 요동에 이르렀다가 돌아왔다는 기록이 있으 므로[269] 이 갈석산의 주변 지역이 바로 요동이었다고 주장한다.[270] 그는 한 무

---

267 『史記』 列傳 卷八十八 蒙恬列傳第三十八
   秦己幷天下, 乃使蒙恬將三十萬衆北逐戎狄 收河南, 築長城, 因地形, 用制險塞, 起臨洮至遼東, 延袤萬餘里.
268 『史記』 本紀 凡十三卷 卷六 秦始皇本紀第六 二十六年
   地東至海暨朝鮮, 西至臨洮羌中, 南至北嚮戶, 北據河爲塞, 並陰山至遼東.
269 『史記』 本紀 卷六 秦始皇本紀第六 二世元年
   二世東行郡縣, 李斯從. 到碣石, 並海, 南至會稽, 而盡刻始皇所立刻石, 石旁著大臣從者名, 以章先帝成功盛德焉. 皇帝曰, 金石刻盡始皇帝所爲也. 今襲號而金石刻辭不稱始皇帝. 其於久遠也如後嗣爲之者, 不稱成功盛德. 丞相臣斯臣去疾御史大夫臣德昧死言, 臣請具刻詔書刻石, 因明白矣. 臣昧死請. 制曰, 可. 遂至遼東而還.

제가 태산(太山)에서 봉선(封禪)을 마치고 해상(海上)을 따라 북쪽으로 가서 갈석산에 이르렀는데[271], 태산이 있는 지금의 산동성(山東城)에서 해상을 따라 북쪽 방면으로 가면 하북성 창려현 갈석산에 이르게 된다고 말한다. 그러므로 그는 진의 이세황제가 순행한 갈석산은 이 하북성 창려현 갈석산이며, 이 갈석산 동쪽 방면을 전국시대 연·진 시기에 요동으로 불렸다고 주장한다.

마쓰이 히토시(松井等)는 연(燕) 장성의 경계라고 하는 양평현이 지금의 요녕성 요하 하류 지역인 요양시 일대에 해당하므로 연·진 시기의 요동은 요하 동쪽 지역이라고 주장한다.[272] 그러나 그는 양평현이 중국 요녕성 요양시 일대라고 하는 주장에 대한 구체적인 근거는 제시하지 않았다.

마쓰이 히토시의 진나라 장성 그림[273]

마쓰이 히토시 주장의 전제(前提)는 "요동은 요수(遼水) 동쪽 지역을 가리키며, 고대 요수는 지금의 요녕성 요하(遼河)였다."라는 것이다. 요동이란 이름의 유래에 대해선 어느 정도 가능성이 있겠지만, 고대 요수가 지금의 요녕성 요하일 가능성은 작다.

⑭ 제(齊) 환공(桓公)이 북쪽에 가서 고죽(孤竹)을 토벌할 때 비이(卑耳) 골

270 윤내현, 1994, 『고조선연구』, 일지사, 172-188쪽.
271 『史記』本紀 卷十二 孝武本紀第十二 元年
天子旣已封禪泰山, 無風雨菑, 而方士更言蓬萊諸神山若將可得. 於是上欣然庶幾遇之, 乃復東至海上望, 冀遇蓬萊焉. 奉車子侯暴病, 一日死. 上乃遂去, 並海上, 北至碣石, 巡自遼西, 歷北邊至九原. 五月, 返至甘泉.
272 松井等, 1909, 「秦長城東部の位置につきて」, 『歷史地理』 13卷 3號, 日本歷史地理學會, 255-269쪽.
273 松井等, 1909, 「秦長城東部の位置につきて」, 『歷史地理』 13卷 3號, 日本歷史地理學會, 257쪽.

짜기에서 10리쯤 못 미쳐, 갑자기 멈춰 서서 놀란 눈으로 바라봤다. 잠시 뒤에 화살을 잡고 감히 발사하지 못하고 탄식하면 말했다. "이 전쟁은 성공하지 못할 것이다. 키자 한 자(尺)쯤 되는 사람이 면류관을 쓰고 사람의 모습을 갖추고서 왼쪽 옷깃을 걷어 올리고는 말 앞으로 달려가는 자가 있구나." 관중(管仲)이 말했다. "이 전쟁은 반드시 성공할 것이니, 이 사람은 길을 아는 신(神)입니다. 말 앞으로 달려간 것은 인도하는 것이고, 왼쪽 옷깃을 걷어 올린 것은 앞에 물이 있는 것이니, 왼쪽 방면으로 가서 건너십시오." 10리를 나아가자 정말 요수(遼水)라는 하수(河水)가 있었다. 그것을 측량하여 표시하고 왼쪽 방면을 따라 물을 건너자 물이 복사뼈까지 차올랐고 오른쪽으로 건너자 물이 무릎까지 차올랐다. 물을 건넌 뒤 과연 전쟁에서 승리하니 환공이 관중의 말 앞에서 절을 하고 말했다. "중부(仲父)의 슬기로움(聖)이 이와 같은 경지에 이르렀는데, 과인(寡人)이 몰라본 죄를 지은 지 오래되었구려." 관중이 말했다. "저는 들으니, 성인(聖人)은 일의 형태가 드러나기 전에 먼저 안다고 하는데, 지금 저는 형태가 드러나서야 비로소 알았습니다. 이는 제가 가르침을 잘 받았을 뿐 슬기로운 것이 아닙니다."[274]

사료 ⑭은 중국 전국시대 제(齊)의 환공(桓公)이 관중(管仲)과 고죽국(孤竹

274 (사)전통문화연구회, 동양고전 DB db.cyberseodang.or.kr
齊桓公北征孤竹, 未至卑耳谿中十里, 闖然而止, 瞠然而視有頃, 奉矢未敢發也. 喟然歎曰, 事其不濟乎, 有人長尺, 冠冕大人物具焉, 左袪衣走馬前者. 管仲曰, 事必濟, 此人知道之神也. 走馬前者導也, 左袪衣者, 前有水也. 從左方渡, 行十里果有水, 曰遼水. 表之, 從左方渡至踝, 從右方渡至膝. 已渡, 事果濟. 桓公拜管仲馬前曰, 仲父之聖至如是, 寡人得罪久矣. 管仲曰, 夷吾聞之, 聖人先知無形, 今已有形乃知之, 是夷吾善承教, 非聖也.

國)을 친 기록이다. 윤내현은 지금의 산동성 지역에 있던 제(齊)에서 지금의 하북성 노룡현(盧龍縣) 일대에 있던 고죽국을 가는 길에 큰 하수(河水)는 지금의 난하(灤河)뿐이므로 사료 ⑭의 요수(遼水)는 지금의 하북성 난하(灤河)라고 주장한다.[275]

⑮ 무엇을 6수(水)라고 일컫습니까? 답하기를 하수(河水), 적수(赤水), 요수(遼水), 흑수(黑水), 강수(江水), 회수(淮水)입니다.

고유 주석] 요수(遼水)는 갈석산(碣石山)에서 나와, 새(塞) 북쪽에서 동쪽으로 흘러, 요동의 서부와 만나고 남쪽으로 바다에 들어간다.[276]

사료 ⑮는 『회남자(淮南子)』에서 말하는 6곳의 하천 가운데, 요수(遼水)에 관한 고유(高誘)의 주석이다. 『회남자』는 동한(東漢) 회남왕(淮南王) 유안(劉安)이 편찬한 일종의 백과사전이며, 고유는 동한 말기의 학자다. 윤내현은 요수가 시작되는 갈석산은 지금의 하북성 창려현 갈석산(碣石山)이며, 창려현 갈석산 주변 하천 중에서 고유의 주석 내용과 흐름이 일치하는 하천은 난하(灤河)밖에 없으므로 동한 말기의 요수는 난하였다고 주장한다.

이처럼 고대의 요수(遼水)는 지금의 요녕성 요하(遼河)가 아닌 지금의 하북성 난하(灤河)였으므로 지금의 요녕성 요하의 동쪽 지역이 마쓰이 히토시의 주장처럼 고대에 요동으로 불렸을 가능성은 작다고 생각한다.

---

275 윤내현, 1994, 『고조선 연구』, 일지사, 226-227쪽.
276 『淮南子』卷4 墜形訓
　　何謂六水, 曰河水, 赤水, 遼水, 黑水, 江水, 淮水
　　高誘 註] 遼水出碣石山, 自塞北東流, 直遼東之西南入

전국시대 연·진 시기의 요동은 윤내현의 주장처럼 지금의 하북성 창려현 갈석산의 동쪽 방면 지역이며, 전국시대 연과 진이 그 경계에 쌓은 장성의 동쪽 기점도 지금의 하북성 창려현 갈석산 일대일 가능성이 크다고 생각한다.

반면, 이나바 이와키치(稻葉岩吉)는 전국시대에 연과 진이 쌓은 장성 지점을 황해도 수안군(遂安郡) 일대로 주장한다.[277] 그는 한의 동북 경계인 패수가 지금의 함경도 평양시(平壤市) 대동강(大同江)이므로 전국시대 연·진 장성의 기점은 대동강 남쪽에 있어야 한다고 말한다. 그는 『태강지리지』에 "수성현, 갈석산이 있고, 장성이 시작되는 곳이다(遂城縣, 有碣石山, 長城所起)."라는 기록이 있으므로 낙랑군 수성현 지역이 진나라 장성이 시작되는 지점이라고 주장한다. 그는 이 수성현의 '遂(수)' 글자가 황해도 수안군의 '遂'와 같으므로 두 곳이 같은 지역이며 이 황해도 수안군에서 전국시대 연과 진의 장성이 시작된다고 주장한다. 그는 『한서』 「지리지」 패수현 조(條)의 "물이 서쪽으로 증지에 이르러 바다로 들어간다(水西至增地入海)."라는 내용을 제시하면서 패수인 대동강이 바다로 들어가는 진남포(鎭南浦) 서쪽이 증지(增地)라고 할 수 있는데, 황해도 수안군이 이 진남포의 근처에 있다고 말한다. 그는 또 수안군 자연지리를 살펴보면 서남쪽에 자비령(慈悲嶺)이 있고 동북쪽에 요동산(遼東山)이 있어 험준한 지형이므로 장성을 쌓기에 알맞은 곳이라고 주장한다.

전국시대 연과 진이 장성을 쌓았던 주된 목적은 지금의 내몽골자치구 초원 지역에 살고 있던 종족들의 침략을 막기 위함이었다. 이나바 이와키치의 주장대로라면, 한반도 북부 지역에서 내몽골자치구 초원에서 발견되고 있는 흔

---

277 稻葉岩吉, 1910, 「秦長城東端及王險城 考」, 『史學雜誌』 第21編 第2號, 史學會, 35-48쪽

적과 같은 흔적이 발견되었어야 하지만, 현재까지 그러한 흔적이 발견되었다는 고고학 보고는 없었다. 또 앞서 적은 것처럼 한의 동북 경계인 패수는 전국시대 연·진 장성의 동쪽 지점을 먼저 찾고 그 지점 안쪽 지역에서 찾아야 한다. 이나바 이와키치는 먼저 패수를 평양시 대동강으로 확정하고 그 바깥 지역에서 연·진 장성을 찾고 있다.

『사기』외 다른 역사책도 전국시대 연·진의 장성이 지금의 하북성 창려현 갈석산에서 시작되었다는 내용을 전하고 있다.

⑯ 평주(平州), 상고(詳考)하면, 우공(禹貢) 기주(冀州) 지역으로, 주(周)에서 유주(幽州) 경계로 삼았다. 한(漢) 시기 우북평군(右北平郡)에 속했고, 동한(後漢) 말기, 공소도(公孫度)가 스스로 평주목(平州牧)이라 불렀고, 그 아들 강(康)과 강의 아들 연(淵, 文懿)에 이르러 요동(遼東)을 차지하고 그곳에 근거하니 동이(東夷) 9종이 모두 복종해 섬겼다. 위(魏)는 동이교위(東夷校尉)를 설치하고, 양평(襄平)에 근거했다. 그리고 요동(遼東), 창려(昌黎), 현토(玄菟), 대방(帶方), 낙랑(樂浪) 5개 군(郡)을 평주(平州)로 했다. 후에 되돌려 유주(幽州)와 합쳤다. 공손연이 망한 후에 이르러, 호동이교위(護東夷校尉)가 있어, 양평(襄平)에 근거했다. 함녕(咸寧) 2년 10월 창려, 요동, 현토, 대방, 낙랑 등 군국(郡國) 5개를 평주로 했다. 통틀어 현(縣)이 26개이고, 호(戶)는 18,100이다. … 낙랑군(樂浪郡) [한(漢)이 설치함, 통틀어 현이 6개이고, 호는 3,700이다.] 조선(朝鮮) [주(周)가 기자(箕子)를 봉한 땅.], 둔유(屯有), 혼미(渾彌), 수성(遂城) [진(秦)이 쌓은 장성(長城)이 여기에서 일어난다.], 누방(鏤方), 사망(駟望). …[278]

사료 ⑯은 『진서(晉書)』「지리지」평주 항목(條)의 내용이다. 『진서』는 조위(曹魏)의 뒤를 이어 사마염(司馬炎)이 건국한 서진(西晉)과 동진(東晉)의 역사를 기록한 책이다. 사료 ⑯은 서진의 평주(平州)는 한의 요동·창려·현토·대방·낙방 5개 군(郡)을 합친 지역이라고 말하면서 낙랑군 속현인 수성현(遂城縣) 항목에 "진이 쌓은 장성이 일어난다."라는 주석(注釋)을 달았다.

⑰ 우(禹)는 기주(冀州)에서 시작했다. 기주에서, 호구(壺口)를 다스리고, 양산(梁山)과 기산(岐山)을 다스렸다. 태원(太原)을 정비한 후 태악(太嶽)의 남쪽에 이르렀다. 담회(覃懷) 정비가 성공하자 형수(衡水)와 장수(漳水)에 이르렀다. 그 토양은 희고 부드럽다. 부세(賦稅)는 상상(上上) 등급이고, 전지(田地)는 중중(中中) 등급이고, 상수(常水)·위수(衛水)를 잘 소통시키자 대륙택(大陸澤)도 잘 정비되었다. 조이(鳥夷)는 가죽옷이 [공물이었다] 갈석산을 끼고 오른쪽으로 돌아 바다로 들어간다.

[색은] 「지리지」에서 말하길, "갈석산(碣石山)은 북평(北平) 여성현(驪城縣) 서남에 있다."라고 하고, 『태강지리지』에서 말하길, "낙랑군(樂浪郡) 수성현(遂城縣)에 갈석산이 있고, 장성이 시작되는 곳이다."라고 한다. 또 수경(水經)에서 말하길, "요서군(遼西郡) 임유현(臨渝縣)의 남쪽 강 가운데에 있다."라고 한다. 아마도 갈석산은 2곳이며, 여기에서 말하는

---

278 『晉書』卷十四 志第四 地理上 平州 平州.
案禹貢冀州之域, 於周爲幽州界, 漢屬右北平郡. 後漢末, 公孫度自號平州牧. 及其子康, 康子文懿並擅據遼東, 東夷九種皆服事焉. 魏置東夷校尉, 居襄平, 而分遼東, 昌黎, 玄菟, 帶方, 樂浪五郡爲平州, 後還合爲幽州. 及文懿滅後, 有護東夷校尉, 居襄平. 咸寧二年十月, 分昌黎, 遼東, 玄菟, 帶方, 樂浪等郡國五置平州. 統縣二十六. 戶一萬八千一百.
… 樂浪郡 [漢置. 統縣六, 戶三千七百.] 朝鮮[周封箕子地.], 屯有, 渾彌, 遂城[秦築長城之所起.], 鏤方, 駟望. …

"갈석산을 끼고 오른쪽으로 돌아 바다로 들어간다."란 마땅히 북평에 있

는 갈석을 말한 것이다.[279]

사료 ⑰은 사마정(司馬貞)이 『사기』「하본기(夏本紀)」의 내용 가운데 갈석

산(碣石山) 위치에 관해 단 주석의 내용이다. 사마정이 주석에서 인용한 역

사서 가운데 『태강지리지(太康地理志)』가 있다. 『태강지리지』는 서진(西晉)

의 태강(太康: 280~289년)시대에 편찬된 사서로 알려져 있는데, 현재 전해

지지 않고 여러 사서에서 인용된 내용만 전해진다. 사료 ⑰의 『태강지리지』

는 "낙랑군 수성현 갈석산에서 장성이 시작되었다."라고 적고 있다.

사료 ⑯와 ⑰에서 공통으로 "낙랑군 수성현 지역에서 장성이 시작된다."라

는 내용을 확인할 수 있다. 여기에서 장성(長城)은 대체로 진(秦)이 쌓은 장성

으로 보고 있다. 특히 사료 ⑰의 『태강지리지』는 진 장성의 기점이 구체적으

로 낙랑군 수성현 갈석산으로 적고 있다.

⑱ 평주(平州)[지금의 노룡현(盧龍縣)에서 다스린다.]는 은(殷) 시기에 고

죽국(孤竹國)이었고, 춘추(春秋) 시기 산융(山戎)과 비자(肥子) 두 나라

의 땅이었다. 지금 노룡현에 옛 고죽성(孤竹城)이 있고, 백이(伯夷)・숙

제(叔齊)의 나라다. 전국(戰國) 시기 연(燕)에 속했고, 진(秦) 시기 우북

평(右北平)과 요서(遼西) 2군(郡)의 경계였다. 양한(兩漢)은 그대로 따랐

---

279 『史記』卷二 夏本紀第二
　…禹行自冀州始, 冀州, 旣載壺口, 治梁及岐, 旣修太原, 至于嶽陽, 覃懷致功, 至於
　衡漳, 其土白壤, 賦上上錯, 田中中, 常, 衛旣從, 大陸旣爲, 鳥夷皮服, 夾右碣石, 入
　于海. [索隱] 地理志云, 碣石山在北平驪城縣西南. 太康地理志云, 樂浪遂城縣有碣
　石山, 長城所起. 又水經云, 在遼西臨渝縣南水中. 蓋碣石山有二, 此云, '夾右碣石
　入海', 當是北平之碣石.

다. 진(晉) 시기 요서군에 속했고, 후위(後魏) 시기 역시 요서군에 속했다. 수(隋) 초기 평주(平州)를 설치했고, 양제(煬帝)가 비로소 주(州)를 폐지했고, 후에 북평군(北平郡)을 설치했다. 대당(大唐)은 그대로 따랐다. 속한 현(縣)이 3개다. 노룡 [한의 비여현(肥如縣)이고, 갈석산이 있다. 갈연(碣然)이 바닷가에 있어 그것을 이름으로 했다. 진(晉) 태강지지(太康地志)가 말하길, "진이 쌓은 장성이, 갈석에서 일어났다. 지금 고려와 옛 경계가 이 갈석은 아니다."라고 한다. 한 요서군 옛 성(城)이 지금 군 동쪽에 있고, 또 한 영지현(令支縣) 성이 있다. 임유관(臨閭關)은 지금 임유관(臨榆關)이란 이름으로, 현성(縣城) 동쪽 180리에 있다. 노룡새(盧龍塞)는 성 서북 200리에 있다.]²⁸⁰

사료 ⑱은 당의 평주(平州) 내력에 관한 『통전(通典)』 기록이다. 『통전』은 당의 두우(杜佑)가 쓴 역사책이다. 사료 ⑱은 『태강지리지』 기록을 인용해 평주에 있는 갈석산에 관해 설명하고 있다. 사료 ⑱은 갈석산이 있는 평주에 은(殷) 때 고죽국(孤竹國)이 있었고 백이, 숙제의 나라였다고 적고 있다. 고죽국 지역은 지금의 하북성 노룡현 일대로, 지금의 하북성 노룡현 일대에서 갈석산은 창려현 갈석산밖에 없다.

이상의 검토한 내용을 종합하면, 낙랑군 수성현 지역에 갈석산이 있고 그

---

280 『通典』卷一百七十八 州郡八 古冀州
　　平州[今理盧龍縣]. 殷時孤竹國. 春秋山戎, 肥子二國地也. [今盧龍縣. 有古孤竹城, 伯夷, 叔齊之國也]. 戰國時屬燕. 秦爲右北平及遼西二郡之境, 二漢因之. 晉屬遼西郡. 後魏亦曰遼西郡. 隋初置平州, 煬帝初州廢, 復置北平郡. 大唐因之. 領縣三 : 盧龍 [漢肥如縣. 有碣石山, 碣然而立在海旁, 故名之. 晉太康地志云, 秦築長城, 所起自碣石, 在今高麗舊界, 非此碣石也. 漢遼西郡故城在今郡東. 又有漢令支縣城. 臨閭關今名臨榆關, 在縣城東一百八十里. 盧龍塞在城西北二百里.]

갈석산에서 진 장성이 시작되는데, 그 갈석산은 지금의 하북성 창려현 갈석산이라고 말할 수 있다. 이러한 점은 『사기』를 통해 추정한 내용과 일치한다.

전국시대 연과 진의 동쪽 경계인 하북성 창려현 갈석산의 안쪽 지역에서 고조선과 한의 경계인 패수(浿水)를 찾는다면, 패수일 가능성이 큰 하천은 난하(灤河)다. 난하는 중국 하북(河北) 지역에서 큰 하천 가운데 하나일 정도로 수계(水系)가 뚜렷하므로 다른 지역 사이의 경계로 삼을 만하다고 생각한다.

그런데 패수(浿水)를 대동강[281], 청천강(淸川江)[282], 압록강(鴨綠江)[283], 요하(遼河)[284], 혼하((渾河)[285], 사하[沙河, 지금의 북사하(北沙河)][286], 니하[泥

281 유형원(柳馨遠), 『海東繹史 續輯』 第四卷 地理考 二 四郡 浿水縣
　　정약용(丁若鏞), 『我邦疆域考』 浿水辨
282 한백겸(韓百謙), 『東國地理志』 浿水
　　이병도, 1933, 「浿水考」, 『靑丘學叢』 第十三號, 靑丘學會, 110-136쪽.
　　노태돈, 1990, 「고조선 중심지의 변천에 대한 연구」, 『한국사론』 23권, 서울대학교 국사학과, 3-55쪽.
　　송호정, 1994, 「고조선의 국가적 성격」, 『역사와 현실』 제14권, 한국역사연구회, 122-151쪽.
　　송호정, 2010, 「古朝鮮의 位置와 中心地 문제에 대한 고찰」, 『한국고대사연구』 58, 한국고대사학회, 19-60쪽.
283 樋口隆次郎, 1911, 「朝鮮半島に於ける漢四郡の疆域及沿革考(一)」, 『史學雜志』 第22編 第12號, 史學會, 57-65쪽.
　　津田左右吉, 1912, 「浿水考」, 『東洋學報』 2卷 2號, 東洋協會調査部, 211-227쪽.
　　오강원, 1998, 「고조선의 패수(浿水)와 패수(沛水)」, 『강원사학』 14권, 강원사학회, 61-88쪽.
284 홍여하(洪汝河), 『東國通鑑提綱』 卷一 朝鮮紀 上下西川權, 1910, 『日韓上古史の裏面』, 偕行社, 166-178쪽.
285 성해응(成海應), 『研經齋全集』 卷之十五 浿水辨
　　서영수, 1988, 「古朝鮮의 위치와 강역」, 『한국사시민강좌』 2, 일지사, 19-50쪽.
　　서영수, 1996, 「衛滿朝鮮의 形成過程과 國家的 性格」, 『한국고대사연구』 제9권, 한국고대사학회, 91-130쪽.
　　박준형, 2012, 「기원전 3~2세기 고조선의 중심지와 서계의 변화」, 『사학연구』 제108호, 한국사학회, 1-37쪽.
　　오현수, 2018, 「『사기』 「조선열전」 기재 '秦故空地上下鄣'에 대한 검토」, 『한국사학보』 70, 고려사학회, 45-71쪽.
　　조원진, 2018, 「고조선과 秦나라의 대외관계 연구」, 『사학연구』 제129호, 한국사학회, 197-236쪽.

河, 지금의 어니하(淤泥河)]²⁸⁷, 고려하[高麗河, 지금의 요녕성 수중현(綏中縣) 구하(狗河)]²⁸⁸, 대릉하(大凌河)²⁸⁹로 보는 주장도 있다.

앞서 추정한 바와 같이 고조선과 한의 경계인 패수(浿水)는 연·진 장성의 경계 안에 있어야 한다. 그러나 위의 하천들은 모두 연·진 장성의 동쪽 시작점인 하북성 창려현 갈석산 바깥 지역의 하천에 해당하므로 고조선과 한의 경계인 패수(浿水)일 가능성은 작다. 그러므로 고조선과 한의 경계이자, 위만이 망명할 당시에 건넌 패수(浿水)는 지금의 하북성 창려현 난하(灤河)일 가능성이 크다.

위만조선과 한 4군이 이 난하의 동쪽에 있었다는 점은 고고학 발굴 결과를 통해서도 확인할 수 있다.

요녕성 서북 지역인 호로도시(葫蘆島市) 연산구(連山區) 태집둔향(邰集屯鄕) 소황지촌(小荒地村)에 있는 옛 성터에서 '臨屯太守章(임둔태수장)'이란 글자가 새겨진 봉니(封泥)가 수집되었다.²⁹⁰ '臨屯太守章' 봉니는 길림대학(吉林大學) 고고학과와 요녕성 문물연구소가 1993년에서 1994년에 걸쳐 진행한 발굴 과정에서 수집되었다. 봉니는 도질(陶質)에 정사각형이고, 한 변의 길이가 2.8cm, 총 높이가 1.1cm다. '臨屯太守章' 글자는 전서(篆書)로 돋을새김(陽刻)되어 있다.

286 大原利武, 1933, 「浿水考」, 『滿鮮に於ける漢代五郡二水考』, 近澤書店, 49-93쪽.
287 홍봉한(洪鳳漢), 『東國文獻備考』 卷六 歷代國界 上
　　신채호, 『平壤浿水考』
288 정인보, 『조선사연구』 ; 문성재 역주, 2018, 『조선사연구 上』, 우리역사연구재단, 263-288쪽.
289 리지린, 『고조선 연구』, 열사람사회과학신서 7, 열사람, 1989, 11-96쪽.
290 복기대, 2001, 「임둔태수장 봉니를 통해 본 한 4군의 위치」, 『백산학보』 제61호, 백산학회, 47-56쪽.
　　谷麗芬·王爽, 2016, 「遼寧邰集屯古城址發現的"臨屯太守章"封泥」, 『北方文物』 제38집, 北方文物雜志社, 38쪽.

'臨屯'은 한 4군 중 하나인 임둔군(臨屯郡)
으로 볼 수 있으므로 '臨屯太守章'은 임둔군
의 최고 행정장관인 태수의 인장(印章)이라고
할 수 있다. 발굴·조사로 확인한 문화층의 분
석에 따르면, 이 봉니는 진·한시대에 해당하
는 제3기 문화층에 속할 수 있다고 한다. 중
국의 발굴보고서는 임둔군 설치 지역이 현재

'臨屯太守章' 봉니[291]

의 한국 강원도 일대인데, 봉니의 발견 지점과 군현의 행정 구역이 일치하지
않는다고 서술하며, 태집둔향의 옛 성터 지역은 서한 요서군(遼西郡)에 속하
므로 요서군 군치(郡治)로 추정했다.[292] 그러나 이러한 추정은 발굴로 확인한
유물을 스스로 부정하는 것이다.

태집둔 소황지촌 지역에서 발견된 임둔태수의 봉니는 동한시대에 이 일대
가 임둔군 지역이었음을 말해주며, 앞서 추정한 바처럼 한 4군이 하북성 창
려현 난하 동쪽에 있었음을 증명한다고 생각한다.

한 4군이 지금의 하북성 난하 동쪽 지역에 있었으므로 낙랑군도 당연히 이
지역에 있었을 것이다. 그러나 구체적인 낙랑군의 범위는 추정할 수 없고, 대
략적인 범위만 추정할 수 있다.

앞에서 낙랑군 수성현에서 진(秦) 장성이 시작된다는 기록을 살펴보았다.
진(秦) 장성의 기점은 지금의 하북성 창려현 갈석산이므로 낙랑군 수성현도

291 谷麗芬·王爽, 2016, 「遼寧郤集屯古城址發現的"臨屯太守章"封泥」, 『北方文物』 제
38집, 北方文物雜志社, 38쪽.
292 谷麗芬·王爽, 2016, 「遼寧郤集屯古城址發現的"臨屯太守章"封泥」, 『北方文物』 제
38집, 北方文物雜志社, 38쪽.

이 갈석산 일대에 있었다고 말할 수 있다. 낙랑군 수성현을 근거로 하여 낙랑군의 대략적인 범위를 추정해 보면, 낙랑군은 갈석산 일대를 포함하는 중국 하북성 북부 지역에 있었을 가능성이 크다. 『한서』「열전」엄조(嚴助)·주매신(朱買臣)·오구수왕(吾丘壽王)·주보언(主父偃)·서락(徐樂)·엄안(嚴安)·왕포(王褒)·가연지(賈捐之) 전(傳)을 보면 "동쪽으로 갈석을 지나 현토, 낙랑으로써 군(郡)으로 했다."라는 내용[293]이 있는데, 이 내용은 이러한 가능성을 뒷받침한다.

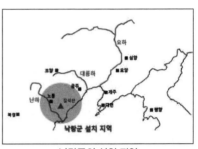

낙랑군의 설치 지역

낙랑군이 중국 하북성 북부 지역에 있었을 가능성은 또한 고고학 발굴 결과에서 확인할 수 있다.

2014년부터 2015년까지 북경시 대흥구(大興區) 삼합좌(三合座) 지역의 단체 주거 및 부대시설 건설부지 내에서 동한시대부터 명·청(明·淸)시대에 해당하는 205좌(座)의 무덤이 발굴·조사되었다. 이 무덤 중의 하나에서 '元象二年四月七日樂良郡朝鮮縣人韓顯度銘記(원상이년사월칠일낙랑군조선현인한현도명기)'이란 글자가 새겨진 명문 벽돌이 출토되었다.[294]

명문 벽돌이 출토된 무덤은 수혈토광전실묘(竪穴土廣塼室墓)로, 지표 아래 3.5m에서 발견되었다. 무덤구덩이 평면은 직사각형으로, 남북 2.72m, 남서 1.55m, 깊이 1.6m다. 벽돌방(塼室)은 남북 방향으로 무덤구덩이의 바

---

293 『漢書』列傳 凡七十卷 卷六十四下 嚴朱吾丘主父徐嚴終王賈傳 第三十四下 東過碣石以玄菟, 樂浪爲郡
294 尙珩·金和天, 2019, 「北京市大興區三合庄東魏韓顯度墓」, 『考古』1078, 118-120쪽.

닥 부분에 쌓아 만들었다. 무덤 천장 평면은 사다리꼴로, 청전(靑塼)을 첩삽 (疊澁) 방식[295]을 사용해 12층으로 쌓아 올렸다. 무덤 천장은 남쪽이 넓고 높으며, 북쪽은 좁고 낮다. 무덤 천장의 윗부분은 남북 1.85m, 폭 0.3m, 아랫부분은 남북 2.63m, 폭 1.5m, 높이 0.61m다. 명문 벽돌은 무덤 천장의 남쪽 부분에 있었다.

한현도 무덤의 천장(서쪽과 동쪽에서)[296]

무덤방 평면은 사다리꼴로, 무덤방 바닥은 깨진 벽돌(殘塼)을 사용해 평평하게 깔았다. 무덤방 벽면은 평전(平塼)으로 들어쌓기로 총 14층을 쌓아 올렸다. 무덤방 남쪽은 넓고 북쪽은 좁으며, 길이 2.12m, 폭 0.56~0.86m, 높이 0.74m다. 무덤방 안에 사다리꼴 나무널을 안치했지만, 발굴·조사를 할 때 이미 나무널은 이미 썩어 있었다. 널 안에서 성인남녀의 인골(人骨) 2구 (具)를 발견했다. 껴묻거리는 도굴을 당해 약간의 질그릇 조각만 있었다. 이 무덤은 앞부분이 넓고 높으며, 뒷부분은 낮고 좁은 사다리꼴 무덤 평면 형태로 보아 선비족 무덤 또는 선비족 문화의 영향을 받은 무덤으로 추정된다.

'元象二年四月七日樂良郡朝鮮縣人韓顯度銘記'이란 명문 벽돌 내용을

295

296 珩·金和天, 2019, 「北京市大興區三合庄東魏韓顯度墓」, 『考古』 1078, 119쪽.

살펴보면, 무덤 주인은 한현도(韓顯度)이고, 조적
(祖籍)은 낙랑군 조선현이다. 매장 시기는 동위(東
魏) 효정제(孝靜帝) 원상 2년인 539년이다.

한현도 무덤의 명문 벽돌[297]

발굴보고서는 낙랑군 조선현은 낙랑군 치소(治
所)가 있던 곳으로, 그곳은 지금의 평양시 남쪽 교
외 대동강 남안의 토성동(土城洞) 옛 성터라고 말
한다. 그 근거로 이 성터에서 발견되었다고 하는 '낙랑대수장(樂浪大守章)'
및 낙랑군 23개 현 장관의 봉니(封泥)를 들고 있다. 발굴보고서는 서진(西晉)
이 '팔왕(八王)의 난'으로 혼란스러워지자 고구려가 남하(南下)하기 시작하
면서 313년 낙랑의 모든 군(郡)을 내지(內地)로 옮겼다고 말한다. 이어서 발
굴보고서는 432년 북위 태무제(太武帝)가 조선 사람을 비여(肥如)로 옮겨 다
시 설치했다는 기록을 제시하며, 비여는 지금의 중국 하북성 진황도시(秦皇
島市)로 지금의 하북성 창려현·노룡현 남부와 서부·천안현(遷安縣) 일대를
포함하는데 이 시기에 조선현은 지금의 노룡현 동부에 있었다고 주장한다.
발굴보고서는 이 조선 이민자들이 중국으로 들어간 후에도 조적(祖籍)을 낙
랑군으로 남겨 놓았다고 하면서 한현도 선대(先代)의 중국행도 이러한 조직
적이고 체계적인 이민 행동과 관련되어 있다고 주장한다. 즉, 한현도는 한반
도 평양 지역에서 중국 하북성 북부 지역으로 옮겨와 살았던 낙랑군 이민자
(移民者)의 후손이라는 것이다.

한국의 일부 역사학자들도 낙랑군이 설치될 당시 지금의 평양시 대동강 남
쪽에 있었지만, 고구려 압박과 공격으로 313년 이후 지금의 중국 하북성 난

---

297 珩·金和天, 2019, 「北京市大興區三合庄東魏韓顯度墓」, 『考古』 1078, 119쪽.

하 일대로 옮겨갔다고 주장한다.

천관우는 낙랑군이 설치된 후 이치(移置)를 반복했다고 주장한다. 그는 낙랑군과 관하(管下)의 조선현(朝鮮縣)이 기원전 108년 처음 지금의 평안도 대동강 하류의 평양 지역에 설치되었고, 4세기 평양 방면의 낙랑군이 고구려 압력에 견디지 못하고 서진(西晉) 건흥(建興) 원년인 313년에 대릉하(大凌河) 방면으로 옮겨가 모용외(慕容廆) 지배 아래의 1군(郡)이 되었다고 주장한다. 그는 북위(北魏)가 태흥(太興) 2년인 432년부터 태연(太延) 2년인 436년까지 대릉하 방면의 낙랑군 등 6군의 백성 3만여 호를 북경 방면으로 강제 이주시키면서 자연스럽게 대릉하 방면의 낙랑군이 폐지(廢止)되었고, 다시 북위가 정광(正光) 연간인 520년에서 542년 사이 낙랑군 등을 대릉하 방면에 부활시켰다고 주장한다. 그리고 그는 대릉하 방면에서 낙랑군이 부활한 후 북위 말기에서 동위(東魏) 초기인 532년에서 538년 사이에 낙랑군 등이 지금의 천진(天津) 서쪽인 보정(保定) 방면으로 옮겨 설치되었다고 주장한다. 그는 '朝鮮'이란 명칭이 난하 하류에 존재하는 이유가 313년 대동강에서 대릉하로 옮겨 설치된 낙랑군이, 다시 432년 혹은 그 직후에 난하의 하류로 옮겨가 556년까지 약 120년 동안 존속했기 때문이라고 주장한다.[298]

낙랑군이 313년 고구려 압박과 공격으로 대릉하 방면으로 옮겨갔다는 주장의 근거는 『자치통감(資治通鑑)』「진기(晉紀)」의 기록이다. 기록은 요동의 장통(張統)과 낙랑의 왕준(王遵)이 그 백성 천여 가(家)를 데리고 당시 선비족 모용부의 수장인 모용외에게 귀부했다고 적고 있다.[299] 낙랑군은 서한이

---

298 천관우, 1989, 『古朝鮮史·三韓史硏究』, 「灤河下流의 朝鮮- 中國 東方州郡의 置廢와 관련하여-」, 일조각, 90-135쪽.
299 『資治通鑑』 卷八十八 晉紀 十

설치한 군(郡)이므로 서한과 동한이 멸망한 후 군에 대한 권한은 동한 헌제(獻帝)에게 선양을 받아 세워진 조위(曹魏)와 조위 원황제(元皇帝)에게 선양받아 세워진 서진(西晉)과 동진(東晉)에 있었다. 모용외가 동진의 회유책으로 안북장군평주자사(安北將軍平州刺史)라는 관직을 받았지만, 그 시기는 동진 원제(元帝) 대흥(大興) 3년인 320년이다. 그러므로 313년 당시의 모용외는 낙랑군을 대릉하로 옮길 수 있는 권한이 없었다. 또 당시는 선비족 모용부가 전연(前燕)을 세우기 전으로, '군현제'라는 국가 제도는 없었다. 역사를 보면 귀부한 후 사는 곳의 지명을 귀부하기 전에 살던 곳의 지명 그대로 사용하는 일이 많으므로 모용외가 장통과 왕준을 살게 한 곳을 낙랑군이라고 부른 것도 그런 일에 해당한다고 생각한다.

낙랑군이 대릉하에서 지금의 천진 서쪽 방면인 보정 방면으로 옮겨 설치되었다는 주장의 근거는 『위서(魏書)』 「지형지(地形志)」에 북위(北魏) 천평(天平) 4년인 537년 낙랑군을 설치했다고 기록된 내용이다.[300] 『위서』는 선비족인 탁발부(拓跋部)가 세운 북위에 관한 역사책이다. 이 기록은 당시의 역사적 상황 속에서 이해해야 한다. 523년 북위 북쪽 국경지대에 설치된 6개의 진(鎭)에서 반란이 발발했다. 이 반란을 진압하는 과정에서 북방 민족의 무장세력인 이주영(爾朱榮)이 효장제(孝莊帝)를 옹립하고 실권을 장악했다. 그런데 이주영의 부장인 고환(高歡)이 이주 씨(爾朱氏) 일족을 진압하고, 효무제(孝武帝)를 옹립했다. 그리고 효무제는 고환과 대립한 끝에 또 다른 무장 세

(建興 元年 四月) 遼東張統據樂浪帶方二郡, 與高句麗王乙弗利相攻連年不解, 樂浪王遵說統, 帥其民千餘家歸廆, 廆爲之置樂浪郡以統爲太守遵參軍事

300 『魏書』 志 卷一百六上 地形志二上第五 南營州
樂良郡[天平四年置.]領縣一戶四十九口二百三 永樂[興和二年置.]

력인 우문태(宇文泰)에게 도망갔다. 고환과 우문태는 각각 북위 종실(宗室)을 황제로 옹립했고, 결국 533년 북위는 동위(東魏)와 서위(西魏)로 양분되었다.[301] 이러한 역사적 상황 속에서 537년 낙랑군의 설치 기록을 다시 보면, 537년 낙랑군의 설치는 동위와 서위로 양분된 후 동위 효정제(孝靜帝)가 국가 재정비를 위해 시행한 지방 군현의 정비정책의 하나로 볼 수 있다.

공석구는 『태강지리지』의 기록 가운데 태강(太康) 연간인 280년부터 289년까지의 일뿐만 아니라 그 이후의 일도 있다는 점에서, 『태강지리지』의 어떤 기록들은 후대의 필사 과정에서 추가되었을 가능성을 제기한다. 그는 『태강지리지』의 "낙랑군 수성현에서 (진) 장성이 시작된다."라는 내용은 태강 3년(282년) 당시 기록으로 판단하기 어렵다고 말하며, 이 기록은 낙랑군이 요서지역으로 교치(僑置)된 이후의 상황을 설명한다고 주장한다. 그는 『진서』「지리지」 평주 기록은 평주가 존재하던 시기인 274년부터 282년까지의 상황을 기록한 것으로, 『태강지리지』의 낙랑군 수성현 기록 가운데 '갈석산'을 빼고 그 기록을 재편집해 실어 낙랑군이 한반도에 존재할 때의 상황을 기록했다고 말한다. 그리고 그는 수성현에서 진 장성이 시작되었다는 기록은 서진시대에 선비(鮮卑)가 북평군을 침략하자 서진의 당빈(唐彬)이 진 장성을 복구한 사실[302]이 후대에 낙랑군 기록과 섞여 수록되었을 것으로 추정했다.[303]

공석구는 "낙랑군 수성현에서 (진) 장성이 시작된다."라는 기록이 낙랑군이

---

301 이근명, 『中國歷史(上)』, 신서원, 341-344쪽.
302 『晉書』 卷四十二 列傳 第十二 唐彬
… 北虜侵掠北平, 以
彬爲使持節 監幽州諸軍事 領護烏丸校尉 右將軍. 彬旣至鎭, 訓卒利兵, 廣農重稼, 震威耀武, 宣喩國命, 示以恩信. 於是鮮卑二部 大莫廆 擿何等並遣侍子入貢. 兼修學校, 誨誘無倦, 仁惠廣被. 遂開拓舊境, 卻地千里. 復秦長城塞, 自溫城泊于碣石, 綿亘山谷且三千里, 分軍屯守, 烽堠相望.

요서(요녕성 요하 서쪽) 지역으로 옮겨 설치된 이후라는 주장의 근거로『태강지리지』의 일부 기록이 후대에 추가되었을 가능성을 들고 있다. 그런데 이러한 가능성은『태강지리지』의 사료적 의미나 가치에 대해 의문을 제기할 수 있는 근거가 될 수 있지만, 특정 기록이 후대의 기록이라고 말하는 근거는 될 수 없다고 생각한다. 그는『태강지리지』의 일부 기록이 후대의 기록임을 증명하기 위해『태강지리지』외의 역사책에서 비슷한 내용의 기록을 찾아 비교·검토했다. "낙랑군 수성현에서 (진) 장성이 시작된다."라는 기록도 후대의 기록임을 주장하려면,『태강지리지』외의 역사책에서 기록을 찾아 비교·검토해야 한다고 생각한다.

당빈의 진 장성 복구는 낙랑군이 요서 지역으로 옮겨 설치되었다는 313년보다 훨씬 이전인 30여 년 전의 일로, 시간적 차이가 큰 두 개의 사건이 섞여 기록되었을 가능성도 작다고 생각한다. 그리고『진서』에『태강지리지』의 내용 중에서 '갈석산'이 빠진 이유도 누구나 당시 진나라 장성의 동쪽 기점이 갈석산이라는 것을 알고 있었기 때문에 인용 과정에서 뺐을 가능성이 있다고 생각한다. 누구나 알고 있는 사실을 적는 일을 사족(蛇足)을 다는 것으로 생각했을 수 있다.

고구려의 압박과 공격으로 313년 이후 서진(西晉)이 낙랑군을 지금의 하북성 난하 유역으로 옮겼다고 보는 시각도 있다. 그러나 이것도 역사적 상황 속에서 살펴봐야 한다.

서진(西晉)은 291년부터 306년까지 '팔왕(八王)의 난'이라는 내분을 겪었다. 팔왕의 난이 격화되면서 제후왕(諸侯王)들은 자신의 군사력을 강화하기

303 공석구, 2016,「秦 長城 東端인 樂浪郡 遂城縣의 위치문제」,『韓國古代史硏究』81, 한국고대사학회, 221-262쪽.

위해 흉노, 선비(鮮卑) 등 이민족의 군사력을 끌어들였다. 이때 흉노 족장인 유연(劉淵)의 아들 유총(劉聰)이 군대를 파견해 서진 도읍인 낙양을 공격하고 당시 서진 황제인 회제(懷帝)와 황후를 생포했다. 이후 회제의 조카인 민제(愍帝)가 장안(長安)에서 즉위하지만, 유요(劉曜)의 공격으로 장안이 함락되었고 민제는 살해되었다. 이것을 '영가(永嘉)의 난'이라고 부른다. 서진은 '팔왕의 난'과 '영가의 난'이 발발하여 316년에 멸망했고, 317년 황족인 사마예(司馬睿)가 장강(長江) 남쪽 건강(建康), 즉 지금의 남경(南京)에 도읍을 정하고 동진(東晉)을 세웠다.[304] 이후 장강 북쪽은 이민족이 세운 왕조가, 장강 남쪽은 한족(漢族) 출신이 세운 왕조가 다스리는 '5호16국'시대가 시작되었다.

이러한 역사 상황 속에서 313년 이후 낙랑군을 옮겨 설치했다면 그 주체는 서진이 아닌 동진일 가능성이 크다. 또 동진의 영역이 장강 남쪽 지역에 해당하므로 낙랑군은 장강의 남쪽 지역에 옮겨 설치해야 할 것이다. 당시 하북성 난하 일대는 북방 이민족의 영역에 해당하기 때문이다.

이상 살펴본 내용을 종합하면, 낙랑군은 처음부터 지금의 중국 하북성 북부 지역에 설치되었다가 폐치(廢置)되었을 가능성이 크다.[305]

---

304 이근명, 『中國歷史(上)』, 신서원, 297-305쪽.
305 복기대, 2016, 「한군현의 문헌 기록과 고고학 자료 비교-낙랑군을 중심으로」, 2016년 상고사 토론회-왕검성과 한군현 자료집, 동북아역사재단, 133-173.
복기대, 2016, 「동북아시아에서 한사군의 국제정치적 의미」, 『강원사학』 28, 강원사학회, 27-48.
복기대, 2016, 「고구려 평양 위치 관련 기록의 검토」, 『일본문화학보』 69, 한국일본문화학회, 255-273.
복기대, 2017, 「한 4군의 인식에 관한 연구 1」, 『몽골학』 49, 한국몽골학회, 49-94.
복기대, 2018, 「한 4군은 어떻게 갈석에서 대동강까지 왔나-한 4군 인식 2-」, 『선도문화』 25권, 국제뇌교육종합대학원 국학연구원, 229-298.

V

평양 대동강면
무덤떼 연구

1. 축조 집단

평양 대동강면 무덤떼는 낙랑군과 관련이 있다고 알려져 왔다. 그러나 그 무덤떼의 예상 축조 시기와 형식이 한의 무덤과 차이가 있고, 낙랑군도 설치 때부터 폐치 때까지 지금의 하북성 북부 지역에 있었을 가능성이 크다. 그러 므로 평양 대동강면 무덤떼의 축조 집단은 예상 축조 시기에 한반도에 있었 던 집단에서 찾아야 한다.

앞서 살펴본 바와 같이 평양 대동강면 무덤떼의 껴묻거리로 꾸밈구슬(裝飾 玉)이 많이 나왔다. 그 소재가 유리(瑠璃), 호박(琥珀), 석탄(石炭), 수정(水 晶), 마노(瑪瑙), 파리(玻璃) 등으로 다양하고, 형태도 납작옥(扁玉), 대롱옥 (管玉), 절구옥(臼玉), 심엽형(心葉形), 평옥(平玉), 절자옥(切子玉), 둥근 옥 (丸玉), 굽은 옥(曲玉), 주판알옥(算盤玉), 대추옥(棗玉) 등으로 다양하다. 이 꾸밈구슬들은 주로 묻힌 사람(被葬者)의 가슴이나 손목 부위로 짐작되는 위 치에서 발견되었고, 거의 모든 꾸밈구슬에 위아래로 통하는 구멍이 뚫려 있어 실이나 가죽으로 꿰어 목에 걸거나 손목에 찼을 것으로 추정하고 있다.

⑲ 금·보화·비단·모직물 등을 귀하게 여기지 않으며, 소나 말을 탈 줄을 모
른다. 오직 구슬(瓔珠)을 귀중히 여겨 옷에 꿰매 장식하기도 하고 목이나
귀에 달기도 한다.[306]

사료 ⑲는 『동한서(後漢書)』 「동이열전(東夷列傳)」 중에서 마한(馬韓) 풍
속에 관한 기록이다. 이 기록을 통해 마한 사람은 구슬(瓔珠)을 귀중하게 여
겨, 구슬을 옷이나 몸에 치장(治粧)하고 다녔음을 알 수 있다. 이러한 마한 풍
습은 당시 중국 문화와 다른 마한 고유의 문화라고 할 수 있다.

이러한 마한 고유의 문화가 평양 대동강면 무덤떼에서 나타나고 있다. 그
렇다면 마한이 평양 대동강면 무덤떼의 축조 집단일 가능성을 생각해 볼 수
있다.

⑳ 그들의 장례에는 널(棺)은 있으나 덧널(槨)을 사용하지 않는다. 소나 말
을 탈 줄 모르기 때문에 소나 말은 모두 장례용으로 써버린다.[307]

사료 ⑳은 『삼국지(三國志)』 「위서(魏書)」에 기록된 마한의 장례 풍속에 관
한 내용이다. 이 기록을 보면, 마한 무덤은 덧널(槨) 시설 없이 널(棺)만 매장

---

306 『後漢書』卷 八十五 東夷列傳 第七十五 韓
不貴金寶錦罽, 不知騎乘牛馬, 唯重瓔珠, 以綴衣爲飾, 及縣頸垂耳.
307 『三國志』卷三十 魏書三十 烏丸鮮卑東夷傳 韓
其葬有棺無槨, 不知乘牛馬, 牛馬盡於送死.

하는 널무덤(棺墓)으로 추정할 수 있다. 평양 대동강면 무덤떼는 나무나 벽돌로 덧널 시설을 만들고 널을 안치한 덧널무덤(槨墓)이므로 마한 무덤과는 다르다.

평양 대동강면 무덤떼의 예상 축조 시기는 기원전 1세기 후반부터 4세기 후반이며, 이 기간에 축조 집단의 변화는 크게 보이지 않는다. 그렇다면 평양 대동강면 무덤떼의 축조 집단은 기원전 1세기 후반 무렵 평양 대동강 지역에 등장했고, 4세기 후반까지 평양 대동강 지역을 차지하고 있었던 것으로 추정할 수 있다.

㉑ 백제 온조왕(溫祚王)이 고구려에서 도망을 오자 마한 왕이 마한 동북 100리를 떼어 살게 해주었다.[308]

㉒ 두 성(城)이 항복했다. 그 백성을 한산(漢山) 북쪽으로 옮겼다. 마한이 드디어 멸망했다.[309]

사료 ㉑과 ㉒는 『삼국사기』의 백제 온조왕(溫祚王)시대 마한 관련 기록이다. 백제 온조왕은 고구려에서 도망 왔을 때 마한 왕의 배려로 마한 동북 100리에 살다가 백제를 건국한 후 기원전 9년에 마한을 멸망시켰다. 즉, 마한은

---

308 『三國史記』卷第二十三 百濟本紀 第一 溫祚王 二十四年
秋七月, 王作熊川柵, 馬韓王遣使責讓曰, "王初渡河, 無所容足, 吾割東北一百里之地安之, 其待王不爲不厚. 宜思有以報之, 今以國完民聚, 謂莫與我敵, 大設城池, 侵犯我封疆, 其如義何." 王慙, 遂壞其柵.
309 『三國史記』卷第二十三 百濟本紀 第一 溫祚王 二十七年
夏四月, 二城降. 移其民於漢山之北, 馬韓遂滅.

기원전 1세기 후반 이전부터 존재했고, 기원전 1세기 후반에 멸망했다.

평양 대동강면 무덤떼에서 나온 껴묻거리로 추정한다면, 평양 대동강면 무덤떼의 축조 집단 당시 동아시아 여러 지역과 교역(交易)했을 가능성이 크다. 고대 사회에서 다른 지역과의 교역 관계를 유지하려면 그 집단은 조직력과 군사력을 갖추고 있어야 했다.

㉓ 그 풍속은 기강이 흐려서 모든 나라의 도읍에 비록 주수(主帥)가 있어도 읍락(邑落)에 뒤섞여 살기 때문에 제대로 다스리지 못했다.[310]

사료 ㉓은 『삼국지』 「위서」에 기록된 마한의 정치·사회 상황이다. 당시 마한의 정치·사회는 주수(主帥)라고 불리는 사람이 있었지만 그는 마한을 장악한 정치적 지도자가 아니었다. 그렇다면 마한은 동아시아 지역과 교역 관계를 유지할 수 있는 조직력과 군사력을 갖고 있지 않았던 것으로 추정될 수 있다.

이러한 점들을 종합해 보면, 마한 고유의 풍속이 평양 대동강면 무덤떼에서 보이지만, 마한이 평양 대동강면 무덤떼의 축조 집단일 가능성은 작다.

그런데 구슬을 중히 여기는 마한 고유의 풍속이 마한이 멸망한 후 사라졌다고 할 수 없다. 사료 ㉑과 ㉒에서 알 수 있는 것처럼 백제는 마한 영역의 안에 있다가 마한을 병합(倂合)했다. 그러므로 백제문화에 마한문화가 전해졌을 가능성이 크다. 이 가능성은 백제 무령왕의 무덤인 무령왕릉(武寧王陵)의 껴묻거리를 통해 확인할 수 있다.

무령왕릉은 백제 무령왕(武寧王)과 그 왕비의 능(陵)으로, 1971년 발견될

---

310 『三國志』 卷三十 魏書三十 烏丸鮮卑東夷傳 韓
其俗少綱紀, 國邑雖有主帥, 邑落雜居, 不能善相制御.

때도굴의 피해를 입지 않아, 무덤 구조나 껴묻거리가 매장될 당시의 모습이나 형태 그대로 남아 있었다. 그 껴묻거리 가운데 소재와 형태가 다양한 꾸밈구슬이 많이 발견되었다. 꾸밈구슬의 소재는 유리, 비취, 호박, 흑옥(黑玉, 炭木) 등이었고, 형태는 굽은 옥, 대롱옥, 대추옥, 납작옥 등이었다. 특히 금색 유리식옥(金色琉璃飾玉)이 왕비의 가슴과 허리 부분에서 단독으로 떨어져 있거나 6~15개가 끈에 꿰어진 상태로 발견되었다.

대표적인 꾸밈구슬을 살펴보면 다음과 같다. 유리 둥근 옥(琉璃球玉)은 지름 2.5cm, 무게 19.6g의 대형으로, 지름 0.3cm 정도의 구멍이 뚫려 있어 다른 옥과 연결해 사용되었을 것으로 짐작된다. 연리 대롱옥(練理管玉)은 왕비의 관꾸미개 아래에서 발견되었다. 붉은색, 황토색, 푸른색의 세 가지 색이 나선형(螺旋形)으로 감겼다. 연리옥은 여러 가지 색의 유리띠를 감아 다양한 배색 효과를 내는 유리옥이다. 호박(琥珀), 석영(石英), 청색유리(靑色琉璃), 대롱(管玉)은 왕비의 허리 아래에서 발견되었다. 양쪽 끝에 구멍이 뚫려 있다. 호박(琥珀), 흑옥(黑玉), 대추옥(棗玉)은 왕비의 가슴 부근에서 발견되었다. 위와 아래가 좁고 가운데가 넓으며, 흑옥, 대추옥은 구멍 속에서 끈의 흔적이 확인되어 목걸이나 염주로 사용되었을 것으로 짐작된다. 유리옥(琉璃玉)은 적갈색, 주황색, 황색, 녹색, 자색, 남색, 청색 등 색상과 모양이 다양하다. 지름의 범위는 0.2~0.6cm이고 가운데에 있는 구멍을 끈으로 꿰어 착용했을 것으로 짐작된다. 무령왕릉에서 나온 유리옥은 총 30,741점으로 꾸밈구슬 전체 수량의 약 97%를 차지한다. 이 옥들 외에 굽은 옥에 금모장식(金

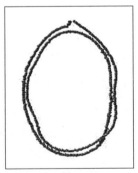

무령왕릉에서 출토된
주황색 유리옥(琉璃玉)[311]

帽裝飾)을 씌워 아름답게 꾸민 금모 굽은 옥(金帽曲玉)도 여러 점 발견되었다. 금모장식은 붉은색이나 초록색 등의 물감을 넣어 장식한 감장금모(嵌裝金帽)다. 금모 굽은 옥은 왕비의 가슴 부위와 동탁은작(銅托銀盞)·동제 그릇(銅鉢)·왕 관식(冠飾)·신발(飾履)의 부근 등에서 발견되었다. 다양한 출토 위치와 모양을 볼 때 여러 가지 용도로 사용된 것으로 짐작된다.[312]

이처럼 마한 고유의 문화가 전해져 백제에 또한 구슬을 중하게 여기는 문화가 있었다. 또 무령왕릉에서 나온 꾸밈구슬의 소재와 형태가 평양 대동강면 무덤떼에서 나온 꾸밈구슬과 비슷하다는 점도 알 수 있다.

평양 대동강면 무덤떼 중에서 '귀틀식 나무덧널무덤'의 예상 축조 상한 시기는 1세기 후반이다.

㉔ 온조는 강 남쪽의 위례성(慰禮城)에 도읍하고, 신하 10명의 도움을 받았으므로 나라를 십제(十濟)라고 불렀다. 이때가 서한 성제(成帝) 홍가(鴻嘉) 3년이다.[313]

사료 ㉔에 따르면, 백제 온조왕이 십제(十濟)를 건국한 시기는 서한 성제 홍가 3년이라고 한다. 서한 성제 홍가 3년은 기원전 18년에 해당한다. 이 시기는 평양 대동강면 무덤떼 귀틀식 나무덧널무덤의 예상 축조 상한 시기와 대략 일치한다.

---

311 국립공주박물관, 2018, 『武寧王陵 新報告書 Ⅳ -출토 유물 1(옥석류)』, 도판 52, 108쪽.
312 국립공주박물관, 2018, 『武寧王陵 新報告書 Ⅳ -출토 유물 1(옥석류)』
313 『三國史記』卷 第二十三 百濟本紀 第一 溫祚王 元年
溫祚都河南慰禮城, 以十臣爲輔翼, 國號十濟. 是前漢成帝鴻嘉三年也.

평양 대동강면 무덤떼 껴묻거리 가운데 오야리 제19호 무덤에서 나온 사신(四神)을 모조(毛彫)로 표현한 금동 사엽좌 널 장식 금구가 있다. 사신은 동서남북의 방위를 나타내는 상징적인 동물로, 동쪽의 청룡(靑龍), 서쪽의 백호(白虎), 남쪽의 주작(朱雀), 북쪽의 현무(玄武)를 일컫는다. 사신도는 백제 무덤인 공주 송산리(宋山里) 6호 무덤에서도 확인할 수 있다.

송산리 6호 무덤은 1933년 8월 초순 공주 고적보존회장의 신고로 알려졌고, 1933년 8월 가루베 지온(輕部慈恩)이 무덤방(玄室)에서 사신도의 존재를 확인했다. 송산리 6호 무덤은 벽돌방무덤으로, 무덤구덩이를 파고 벽돌을 이중으로 쌓아 삿자리 모양의 바닥 면을 만들었다. 네 벽은 동전무늬 벽돌을 이용해 쌓았고, 동쪽에서 벽돌로 쌓은 널받침대가 확인되었다.[314]

고대 한반도에서 사신도가 처음 나타난 것은 고구려 벽화무덤으로 알려져 있다. 그러나 이태호는 송산리 6호 무덤은 무령왕릉과 함께 6세기 전반에 축조되었을 가능성이 큰 무덤으로, 축조 시기가 고구려 벽화무덤보다 이르기 때문에 사신도 주제의 벽화무덤은 송산리 6호 무덤이 처음이라고 주장한다. 그는 송산리 6호 무덤의 사신도가 무령왕릉과 함께 당시 중국 남조 양나라(梁)의 영향을 받았다고 추정했다.[315]

오야리 제19호 무덤은 그 껴묻거리 가운데 2세기 후반에서 4세기 전반에 걸쳐 유행한 신수경(神獸鏡)이 있어, 축조 시기를 대략 2세 후반 이후로 추정할 수 있다. 그렇지만 오야리 제19호 무덤은 벽돌로 덧널의 주변을 감싼 '나

314 국립공주박물관, 2015, 『송산리 4~8·29호분 재보고서』, 일제강점기 자료 조사 17집, 85-129쪽.
315 이태호, 2003, 「三國時代 後期 高句麗와 百濟의 四神圖 壁畵」, 『고구려연구』 제16집, 고구려발해학회, 287-310쪽.

오아리 19호분의 사신(현무) 묘사도[316]　　　　송산리 6호 무덤의 실측도[317]

무덧널무덤'으로, 벽돌을 덧널과 무덤구덩이 사이의 충전(充塡) 재료로 썼다는 점에서 축조 시기를 평양 대동강면 무덤떼 나무덧널무덤의 축조 시기 가운데 늦은 시기로 추정해 볼 수 있다. 그리고 오야리 제19호 무덤은 한(漢)의 무덤과 비슷한 '상자형 나무덧널무덤'으로, 한(漢) 문화의 영향력을 확인할 수 있다. 그렇다면 사신도가 평양 대동강 지역에 처음 전해졌을 가능성이 있고, 백제 송산리 6호 무덤의 사신도가 그 문화로부터 영향을 받았을 가능성도 있다. 이처럼 평양 대동강면 무덤떼에 보이는 문화 요소를 백제 무덤에서 확인할 수 있다는 점에서 평양 대동강면 무덤떼의 축조 집단과 백제가 문화적으로 이어져 있다고 생각할 수 있다.

㉕ 2월에 영을 내려 나라 남쪽의 주(州)·군(郡)에 처음으로 논[稻田]을 만들게 하였다.[318]

---

316 朝鮮總督府, 1935, 『昭和五年度古蹟調査報告』第一冊. 圖版 第28
317 국립공주박물관, 2015, 『송산리 4~8·29호분 재보고서』, 일제강점기 자료 조사 17집, 90쪽

사료 ㉕는 백제 제2대 왕인 다루왕(多婁王)시대의 기록으로, 백제가 건국 초기 지방에 주군제(州郡制)를 시행했다고 추정할 수 있다. 백제의 주군제 시행은 고구려나 신라보다 빠른 것으로, 이로써 백제가 건국 시기부터 조직적이고 체계적인 나라의 모습을 갖추었다고 말할 수 있다. 이러한 백제의 모습은 평양 대동강면 무덤떼를 축조한 집단이 조직력과 군사력을 갖추고 있었다는 추정과 연결해 볼 수 있다.

평양 대동강면 무덤떼의 주된 껴묻거리의 하나로, 대모(玳瑁)로 만든 비녀와 패옥이 있다. 대모는 얼룩무늬 바다거북의 등 껍데기로, 색상과 불규칙한 무늬가 아름다워 예부터 공예품과 장식품의 재료로 쓰였다. 이 얼룩무늬 바다거북의 서식 지역은 열대 또는 아열대 바다다. 그래서 평양 대동강면 지역 무덤의 축조 집단이 그 서식지 바다가 있는 동남아시아 지역과 직간접적으로 교류나 교역을 했을 가능성을 생각해 볼 수 있다.

백제는 그 나라 이름이 '100개 나루를 가진 나라'라는 의미라는 주장이 있을 정도로, 동아시아 전 지역에 걸쳐 활발하게 교역한 국가로 알려져 있다. 이도학은 5세기 말 백제가 지금의 제주도인 탐라(耽羅)를 영향권 아래에 둔 이후, 중국 복건성(福建省) 복주(福州)·대만(臺灣)·류큐(琉球)·동남아시아 지역까지 해상 교역 활동을 펼쳤다고 주장한다.[319] 조흥구는 백제가 동남아시아와 직접 교류했다는 사실을 뒷받침할 근거 자료가 부족함을 지적하면서 백제가 중국이나 일본을 경유해서 동남아시아와 교류했다고 주장한다.[320] 이

---

318 『三國史記』卷 第二十三 百濟本紀 第一 多婁王 六年
二月, 下令, 國南州郡始作稻田.
319 이도학, 1991, 「百濟의 交易網과 그 體系의 變遷」, 『韓國學報』 17, 일지사, 97-102쪽
320 조흥국, 2010, 「고대 한반도와 동남아시아 및 인도의 해양 교류에 관한 고찰」, 『해항도시문화교섭학』 3, 한국해양대학교 국제해양문제연구소, 2010, 91-125쪽

선행연구들은 직접적 또는 간접적 차이만 있을 뿐이고, 백제가 5세기에 동남 아시아 지역과 교류했다는 점은 인정하고 있다.

평양 대동강면 무덤떼의 축조 집단과 백제는 모두 동남아시아 지역과 직간 접적으로 교류했을 가능성을 가지고 있다. 오늘날과 같은 첨단 항해 기술이 없었던 고대는 오랜 경험에 의존해 해상 교역을 했다. 그래서 백제가 5세기 이전 시기에 동남아시아 지역과 짧은 기간이라도 직간접적으로 교류하려면, 이전 이 지역들과 해상 교역 경험이 있어야 한다.

일반적으로 옛 무덤은 묻힌 사람이 한 명인 외널무덤(單葬墓)이 많다. 평양 대동강면 무덤떼 가운데 '배흘림식 벽돌방무덤'은 그 무덤방에 널 받침대가 남아 있지만, 널(棺)은 남아 있지 않아 묻힌 사람이 몇 명인지 알 수 없다. 반 면 '귀틀식 나무덧널무덤'은 널의 일부가 남아 있어서 묻힌 사람이 몇 명인지 알 수 있는데, 묻힌 사람이 두 명인 두널무덤(合葬墓) 또는 두 명 이상인 여러 널무덤(多葬墓)이 많다.

'귀틀식 나무덧널무덤'에 묻힌 사람 사이의 관계를 부부(夫婦) 또는 가족으 로 추정하는 것이 일반적이다. 덧널무덤(槨墓)은 방무덤(室墓)에 비해 상대 적으로 추가 장례가 어려운 무덤 형식이다. 봉분(封墳)이나 무덤 천장을 만들 지 않고 임시 천장을 덮은 상태에서 추가 장례를 마친 뒤, 무덤 천장을 덮고 봉분을 만들었다는 주장도 있다. 그러나 같은 무덤에서 나온 껴묻거리 사이 에 뚜렷한 시간 차이가 보이지 않고, 무덤구덩이 흙과 천장이나 봉분의 흙이 차이를 보인다는 조사 보고 내용도 현재 없다. 그러므로 이들의 관계가 부부 또는 가족일 가능성과 함께 무덤 주인과 순장자(殉葬子)일 가능성도 생각해 볼 수도 있다.

『삼국지』「위서」「동이전」 부여전(傳)에 "여름에 사람이 죽으면 모두 얼음

을 넣어 장사지내며, 사람을 죽여 순장(殉葬)하는데, 많을 때는 백 명가량이
나 된다.[321]"라는 내용이 있고, 『삼국사기』 고구려 동천왕의 기록 가운데 "나
라 사람들이 왕의 은덕을 생각하여 슬퍼하지 않는 자가 없었다. 가까운 신하
로서 스스로 목숨을 끊고 따라 죽으려고 하는 자가 많았으나, 새 왕이 예(禮)
가 아니라 하여 이를 금했다. 장례일에 이르러 무덤에 와서 스스로 죽는 자가
매우 많았다.[322]"라는 내용이 있다. 또 『삼국사기』 신라 지증 마립간 기록에
"영(令)을 내려 순장(殉葬)을 금하게 했다. 이전에는 국왕이 죽으면 남녀 다
섯 명씩 순장했는데, 이때에 이르러 금하게 했다.[323]"라는 내용이 있다.

이러한 기록으로 볼 때 한국 고대 국가 지역에 순장 풍습이 있었다고 추측
할 수 있다. 백제에 순장이 있었다는 직접적인 기록은 없지만, 같은 문화권에
속한다고 할 수 있는 부여와 고구려에 순장 풍습이 있었다는 점에서 백제에
도 순장 풍습이 있었을 가능성이 있다.

이상 검토한 내용을 종합하면 평양 대동강면 무덤떼의 축조 집단과 백제는
그 예상 축조 시기와 건국 시기가 대략 일치하고, 문화적으로 유사하다. 또
평양 대동강면 무덤떼를 축조한 집단의 특징적 모습과 백제의 특징적인 모습
이 비슷하다. 그러므로 평양 대동강면 무덤떼의 축조 집단이 백제일 가능성
이 크다.

백제가 평양 대동강면 무덤떼의 축조 집단일 가능성이 크므로 평양시 지역

---

321 『三國志』「魏書」30 東夷傳 夫餘
　　其死, 夏月皆用冰, 殺人徇葬, 多者百數
322 『三國史記』卷第十七 高句麗本紀 第五 東川王 二十二年
　　秋九月, 王薨. 葬於柴原, 號曰東川王. 國人懷其恩德, 莫不哀傷. 近臣欲自殺, 以殉
　　者衆, 嗣王以爲非禮, 禁之. 至葬日, 至墓自死者甚多.
323 『三國史記』卷第四 新羅本紀 第四 智證 麻立干 三年
　　春三月, 下令, 禁殉葬. 前國王薨, 則殉以男女各五人, 至是禁焉.

을 주목해야 한다. 1923년 조사총독부 조사 때 평양 대동강면 무덤떼의 개수가 1,300기가 넘었다. 조사한 무덤을 모두 나무덧널무덤이나 벽돌방무덤이라고 단언할 수 없지만, 평양 대동강면 지역에 대형 무덤이 많이 있었다고 말할 수 있다. 고대 국가에서 대형 무덤은 왕이나 귀족과 같이 지배층만의 점유물로, 그 자체가 권력의 상징이었다. 그래서 한정된 지역에 대형 무덤이 집중 분포되어 있으면 그 지역을 일반적으로 고대 국가의 도읍(都) 지역으로 추정한다. 중국 환인시(桓仁市)나 집안시(集安市) 지역을 고구려의 도읍으로 추정하는 이유 가운데 하나가 이 지역들에 고구려의 대형 돌무덤(石墓)이 집중 분포되어 있기 때문이다. 평양시 지역도 백제의 도읍 지역일 가능성을 생각해 볼 수 있다.

㉖-1. 온조는 강 남쪽의 위례성에 도읍을 정하고, 10명의 신하를 보좌로 삼아 나라 이름을 십제라 했다.[324]

㉖-2. (13년) 내가 어제 순행을 나가 한수의 남쪽을 보니, 땅이 기름지므로 마땅히 그곳에 도읍을 정하여 오래도록 편안한 계책을 도모해야 하겠다. (14년) 봄 정월에 도읍을 옮겼다.[325]

㉖-3. 겨울에 왕이 태자와 정예 군사 30,000명을 이끌고 고구려를 쳤다. 평양성을 공격하니 고구려 왕 사유가 힘껏 싸우며 막다가 날아오는 화살에 맞아 죽었다. 왕이 군사를 이끌고 물러났다. 도읍을 한산으로 옮겼다.[326]

---

324 『三國史記』 卷第二十三 百濟本紀 第一 溫祚王 元年
　　溫祚都河南慰禮城, 以十臣爲輔翼, 國號十濟.
325 『三國史記』 卷第二十三 百濟本紀 第一 溫祚王 十三年
　　予昨出巡, 觀漢水之南, 土壤膏腴, 宜都於彼, 以圖久安之計.
　　『三國史記』 卷第二十三 百濟本紀 第一 溫祚王 十四年
　　春正月, 遷都.

㉖-4 겨울 10월에 웅진으로 도읍을 옮겼다.[327]

㉖-5 봄에 도읍을 사비로 옮기고, 국호를 남부여라고 하였다.[328]

사료 ㉖에 따르면, 백제의 도읍은 위례성(慰禮城), 한수(漢水) 남쪽의 한성(漢城)[329], 한산(漢山), 웅진(熊津), 사비(泗沘)였다고 한다. 이 가운데 웅진을 지금의 충청남도 공주시(公州市) 일대로, 사비를 지금의 충청남도 부여시(扶餘市) 일대로 보는 데 이의(異意)는 없다. 그러나 위례성, 한성, 한산의 지금 위치에 대해서는 여러 주장이 있다.

위례성의 위치에 대해서 가장 오래된 주장은 『삼국유사』의 고려시대 직산(稷山)이라는 주석이다.[330] 고려시대의 직산은 지금의 충청남도 천안(天安) 일대로 인식한다. 이 외에 '삼각산(三角山) 동쪽 기슭'[331], '서울 종로구 세검정

326 『三國史記』卷第二十四 百濟本紀 第二 近肖古王 二十六年
冬, 王與太子帥精兵三萬, 侵高句麗. 攻平壤城. 麗王斯由力戰拒之, 中流矢死. 王引軍退. 移都漢山.
327 『三國史記』卷第二十四 百濟本紀 第四 文周王 一年
冬十月, 移都於熊津.
328 『三國史記』卷第二十四 百濟本紀 第四 聖王 十六年
十六年, 春, 移都於泗沘, 國號南扶餘.
329 두 번째 도읍지의 이름은 『삼국사기』 백제 온조왕 13년과 14년 기록에서 나타나지않는다. 『삼국사기』 백제 아신왕(阿莘王) 원년인 392년 기록에 "처음 (아신왕이) 한성의 별궁에서 태어났을 때 신비로운 광채가 밤을 밝혔다(初生於漢城別宮, 神光炤夜)."라는 내용이 있다. 왕자가 왕성이 아닌 다른 곳에서 출생했을 가능성은 작으므로, 아신왕이 출생했을 당시 왕성이 '한성(漢城)'으로 불렸다는 점을 알 수 있다. 아신왕은 아버지인 침류왕이 385년 죽었을 때 나이가 어려서 숙부인 진사왕(辰斯王)이 왕위를 이었다가 392년에 즉위했다. 아신왕의 구체적인 출생 시기는 알 수 없지만, 385년 당시 나이가 어리다고 했으므로 아신왕의 출생 시기는 대략 370년 전후로 추정할 수 있다. 근초고왕이 한산으로 도읍이 옮긴 시기가 371년이므로 아신왕이 출생한 시기에는 백제 도읍이 아직 한수(漢水)의 남쪽에 있었다. 그러므로 백제 온조왕 14년에 옮긴 도읍지의 이름은 '한성'일 가능성이 크다고 생각한다.
330 『三國遺事』卷 第二 紀異 南扶餘 前百濟 北扶餘
後至聖王移都於泗沘, 今扶餘郡. [弥雛忽仁州, 慰礼今稷山.]

(洗劍亭)'[332], '경기도 고양(高陽) 일대'[333], '서울 중랑천(中浪川) 일대'[334], '서울 북한산성(北漢山城)'[335], '서울 송파구 풍납토성(風納土城)'[336] 등이 있다.

『삼국사기』 「지리지」 백제 항목(條)에 위례성은 "삼국에 있지만, 그 위치를 알 수 없는 곳" 가운데 한 곳으로 적혀 있다.[337] 위에서 위례성으로 추정하고 있는 지역들은 모두 고려의 영역이 확실하므로 이 지역 중에서 위례성일 지역이 있을 가능성은 작다. 그러나 위례성이 평양 대동강 지역일 가능성도 작다. 평양 대동강 지역도 고려의 영역이 확실하고, 위례성이 백제 도읍이었던 기간은 약 14년으로 평양 대동강면 무덤떼의 예상 축조 시기와 일치하지 않기 때문이다.

한성과 한산 중에서 한산만 백제 도성으로 보는 주장이 있었지만[338], 대부분의 학자는 한성을 지금의 서울 송파구 일대로, 한산을 경기도 광주시(廣州市) 남한산(南漢山)으로 각각 인식했다.[339]

그러나 서울특별시 송파구의 풍납토성과 몽촌토성(夢村土城)에 관한 고고

---

331 정약용, 『我邦疆域考』, 「慰禮考」

332 이병도, 『韓國古代史硏究』, 「慰禮城考」, 박영사, 1976.

333 김영수, 1957, 「百濟 國都의 變遷에 對하여」, 『全北大 論文集』 1, 전북대학교, 21-41쪽.

334 차용걸, 1981, 「慰禮城과 漢城에 대하여(I)」, 『향토서울』 제39집, 서울특별시편찬위원회, 21-51쪽.

335 김정학, 1981, 「서울 近郊의 百濟 遺蹟」, 『향토서울』 제39집, 서울특별시편찬위원회, 7-18쪽.

336 이종욱, 2000, 「삼국사기에 나타난 초기 백제와 풍납토성」, 『서강인문논총』 12, 서강대학교 인문과학연구소, 123-137쪽.

337 『三國史記』 卷第三十七 雜志 第六 地理四 百濟
三國有名未詳地分 … 慰禮城 …

338 쓰다 소키치(津田左右吉), 1913, 「백제 위례성 考」, 『朝鮮歷史地理』 제1권, 남만주 철도 주식회사.
이마니시 류(今西龍), 1971, 「百濟王都漢山考」, 『百濟史硏究』, 國書刊行會.

339 김정학, 1981, 「서울 근교의 백제 유적」, 『향토서울』 39호, 서울역사편찬위원회, 7-18쪽.
최몽룡, 1988, 「夢村土城과 河南慰禮城」, 『백제연구』 19, 충남대학교 백제연구소, 5-12쪽.

학 발굴이 시작되면서 한성과 한산을 같은 지역의 다른 장소로 인식하기 시작했다. 김기섭 등은 백제의 도성 제도가 대성(大城)과 왕성(王城)이라는 이원제(二院制)로 변화했다고 보고, 대성은 군사적 목적의 도성으로 왕성은 왕이 거처하려는 목적의 도성으로 설명한다. 즉 한산이 대성이며 지금의 서울 송파구 풍납토성(風納土城)이고, 한성이 왕성이며 지금의 서울 송파구 몽촌토성(夢村土城)이라고 주장한다.[340]

사료 ㉖-3에서 근초고왕이 한산으로 도읍을 옮긴 목적이 고구려와 평양성 전투에서 고구려 고국원왕이 전사(戰死)한 후 고구려 공격에 대비하기 위함이라는 점에서 한산(漢山)이 군사적 목적의 대성이라는 주장은 설득력이 있다. 『삼국사기』 「백제본기」 개로왕 21년의 기록을 보면, 당시 백제의 왕도(王都)는 한성이었다.[341] 그렇다면 고구려의 공격이나 위험이 사라진 후 백제는 한산에서 한성으로 다시 도읍을 옮긴 것으로 추정할 수 있다. 이러한 점에서 한성이 왕이 주거하려는 목적의 왕성이라는 주장도 설득력이 있다. 또 풍납토성은 한강(漢江)에 인접해 군사적 이점을 갖고 있으므로 군사적 목적의 대성(大城)으로 추정할 수 있고, 몽촌토성은 주변에서 해자(垓字)가 확인되고 대형 주거지가 존재하므로 왕이 거주한 왕성으로 추정할 수 있다.

㉗-1. 광주목(廣州牧)은 처음에 백제 시조 온조왕(溫祖王)이 한(漢) 성제(成

---

340 김기섭, 2008, 「백제 한성 시기의 도성제 성립과 몽촌토성」, 『백제문화』 38, 공주대학교 백제문화연구소, 77-92쪽.
　　서정석, 2013, 「慰禮城과 漢山에 대하여」, 『白山學報』 제95호, 백산학회, 105-135쪽.
　　박순발, 2013, 「百濟 都城의 始末」, 『중앙고고연구』 13, 중앙문화재연구원, 1-34쪽.
341 『三國史記』 卷 第二十五 百濟本紀 第三 蓋鹵王 二十一
　　二十一年, 秋九月, 麗王巨璉帥兵三萬, 來圍王都漢城. 王閉城門,

帝) 홍가(鴻嘉) 3년에 나라를 세우고 위례성(慰禮城)에 도읍했다. 13
년에 이르러 한산(漢山) 아래로 가서 목책(木柵)을 세우고 위례성의
민호(民戶)를 이주시켜 궁궐을 짓고 그곳에 살게 하였다. 이듬해 도읍
을 옮겨 남한산성(南漢山城)으로 불렀다. 근초고왕(近肖古王) 25년에
이르러 남평양성(南平壤城)으로 도읍을 옮겼다.[342]

㉗-2. 드디어 한산(漢山) 아래에 나아가 목책(柵)을 세우고, 위례성의 민호
를 옮기며, 궁궐을 짓고, 14년 병진 정월에 도읍을 옮기고 남한성(南
漢城)이라 하다가 376년을 지나 근초고왕 24년 신미에 도읍을 남평양
(南平壤)에 옮기고 북한성(北漢城)이라 했다.[343]

　　사료 ㉗-1은『고려사』「지리지」의 광주목 기록이고, 사료 ㉗-2는『조선
왕조실록』「세종실록 지리지」의 광주목 기록이다. 온조왕이 위례성 다음으
로 옮긴 도성을『고려사』는 '남한산성'으로,「세종실록 지리지」는 '남한성'으
로 적고 있다. 이름 앞에 '남'을 붙인 이유에 관해 사료 ㉗-2의 내용으로 보
면, 근초고왕이 옮긴 도성도 한산성 또는 한성으로 불렸으므로 이 두 곳을 구
별하기 위해 상대적 위치에 따라 '북'과 '남'을 각각 붙인 것으로 추정할 수

---

342 『高麗史』志 卷第十 地理一 楊廣道 廣州牧
　　廣州牧初, 百濟始祖溫祖王, 以漢成帝鴻嘉三年, 建國, 都于慰禮城. 至十三年, 就
　　漢山 下, 立柵, 移慰禮城民戶, 遂建宮闕, 居之. 明年, 遷都, 號南漢山城. 至近肖古
　　王二十五年, 移都南壤城.
343 『世宗實錄』一百四十八卷 地理志 京畿 廣州牧
　　廣州: 牧使一人, 判官一人, 儒學教授官一人. 百濟始祖溫祚王, 漢成帝鴻嘉三年癸
　　卯, 建國都于慰禮城. 至十三年乙卯, 王謂群臣曰, 予觀漢水之南, 土壤膏腴, 宜都
　　於此, 以圖久安之計. 遂就漢山下立柵, 移慰禮城民戶, 立宮闕. 十四年丙辰正月, 遷
　　都, 號南漢城, 歷三百七十六年, 至近肖古王二十四年辛未, 移都南平壤, 號北漢城.

있다. 또 다른 이유도 있을 수 있다. 『삼국사기』에 '북한산성(北漢山城)'[344]과 '북한성(北漢城)'[345]이란 지명(地名)이 나온다. 그렇다면 남한산성과 남한성은 이 두 곳의 상대적 지명으로 추정할 수도 있다.

비슷한 시기에 편찬된 두 역사책은 백제의 두 번째 도성이 각각 '한산성'과 '한성'으로 적고 있지만, 모두 같은 장소로 기록하고 있다. 고려·조선 시대의 광주목은 지금의 서울 동남부 지역과 경기도 광주시·하남시 지역을 포함한다. 풍납토성과 몽촌토성은 모두 서울의 동남부 지역에 있으므로 역사 기록과 일치한다.

그러나 온조왕이 옮긴 한산(성) 또는 한성은 근초고왕이 옮긴 한산(성) 또는 한성과 전혀 다른 곳이다. 이 두 곳이 상대적으로 남쪽과 북쪽에 있다고 앞서 말한 적이 있고, 『고려사』「지리지」나 「세종실록 지리지」도 이 두 곳을 전혀 다른 곳으로 적고 있다.

㉘-1. 남경유수관(南京留守官) 양주(楊州)는 본래 고구려(高句麗)의 북한산군(北漢山郡)[남평양성(南平壤城)이라고도 한다]으로, 백제(百濟)의 근초고왕(近肖古王)이 차지하였다. 25년에 남한산(南漢山)에서 이곳으로 도읍을 옮겼다.[346]

---

344 『三國史記』卷 第二十三 百濟本紀 第一 蓋婁王 五
   五年, 春二月, 築北漢山城.
345 『三國史記』卷 第二十四 百濟本紀 第二 比流王 二十四年
   九月, 內臣佐平優福, 據北漢城叛, 王發兵討之.
346 『高麗史』志 卷第十 地理一 楊廣道 南京留守官 楊州
   南京留守官楊州本高句麗北漢山郡 [一云南平壤城], 百濟近肖古王, 取之. 二十五
   年, 自南漢山, 徙都之.

㉘-2. 본래 고구려의 남평양성(南平壤城)인데, [또는 북한산(北漢山)이라 한다] 백제 근초고왕(近肖古王)이 취하여, 그 25년 신미에 [곧 동진(東晉) 간문제(簡文帝) 함안(咸安) 원년] 남한산(南漢山)에서 도읍을 옮겼다.[347]

사료 ㉘-1과 사료 ㉘-2를 보면, 『고려사』와 「세종실록 지리지」는 모두 백제의 두 번째 도읍을 (남)한산으로 적고 있지만, 근초고왕이 옮긴 도성의 이름은 적고 있지 않다. 고려·조선시대의 양주는 지금의 경기도 양주시 일대를 포함한다고 알려져 있다. 그렇다면 온조왕의 한성과 근초고왕의 한산은 전혀 다른 곳이 된다.

㉙-1. 한주(漢州)는 본래 고구려 한산군(漢山郡)이었는데 신라가 이를 취하였으며 경덕왕이 한주로 고쳐 삼았다. 지금의 광주(廣州)다.[348]

㉙-2. 한양군(漢陽郡)은 본래 고구려(高句麗) 북한산군(北漢山郡) [한편 평양(平壤)이라 이른다] 이었는데, 진흥왕(眞興王)이 주로 삼고 군주를 두었다. 경덕왕(景德王)이 이름을 고쳤으며 지금은 양주(楊州) 옛터다. 거느리는 현(領縣)은 2개다.[349]

---

347 『世宗實錄』 一百四十八卷 地理志 京畿 楊州都護府
   楊州都護府, 本高句麗 南平壤城, [一云北漢山] 百濟 近肖古王取之, 二十五年辛未, [卽東晋 簡文帝 咸安元年] 自南漢山移都之.
348 『三國史記』 卷 第三十五 雜志 第四 地理二
   漢州, 本高句麗漢山郡, 新羅取之, 景德王改爲漢州. 今廣州.
349 『三國史記』 卷 第三十五 雜志 第四 地理二
   漢陽郡, 本高句麗北漢山郡[一云平壤]., 眞興王爲州, 置軍主. 景德王改名, 今楊州

사료 ㉙는 『삼국사기』 「지리지」의 기록이다. 사료 ㉙-1의 신라 한주는 고려시대의 광주이고, 지금의 서울 동남부 지역과 경기도 광주시·하남시 지역에 해당한다고 알려져 있다. 사료 ㉙-2의 신라 한양군은 고려시대의 양주이고, 지금의 경기도 양주시 일대에 해당한다고 알려져 있다.

그러나 『삼국사기』에 이 두 곳이 백제 도성이었다는 기록은 없다. 한성은 근초고왕시대에 잠시 한산으로 옮긴 기간을 제외하면 약 400년 동안 백제의 도성이었다. 국가 도성이었다는 매우 중요한 지리 정보가 편찬자 실수로 빠졌을 가능성은 작다. 「지리지」 외의 『삼국사기』 「본기」도 한성의 위치를 직간접적으로 적고 있지 않다.

『고려사』 「지리지」와 「세종실록 지리지」가 한성을 신라 한주 지역으로, 한산을 신라 한양군으로 고증한 이유는 지명(地名)과 군명(郡名)이 비슷할 가능성이 크기 때문이다. 한성과 한산의 '한' 글자가 모두 '漢'이고, 신라 한주와 한양군의 '한' 글자도 '漢'이다. 그래서 '漢州'란 군명이 '漢城'과 '漢山'에서 유래했다고 추정했고, 신라 한주와 신라 한산을 각각 한성과 한산으로 고증한 것 같다.

이처럼 백제 한성과 한산은 분명히 다른 지역이므로 같은 지역의 다른 장소일 가능성은 작다. 그러므로 몽촌토성과 풍납토성이 각각 백제 한성과 한산일 가능성은 작다고 할 수 있다. 그런데도 이 두 성(城)을 백제 도성으로 보는 이유는 고고학 조사와 발굴의 결과 때문이다.

이 두 성의 고고학 발굴·조사는 1980년대에 본격적으로 진행되었다. 발굴 초기 몽촌토성에서 주변 지역보다 높은 수준의 유물이 나오고 주거지 규모가

舊墟. 領縣二.

크다는 점이 확인되면서 백제 초기의 왕성(王城)으로 인식되기 시작했다.

그런데 1987년 진행된 몽촌토성 동남지구(東南地區) 발굴을 통해 출토된 질그릇(土器)의 제작·출현 시기를 바탕으로 몽촌토성의 분기와 연대를 추정한 결과를 보면 다음과 같다. 몽촌I기는 대체로 3세기 말, 4세기 초 무렵부터 4세기 중엽 무렵까지가 해당하고, 몽촌II기는 4세기 중엽 이후부터 5세기 중엽 무렵까지가 해당한다.[350] 풍납토성 성벽의 초축성벽(初築城壁)도 통계학적으로 3세기 중후반에서 4세기 초반의 어느 시점도 착공되어 4세기 전반에서 중후반 사이에 완공된 것으로 추정하고 있다.[351]

백제가 도성을 한성으로 옮긴 시기는 기원전 1세기 후반이다. 고고학 발굴로 확인한 두 성의 축조 시기는 대체로 3세기 말 아래로 내려가지 않는다. 그렇다면 몽촌토성이나 풍납토성이 백제 한성일 가능성은 작다.

지금의 서울 한강 일대를 포함한 한반도 중부 지역에 돌무지무덤(積石塚)이 많이 남아 있다. 이 돌무지무덤들은 대부분 백제 초기의 무덤으로 인식되고 있다. 백제를 건국한 온조왕이 고구려 출신이므로 고구려와 같은 문화를 가졌다고 추정해서 고구려 초기 무덤인 돌무지무덤을 백제 초기의 무덤으로 생각하기 때문이다.

대일항쟁기에 지금의 서울시 송파구 석촌동(石村洞)의 돌무지무덤이 처음 조사되었다.[352] 조사자는 석촌동 돌무지무덤을 고구려의 전형적인 돌무지무덤으로 인식했고, 백제 초기의 도읍이 한강 일대에 있었다는 점을 뒷받침하

---

350 서울대학교박물관, 1988, 『夢村土城-東南地區發掘調査報告書』
351 국립문화재연구소·한성백제박물관, 2004, 『風納土城ⅩⅥ-성벽의 축조공법 및 연대 규명을 위한 학제간 융합연구』, 214-221쪽.
352 이병호, 2011, 「日帝强占기 百濟 故地에 대한 古蹟調査事業」, 『한국고대사연구』61, 한국고대사학회, 113-155쪽.

는 고고학 자료라고 주장했다.

1980년대 아시안 게임과 올림픽의 경기장이 서울시 송파구 지역에 건설되면서 이 지역들의 돌무지무덤 및 다른 유형의 무덤이 조사·발굴되었다. 이 조사·발굴 결과를 바탕으로 한반도 중부 지역의 돌무지무덤의 구조, 축조 시기 등에 관한 연구 결과가 발표되기 시작했다.

박순발은 질그릇을 가지고 한성 백제 성립기 모든 무덤 형식의 편년을 검토한 뒤, 임진강이나 한강 중·상류 지역, 한강 하류의 서울 지역, 천안·청주 등의 중서부 지역에서 2세기 이전의 무덤이 확인되지 않는다고 주장한다.[353] 이동희는 한강 유역의 돌무지무덤과 압록강 유역의 고구려 돌무지무덤의 형식 및 편년을 비교한 결과, 압록강 유역의 고구려 돌무지무덤은 기원전 1세기부터 5세기 사이에 축조되었고, 무기단식에서 기단식으로, 수혈식 돌덧널 (石槨)에서 횡혈식 돌방(石室)으로 발전했지만, 한강·임진강 유역의 돌무지무덤은 1세기 후반과 2세기 초반에서 3세기 후반에 축조되었고, 압록강 유역의 고구려 돌무지무덤처럼 발전 과정이 나타나지 않는다고 주장한다.[354] 임영진은 한반도 중부 지역의 돌무지무덤을 고구려식 적석총과 백제식 적석총으로 구분하고, 3세기 중엽부터 임진강 지역에서 고구려식 적석총이 등장한다는 점과 서울 인근 미사리에서 백제 요소가 등장하는 점을 근거로 하여 백제가 한성으로 옮긴 시기를 3세기 중엽 이후로 보았다.[355]

---

353 박순발, 1995, 「한성백제 성립기 諸墓制의 編年檢討」, 『先史와 古代』 6, 한국고대학회, 1995, 3-21쪽.
354 이동희, 1998, 「남한 지역의 고구려계 적석총에 대한 재고」, 『한국상고사학보』 28, 한국상고사학회, 95-146쪽.
355 임영진, 2003, 「積石塚으로 본 百濟 建國集團의 南下過程」, 『先史와 古代』 19, 한국고대학회, 85-105쪽.

이상 한반도 중부 지역의 돌무지무덤에 관한 고고학 연구 결과를 종합하면, 한반도 중부 지역의 돌무지무덤을 모두 고구려식 돌무지무덤이라 할 수 없고, 축조 시기도 2세기 이전으로 내려가지 않는다. 이처럼 서울의 한강 일대가 백제 한성 또는 한산이라는 주장은 역사 기록과 고고학 연구 결과와 일치하지 않는다.

그러나 일부 연구자는 『삼국사기』 「백제본기」에 그 시기가 잘못된 기록이 있다고 주장하며, 백제의 건국 시기는 기원전 1세기가 아니라고 주장한다. 이마니시 류는 『일본서기』에서 확인되는 최초의 백제 왕은 근초고왕으로, 『진서(晉書)』 간문제(簡文帝) 함안(咸安) 2년(372)의 "정월 신축 백제·임읍(林邑) 왕이 각각 사신을 보내 방물을 바쳤다. 6월에 사신을 보내 벼슬을 내려 백제왕 여구(餘句)를 진동장군령낙랑태수(鎭東將軍領樂浪太守)로 삼았다."[356]라는 기록에서 백제가 처음 확인되는데 이는 근초고왕시대의 일에 해당한다고 말한다. 그는 『삼국사기』에 기록된 백제 왕 중에는 초고왕(肖古王)·구수왕(仇首王) 두 왕에 다시 '근(近)'이 붙은 근초고왕·근구수왕이 있는데, 이것은 오로지 한 왕만 있는 역사를 전설적인 옛 왕과 역사적인 현재 왕으로 각기 독립시켜 억지로 역사의 체제를 만들었다고 말한다. 그는 이러한 점을 근거로 하여 『삼국사기』 「백제본기」 가운데 계왕 이전 기록은 믿을 수 없다고 주장한다. 그래서 그는 백제 초기의 왕성 천도 기록을 사실로 인정하지 않고, 오직 371년 근초고왕이 한산으로 옮긴 기록만을 사실로 인정한다.[357] 이동희는

---

356 『晉書』 卷七 帝紀九 太宗 簡文帝 二年
　　春 正月 辛丑, 百濟·林邑王各遣使貢方物. … 六月, 遣使拜, 百濟王餘句爲鎭東將軍領樂浪太守.
357 今西龍, 1971, 「百濟王都漢山考」, 『百濟史研究』, 國書刊行會.

백제라는 연맹왕국이 출현하는 시점은 석촌동 세력이 3세기 중반 이후 한의 군현(郡縣)에 대한 투쟁의 주체로 등장하면서 비롯되었으며, 『삼국사기』 「백제본기」의 백제 초기 영역 관련 기사는 3세기 중후반 이후의 사실을 소급·부회(復回)했다고 주장한다.[358]

역사서를 편찬할 때 일반적으로 자국(自國)과 직간접적인 접촉이나 이해관계가 있는 나라에 대해서만 자세한 기록을 남긴다. 그래서 『일본서기』나 『진서』 이전의 역사서에서 근초고왕 이전의 왕에 대한 기록이 없었던 이유는 백제가 일본이나 중국 왕조와 직간접적인 접촉이나 이해관계가 없었기 때문인 것으로 생각할 수 있다. 이마니시 류가 백제 계왕 이전의 『삼국사기』 「백제본기」의 기록을 부정한 근본적인 이유는 한 4군의 하나인 낙랑군(樂浪郡)의 위치 때문일 가능성이 크다. 대일항쟁기 일본인 역사학자의 대부분은 낙랑군이 평양시 대동강 일대에 기원전 108년부터 기원후 313년까지 존재했다고 주장한다. 백제의 첫 번째 도읍인 위례성의 동쪽에 낙랑이 있었다는 『삼국사기』 기록이 있다.[359] 이 낙랑을 낙랑군으로 보고 대일항쟁기의 일본 학자 주장을 따르면, 위례성은 평양 서쪽 서해(西海)에 있게 된다. 이러한 모순 때문에 이마니시 류는 『삼국사기』에 나와 있는 백제 초기의 도읍 천도 관련 기록을 그대로 인정할 수 없었을 것이다. 그래서 이마니시 류의 『삼국사기』 초기 「백제본기」를 불신하는 주장은 합리적인 사료 비판이라고 말할 수 없고, 낙랑군의 위치에 관한 자신의 주장을 합리화하기 위한 자의적(恣意的) 주장이

---

358 이동희, 1998, 「남한 지역의 고구려계 적석총에 대한 재고」, 『한국상고사학보』 28, 한국상고사학회, 137쪽.

359 『三國史記』 卷第二十三 百濟本紀 第一溫祚王 十三年
　　夏五月, 王謂臣下曰, "國家東有樂浪, 北有靺鞨, 侵軼疆境

라고 말할 수 있다.

고고학 조사나 연구 대상에 관한 부호나 문자 등으로 남겨진 기록이 있다면, 그 기록에 근거해 조사나 연구를 하는 것이 일반적 방식이다. 그런데 이동희는 반대로 고고학 조사 결과를 근거로 하여 역사 기록을 고치고 있다. 모든 역사 기록이 정확하다고 말할 수 없다. 그렇다면 역사 기록을 부정하고 고치기에 앞서 역사 기록을 재검토하고 선행연구에 문제점이 없었는지 살펴보아야 한다고 생각한다.

복기대는 백제가 요하(遼河) 서쪽으로 진출해 요서, 진평의 2군을 설치했다는 기록을 제시하며, 현재의 인식대로 한성 백제가 임진강을 넘지 않았다면 육로로 이 지역들로 진출할 수 없었다고 주장한다. 그는 근초고왕시대의 기록에 등장하는 평양성이 현 학계의 인식대로 지금의 평양시 지역이 아니며, 평양이란 지명 대부분이 중국에 있음을 지적하고 있다.[360]

이상 검토한 내용을 종합해 보면, 위례성처럼 한성과 한산의 위치도 현재 정확히 어디인지 고증할 수 없다. 한산은 국가 안보 위협에 대비하기 위한 임시 수도였다고 할 수 있으므로 평양 대동강면 무덤떼의 예상 축조 시기와 일치하지 않는다. 한성은 기원전 1세기 후반부터 5세기 후반까지 백제의 도성이었으므로 예상 축조 시기와 일치한다. 그러므로 평양시 대동강 일대가 백제의 한성이었을 가능성이 크다고 할 수 있다.

---

360 복기대, 2012, 「한국사에서 백제 의미」, 『동북아 역사 속 우리 숨결』, 한성백제박물관 도록, 125-130쪽.

2. 무덤의 변천 과정

평양 대동강면 무덤떼의 축조 집단은 백제일 가능성이 크며, 지금의 평양시 대동강 일대가 백제 두 번째 도읍인 한성(漢城)일 가능성도 있다.

그런데 '귀틀식 나무덧널무덤'인 석암리 제205호 무덤과 정백리 제127호 무덤에서 한(漢) 낙랑군의 관직명이 새겨진 나무 도장(木印)이 출토되었고, 벽돌방무덤인 봉산 태봉리 제1호 무덤과 평양역 고분에서 각각 대방군 및 현토군과 관련 있는 명문 벽돌(銘文塼)이 발견되었다. 그리고 '귀틀식 나무덧널무덤'이 내부 과정을 통해 '배흘림식 벽돌방무덤'으로 발전했다고 할 수 있는 고고학적 증거가 없어 벽돌방무덤의 등장 배경도 분명하지 않다. 그래서 한 4군이 설치되고 낙랑군과 현토군의 2군으로 통합된 이후, 이 2군과 고구려·백제의 관계를 살펴보아야 한다.

고구려·백제 두 나라와 낙랑군·현토군 두 군은 늘 갈등 관계에 있었다. 가장 처음 확인되는 갈등 관계는 백제와 낙랑군이었다. 백제가 낙랑군과 갈등 관계였던 시기는 온조왕 때였다.

▶ 기원전 1세기대 백제와 낙랑군의 군사 충돌 기록

연도	내용
기원전 15	가을 8월에 낙랑(樂浪)에 사신을 보내 우호를 닦았다.[361]
기원전 11	가을 7월에 마수성(馬首城)을 쌓고 병산책(瓶山柵)을 세웠다. 낙랑태수 (樂浪太守)의 사신이 다음과 같이 아뢰어 말하였다. "지난번에는 서로 예를 갖추어 방문하고, 우호를 맺어 뜻이 한 집안과 같았는데, 지금 우리의 강역을 핍박하여 성을 쌓고 목책을 세우고 있으니, 혹시 야금야금 먹어 들어올 계책이 있어서인가? 만일 옛날의 우호를 저버리지 않고 성을 허물고 목책을 부수어 버린다면 시기하고 의심할 바가 없겠지만, 혹시 그렇게 하지 않는다면 청컨대 한 번 싸워서 승부를 결정짓도록 하자." 왕이 회답하였다. "요새를 설치하여 나라를 지키는 것은 예나 지금이나 떳떳한 도리인데, 어찌 감히 이것 때문에 화친과 우호를 저버리는 일이 있겠는가? 마땅히 집사(執事)가 의심할 바가 아닌 것 같다. 만일 집사가 강함을 믿고 군사를 낸다면, 우리나라[小國]도 이에 대응할 뿐이다." 이로 말미암아 낙랑과의 우호를 잃게 되었다.[362]
기원전 8	여름 4월에 낙랑이 말갈(靺鞨)을 시켜 병산책(瓶山柵)을 습격하여 무너뜨리고 1백여 명을 죽이거나 사로잡았다.[363]
	가을 7월에 독산책(禿山柵)과 구천책(狗川柵)의 두 목책을 세워 낙랑으로 통하는 길을 막았다.[364]
기원전 2	봄에 낙랑이 쳐들어와서 위례성(慰禮城)을 불태웠다.[365]
기원전 1	11월에 왕이 낙랑의 우두산성(牛頭山城)을 습격하려고 구곡(臼谷)에 이르렀으나, 큰 눈을 만나 곧 돌아왔다.[366]

---

361 『三國史記』卷第二十三 百濟本紀 第一 溫祚王 四年
秋八月, 遣使樂浪修好.

362 『三國史記』卷第二十三 百濟本紀 第一 溫祚王 八年
秋七月, 築馬首城, 竪瓶山柵. 樂浪太守使告曰, "頃者, 聘問結好, 意同一家, 今逼 我疆, 造立城柵, 或者其有蠶食之謀乎. 若不渝舊好, 墮城破柵, 則無所猜疑, 苟或 不然, 請一戰以決勝負." 王報曰, "設險守國, 古今常道, 豈敢以此, 有渝於和好. 宜 若執事之所不疑也. 若執事恃强出師, 則小國亦有以待之耳." 由是與樂浪失和.

363 『三國史記』卷第二十三 百濟本紀 第一 溫祚王 十一年
十一年, 夏四月, 樂浪使靺鞨襲破瓶山柵, 殺掠一百餘人.

364 『三國史記』卷第二十三 百濟本紀 第一 溫祚王 十一年
秋七月, 設禿山·狗川兩柵, 以塞樂浪之路.

365 『三國史記』卷第二十三 百濟本紀 第一 溫祚王 十七年
十七年, 春, 樂浪來侵, 焚慰禮城.

366 『三國史記』卷第二十三 百濟本紀 第一 溫祚王 十八年
十一月, 王欲襲樂浪牛頭山城, 至臼谷, 遇大雪乃還.

온조왕은 백제를 건국한 후, 주변 세력 가운데 가장 먼저 낙랑과 관계를 맺고 우호를 다졌다. 그 이유는 '말갈(靺鞨)'[367]이라고 하는 집단 때문이었다. 기원전 17년 온조왕은 북쪽 경계를 잇대고 있는 말갈에 대한 방어 대책을 마련하려고 했고[368], 이듬해 말갈이 북쪽 경계를 침범하자 온조왕은 군사를 이끌고 나가 싸워 크게 이겼다.[369] 이처럼 온조왕은 당시 백제에 가장 큰 위협 세력인 말갈을 견제하려고 했다.

그러나 백제와 낙랑의 우호 관계는 백제가 경계에 목책(木柵)을 세웠다는 것을 이유로 불과 4년 만에 끝났다. 그리고 낙랑은 말갈과 함께 백제를 공격하기 시작했다. 결국 기원전 2년 낙랑은 내부 지역까지 깊숙이 들어와 초기 도성이었던 위례성까지 불태웠다. 그러나 온조왕이 도성을 한성으로 옮기면서 이후 백제와 낙랑 간의 갈등 관계는 나타나지 않는다.

백제 다음으로 낙랑과 갈등 관계에 있던 국가는 고구려였다. 37년 대무신왕(大武神王)은 낙랑을 습격해 멸망시켰다.[370] 37년 낙랑은 동한(東漢)에 속해 있었는데, 당시는 동한 광무제(光武帝)시대로 광무제는 서한을 멸망시킨 신(新)을 무너뜨림으로써 혼란을 수습하고 한 왕조의 부활과 부흥을 이룬 황제라고 평가된다. 대무신왕의 군사적 능력이 아무리 뛰어나더라도 국력과 군사력에서 상대적 차이가 큰 국가인 낙랑을 단 한 번의 습격으로 멸망시켰다

---

367 일반적으로 말갈은 6~7세기에 중국 동북부 지역에 거주했던 종족을 가리킨다. 따라서 온조왕 시대에 말갈이 있을 수 없으므로 온조왕시대 말갈의 실체에 대한 여러 주장이 있다. 대체로 말갈은 중국 동북부 지역에 거주했던 종족에 대한 총칭(總稱)으로 이해하고 있다.

368 『三國史記』卷第二十三 百濟本紀 第一 溫祚王 二年
二年, 春正月, 王謂群臣曰, 靺鞨連我北境, 其人勇而多詐, 宜繕兵積穀, 爲拒守之計.

369 『三國史記』卷第二十三 百濟本紀 第一 溫祚王 三年 三年, 秋九月, 靺鞨侵北境. 王帥勁兵, 急擊大敗之. 賊生還者十一二.

370 『三國史記』卷第十四 高句麗本紀 第二 大武神王 二十年, 王襲樂浪滅之

는 점은 이해하기 어렵다. 『삼국사기』나 『동한서』 등의 역사 기록에서 당시 고구려와 낙랑의 갈등, 고구려와 낙랑의 병력 상황이나 피해 상황 등의 구체적 내용을 찾을 수 없다. 그런데 37년 이전에 낙랑에서 반란이 일어났다는 기록이 『동한서』에서 확인된다.

현한(玄漢) 경시제(更始帝)가 패한 25년 무렵, 왕조(王調)는 낙랑태수 유헌(劉憲)을 죽이고 스스로 '대장군 낙랑태수'라고 칭했다. 30년에 동한 광무제는 왕준(王遵)을 낙랑태수로 임명하고 왕조를 진압하게 했다. 그런데 진압군이 요동(遼東)에 이르렀을 때 왕굉(王閎)과 낙랑군 결조사(決曹史) 양읍(楊邑) 등이 왕조를 죽이고 왕준을 맞이했다.[371]

왕조의 반란 사건은 신(新) 건국과 멸망 등의 혼란으로 한 조정의 군(郡) 지배력이 약해져 있던 상황에서 발생했다. 왕 씨(王氏) 집안이 낙랑군 호족(豪族)일 가능성이 크므로[372] 왕조도 낙랑군 호족으로 추정할 수 있다. 그래서 왕조의 반란을 낙랑군 지역을 기반으로 하는 낙랑군 호족들의 독립 시도라고 생각할 수도 있다. 혼란한 시대라도 하더라도 그 반란이 5년 이상 지속되었다는 점에서 낙랑군 호족들의 독립 의지는 강했다고 생각할 수 있다. 그리고 반란이 내부 분열로 끝났다는 점에서, 동한에 항복하는 것에 반대했던 낙랑군 호족은 동한과 왕조를 죽이고 항복한 세력에게 불만을 가졌을 것으로 추정할 수 있다.

---

371 『後漢書』 卷七十六 循吏列傳 第六十六
　　更始敗, 土人王調殺郡守劉憲, 自稱大將軍樂浪太守. 建武六年, 光武遣太守王遵將兵擊之. 至遼東, 閎與郡決曹史楊邑等共殺調迎遵, 皆封爲列侯, 閎獨讓爵.
　　『後漢書』 卷一下 光武帝紀 第一下 建武六年 初. 樂浪人王調據郡不服. [樂浪郡, 故朝鮮國也, 在遼東.] 秋, 遣樂浪太守王遵擊之, 郡吏殺調降.
372 『後漢書』 卷七十六 循吏列傳 第六十六
　　王景, 字仲通, 樂浪講邯人也。

그렇다면 대무신왕이 37년 낙랑군을 멸망시킬 수 있었던 원인 가운데 하나는 이러한 낙랑군 호족 간의 분열로 생각할 수 있고, 당시 동한과 낙랑군 지배층에게 불만을 가졌던 낙랑군 호족들이 협조한 것으로 추정할 수 있다. 대무신왕이 낙랑군 멸망 후, 아무런 행정적·군사적 조치를 하지 않았다는 점은 낙랑군 호족의 독립과 자치를 인정했다고 생각할 수 있고, 이것이 고구려에 협조한 낙랑군 호족들의 요구 사항이었을 것이다.

그러나 44년 동한 광무제는 바다를 건너 낙랑을 공격해 다시 낙랑을 군현으로 삼았다.[373] 낙랑군 호족들의 자치와 독립은 불과 7년 만에 끝났고, 동한이 점차 서한의 전 영역에서 걸쳐 지배권을 회복하면서 낙랑군은 동한 군현으로서 동한의 관리와 통제를 받게 되었다. 그러면서 고구려와 낙랑의 갈등이나 공격 기사는 역사 기록에 나타나지 않는다.

2세기대에 들어서면서 동한은 관리의 전횡(專橫)과 부패(腐敗)가 심각했고, 그것이 원인이 되어 황건적(黃巾賊)의 난 등이 발발했다. 동한 조정의 지배력은 점차 약화하기 시작했고, 고구려와 현토(玄菟)의 갈등이 시작되었다.

▶ **2세기대 고구려와 현토군의 군사 충돌 기록**

연도	내용
121	봄에 한의 유주(幽州) 자사(刺史) 풍환(馮煥), 현토태수 요광(姚光), 요동태수 채풍(蔡諷) 등이 쳐들어오자, 왕이 아우 수성(遂成)을 보내 병력 2천여 명을 거느리고 싸우게 했다. 수성이 험요한 요충지를 근거지로 삼아 대군을 막고, 몰래 3,000명을 보내 현도와 요동 두 군을 공격하여 그 성곽을 불태우고 2천여 명을 죽이고 사로잡았다.[374]

---

373 『三國史記』卷第十四 高句麗本紀 第二 大武神王 二十七年
秋九月, 漢光武帝遣兵渡海伐樂浪, 取其地爲郡縣, 薩水已南屬漢.
374 『三國史記』卷第十五 高句麗本紀 第三 太祖大王 六十九年
春, 漢幽州刺史馮煥·玄菟大守姚光·遼東大守蔡諷等, 將兵來侵, 擊殺穢貊渠帥, 盡獲兵馬·財物. 王乃遣弟遂成, 領兵二千餘人, 逆煥·光等. 遂成遣使詐降, 煥等信之.

연도	내용
146	가을 8월에 왕이 장수를 보내 한의 요동군 서안평현(西安平縣)을 습격하여 대방현령을 죽이고 낙랑태수의 처자를 잡아 왔다.[375]
168	한의 현토군(玄菟郡) 태수 경림(耿臨)이 침공해 와서 우리 군사 수백 명을 죽였다. 왕이 스스로 항복하여 현토에 속하기를 청했다.[376]
172	한 현토군(玄菟郡) 태수(太守) 경림(耿臨)이 대규모 병력을 동원해 우리를 공격하고자 했다. … [명림] 답부는 수천의 기병을 이끌고 그들을 추격하였고, 좌원(坐原)에서 전투했다. 한 군대는 크게 패하여 한 필의 말도 돌아가지 못했다.[377]

2세기대 고구려와 현토는 대규모 병력을 동원한 전투를 했고, 어느 한쪽의 우세 없이 일진일퇴(一進一退)를 반복했다. 그러나 고구려와 현토의 갈등은 3세기대에 조위(曹魏)가 동한 말기의 혼란을 수습하고 과거 동한의 전 영역에서 지배력을 회복하면서 발생하지 않았다.

대신에 고구려는 고구려 방면으로의 대외적 진출을 시도한 조위와 큰 전쟁을 치르게 된다. 246년 조위는 현토군 공격 등의 이유로 유주자사(幽州刺史) 관구검(毌丘儉)에게 군사 10,000명을 주고 고구려를 공격하게 한다. 고구려는 전쟁 초기에 비류수 등에서 승리했지만, 관구검이 방진(方陣)을 치고 결사적으로 싸우면서 크게 패배했다.[378] 이어서 관구검은 도성인 환도성을 공격

遂成因據險以遮大軍, 潛遣三千人攻玄菟·遼東二郡, 焚其城郭, 殺獲二千餘人.

375 『三國史記』 卷第十五 高句麗本紀 第三 太祖大王 九十四年
秋八月, 王遣將, 襲漢遼東西安平縣, 殺帶方令, 掠得樂浪大守妻子.

376 『三國史記』 卷第十六 高句麗本紀 第四 新大王 四年
漢玄菟郡大守耿臨來侵, 殺我軍數百人. 王自降, 乞屬玄菟.

377 『三國史記』 卷第四十五 列傳 第五 明臨荅夫
漢玄菟郡大守耿臨發大兵, 欲攻我. … 荅夫曰, "不然. 漢國大民衆. 今以強兵遠鬪, 其鋒不可當也. 而又兵衆者宜戰, 兵小宜守, 兵家之常也. 今漢人千里轉糧, 不能持久. 若我深溝高壘, 清野以待之, 彼必不過旬月, 饑困而歸. 我以勁卒迫之, 可以得志."

378 『三國史記』 卷第十七 高句麗本紀 第五 東川王 二十年
秋八月, 魏遣幽州刺史毌丘儉, 將萬人, 出玄菟來侵. 王將步騎二萬人, 逆戰於沸流水上, 敗之, 斬首三千餘級. 又引兵再戰於梁貊之谷, 又敗之, 斬獲三千餘人. 王謂諸將曰, 魏之大兵, 反不如我之小兵, 毌丘儉者, 魏之名將, 今日命在我掌握之中乎.

해 함락하고 성 안을 도륙했다. 관구검은 동천왕을 추격하는 데 실패하고 낙랑(樂浪)으로 퇴각했다.[379] 이 전쟁으로 고구려는 도성을 평양성으로 옮길 수밖에 없었다.[380]

265년 조위가 멸망하고 서진(西晉)이 등장했지만, 4세기대에 서진이 영가의 난, 팔왕의 난 등으로 분열되기 시작했다. 그러자 고구려는 이러한 상황을 이용해 낙랑과 현토를 공격하기 시작했다.

▶ 고구려의 4세기 낙랑군·현토군 공격 기록

연도	내용
302	가을 9월에 왕이 병력 30,000명을 거느리고 현토군을 침략하여 8,000명을 포로로 잡아 이들을 평양으로 옮겼다.[381]

乃領鐵騎五千, 進而擊之, 儉爲方陣, 決死而戰, 我軍大潰, 死者一萬八千餘人. 王以一千餘騎, 奔鴨淥原.

379 『三國史記』卷第十七 高句麗本紀 第五 東川王 二十年
冬十月, 儉攻陷丸都城, 屠之, 乃遣將軍王頎追王. 王奔南沃沮, 至于竹嶺, 軍士分散殆盡, 唯東部密友獨在側, 謂王曰, 今追兵甚迫, 勢不可脫. 臣請決死而禦之, 王可遯矣. 遂募死士, 與之赴敵力戰. 王間行脫而去, 依山谷聚散卒自衞, 謂曰, 若有能取密友者, 厚賞之. 下部劉屋句前對曰, 臣試往焉. 遂於戰地, 見密友伏地, 乃負而至. 王枕之以股, 久而乃蘇. 王間行轉輾, 至南沃沮, 魏軍追不止. 王計窮勢屈, 不知所爲, 東部人紐由進曰, 勢甚危迫, 不可徒死. 臣有愚計, 請以飮食牲犒魏軍, 因伺隙, 刺殺彼將. 若臣計得成, 則王可奮擊, 決勝矣. 王曰, 諾. 紐由入魏軍詐降曰, 寡君獲罪於大國, 逃至海濱, 措躬無地, 將以請降於陣前, 歸死司寇, 先遣小臣, 致不腆之物, 爲從者羞. 魏將聞之, 將受其降. 紐由隱刀食器, 進前拔刀, 刺魏將胷, 與之俱死, 魏軍遂亂. 王分軍爲三道, 急擊之, 魏軍擾亂, 不能陳, 遂自樂浪而退. 王復國論功, 以密友·紐由爲第一. 賜密友巨谷·靑木谷, 賜屋句鴨淥杜訥河原, 以爲食邑. 追贈紐由爲九使者, 又以其子多優爲大使者. 是役也, 魏將到肅愼南界, 刻石紀切, 又到丸都山, 銘不耐城而歸. 初其臣得來, 見王侵叛中國, 數諫, 王不從. 得來嘆曰, 立見此地, 將生蓬蒿. 遂不食而死. 毋丘儉令諸軍, 不壞其墓, 不伐其樹, 得其妻子, 皆放遣之

380 『三國史記』卷第十七 高句麗本紀 第五 東川王 二十一年,
春二月, 王以丸都城經亂, 不可復都, 築平壤城, 移民及廟社. 平壤者, 本仙人王儉之宅也. 或云, 王之都

381 『三國史記』卷第十七 高句麗本紀 第五 美川王 三年
秋九月, 王率兵三萬, 侵玄菟郡, 虜獲八千人, 移之平壤.

연도	내용
313	겨울 10월에 낙랑군을 침략하여 남녀 2천여 명을 포로로 잡았다.[382]
315	봄 2월에 현토성(玄菟城)을 공격하여 깨뜨렸는데, 죽이고 사로잡은 자가 매우 많았다.[383]

고구려는 대규모 병력을 동원해 낙랑군과 현토군을 공격했고, 많은 주민을 포로로 잡아 올 정도의 큰 전과(戰果)를 올렸다. 그렇지만 당시 서진의 지배력이 약해진 상황이었으므로 고구려가 절대적인 군사적 우위를 차지했다고 말할 수는 없다.

317년 서진이 멸망했고, 전연(前燕)이 낙랑과 현토 지역을 점유했다. 342년 전연은 조위와 마찬가지로 고구려 방면으로 진출하면서 고구려에 대한 대규모 원정(遠征)을 시작했다. 전연은 환도성을 헐어버리고, 미천왕(美川王) 무덤을 파 그 시신까지 가져갔다.[384] 이후 고구려의 낙랑과 현토에 대한 공격 내용은 역사 기록에서 찾을 수 없다.

고구려는 소수림왕 때 내부 개혁과 체제 정비에 성공했고, 낙랑과 현토를 다시 공격하기 시작했다. 385년 고구려는 요동군과 현토군을 공격해 요동군

---

382 『三國史記』卷第十七 高句麗本紀 第五 美川王 十四年
　　冬十月, 侵樂浪郡, 虜獲男女二千餘口.

383 『三國史記』卷第十七 高句麗本紀 第五 美川王 十六年
　　春二月, 攻破玄菟城, 殺獲甚衆.

384 『三國史記』卷第十八 高句麗本紀 第六 故國原王 十二年
　　十一月, 皝自將勁兵四萬, 出南道, 以慕容翰·慕容霸爲前鋒, 別遣長史王寓等, 將兵萬五千, 出北道以來侵. 王遣弟武, 帥精兵五萬, 拒北道, 自帥羸兵, 以脩南道. 慕容翰等先至戰, 皝以大衆繼之, 我兵大敗. 左長史韓壽斬我將阿佛和度加, 諸軍乘勝, 遂入丸都. 王單騎走入斷熊谷. 將軍慕輿埿, 追獲王母周氏及王妃而歸. 會王寓等, 戰於北道, 皆敗沒. 由是, 皝不復窮追, 遣使招王, 王不出. 皝將還, 韓壽曰, "高句麗之地, 不可戌守. 今其主亡, 民散潛伏山谷. 大軍旣去, 必復鳩聚, 收其餘燼, 猶足爲患. 請載其父尸, 囚其生母而歸, 俟其束身自歸, 然後返之. 撫以恩信, 策之上也." 皝從之, 發美川王廟, 載其尸, 收其府庫累世之寶, 虜男女五萬餘口, 燒其宮室, 毁丸都城而還.

과 현토군을 빼앗고 남녀 1만 명을 포로로 잡아 돌아왔다. 하지만 같은 해 후연(後燕)의 모용농(慕容農)에게 다시 빼앗겼다.[385]

백제는 이러한 혼란한 상황을 이용해 낙랑과 현토 지역으로 진출을 시도한다. 246년 고이왕(古尒王)은 조위의 고구려 공격으로 낙랑군과 현토 지역이 비게 되자 낙랑군을 습격해 주민을 빼앗으나 곧 돌려주었다.[386] 304년 분서왕(汾西王)은 몰래 군사를 보내 낙랑군의 서쪽 현을 습격해 빼앗았지만,[387] 이 습격으로 낙랑태수가 보낸 자객에게 죽임을 당했다.[388]

385년 이후 고구려의 낙랑과 현토에 대한 공격 내용은 역사 기록에서 찾을 수 없다. 북위(北魏) 명원제(明元帝)의 뒤를 이은 태무제(太武帝)가 439년 중국 화베이(華北) 지역을 통일하였고, 그 뒤를 이어 통일제국인 수나라(隋)와 당나라(唐)가 등장했기 때문이다.

이상 살펴본 내용을 종합하면, 기원전 108년 처음 설치된 이후, 낙랑군·현토군 2군은 고구려, 백제와 군사 충돌을 계속해 왔다. 이에 따라 낙랑과 현토 2군은 반복적으로 혼란이 발생했을 것이며, 이러한 혼란을 피하고자 주변 지역으로 피난하려는 호족과 거주민도 있었을 것이다. 이들은 유민(流民)이 되

---

385 『三國史記』卷第十八 高句麗本紀 第六 故國壤王 二年
夏六月, 王出兵四萬, 襲遼東. 先是, 燕王垂命帶方王佐, 鎮龍城. 佐聞我軍襲遼東, 遣司馬郝景, 將兵救之. 我軍擊敗之, 遂陷遼東·玄菟, 虜男女一萬口而還. 冬十一月, 燕慕容農將兵來侵, 復遼東·玄菟二郡. 初幽·冀流民多來投, 農以范陽龐淵為遼東太守, 招撫之.
386 『三國史記』卷第二十四 百濟本紀 第二 沙伴王·古尒王 十三年
秋八月, 魏幽州刺史毋丘儉與樂浪大守劉茂·朔方大守王遵, 伐高句麗. 王乘虛, 遣左將眞忠, 襲取樂浪邊民, 茂聞之怒. 王恐見侵討, 還其民口.
387 『三國史記』卷第二十四 百濟本紀 第二 汾西王 七年
春二月, 潛師襲取樂浪西縣.
388 『三國史記』卷第二十四 百濟本紀 第二 汾西王 七年
冬十月, 王爲樂浪大守所遣刺客賊害薨.

어 여러 지역으로 흩어졌을 것이고, 서해를 건너 멀리 떨어진 지금의 대동강 지역으로 들어온 유민들이 있었을 가능성도 있다. 그렇다면 평양 대동강면 무덤떼의 무덤 주인 일부가 낙랑·현토와 관련 있는 인물이고, 평양 대동강면 무덤떼가 '나무덧널무덤'에서 '배흘림식 벽돌방무덤'으로 어떻게 변화했는가에 대해 낙랑·현토 유민의 유입이라는 측면에서 설명할 수 있을 것이다.

낙랑·현토 유민이 처음 대동강 일대로 옮겨 살았을 시기는 37년 이후일 가능성이 크다. 37년 대무신왕이 낙랑군을 습격해서 멸망시킬 때 일부 낙랑군 호족이 협조했을 가능성이 크므로 44년 동한 광무제가 낙랑군을 다시 점령하면서 고구려에 협조한 낙랑군 호족들은 광무제의 보복을 걱정할 수밖에 없었다. 이 낙랑군 호족들은 고구려나 주변 지역으로 피난 갈 수밖에 없었을 것이다. 대동강 일대는 낙랑군이 있던 중국 하북성 북부 지역에서 바다를 건너 멀리 떨어진 곳이며, 당시 백제 도성 지역이었기 때문에 그들에게 좋은 피난처가 될 수 있다.

이때 대동강 일대로 넘어온 낙랑군 호족들 가운데 일부는 낙랑군에서 관직을 맡던 사람들이었을 것이다. 보통 태수는 조정에서 임명해 파견되지만, 태수 아래의 실무 담당 관직은 그 지역 호족을 임명하는 것이 일반적이기 때문이다. 그렇다면 이들이 '오관연(五官掾)'과 '낙랑태수연(樂浪太守掾)'이 새겨진 도장이 나온 석암리 제205호 무덤과 정백리 제127호 무덤의 주인일 가능성이 크다. 오관연과 낙랑태수연은 모두 태수 아래에서 낙랑군의 실제 사무를 담당하는 관직이다.

석암리 제205호 무덤에서는 '建武'·'永平'과 같은 1세기 대의 동한 연호가 새겨진 기년명 칠기와 기원후 1세기 이후에 등장한 연호문경(連弧文鏡)이 출토되었고, 정백리 제127호 무덤은 기원 전후에 등장해 유행하는 소명경(昭明鏡)과 방격규구경(方格規矩鏡)이 출토되었다. 그래서 이 무덤들의 예상 축조 시기는 1세기대 이후로 추정할 수 있다. 이 시기는 동한 광무제의 보복을 피해 낙랑군 호족들이 주변으로 피난했을 시기와 일치한다.

다음으로 낙랑·현토 유민이 대동강 지역으로 옮겨온 살았을 시기는 2세기대일 것이다. 앞에서 살펴봤듯이 고구려는 2세기대에 낙랑과 현토에 대한 공격을 시작했다. 이 고구려의 공격으로 낙랑과 현토의 거주민은 유민이 되었을 가능성이 크다. 그렇다면 거리상 안전하고 이미 낙랑군 호족들이 옮겨 살고 있었던 대동강 지역이 좋은 피난처로 선택되었을 것이다.

이때 대동강 지역으로 옮겨 산 낙랑·현토 유민은 대부분 군 거주민이었기 때문에 이전 낙랑군 호족들과 달리 규모가 크고 다양한 배경을 가졌을 것이다. 그들은 이미 동한 지역에서 주된 무덤으로 자리 잡은 벽돌방무덤을 자신의 무덤으로 했고, 점차 평양 일대로 퍼져나갔을 것이다. 그리고 무덤 건설 기술의 진전과 함께 평양 대동강면 무덤떼만의 '배흘림식 벽돌방무덤'이 완성되었고, 점차 '귀틀식 나무덧널무덤'을 대신해 나갔을 가능성이 크다. '배흘림식 벽돌방무덤'의 예상 등장 시기가 2세기 후반이라는 점이 이러한 가능성을 뒷받침하고 있다.

남정리 제116호 무덤은 나무덧널무덤 형식에 속하지만, '귀틀식 나무덧널무덤'의 구조와 건설 방식과 차이를 나타낸다. 남정리 제116호 무덤은 벽돌방무덤처럼 앞방과 뒷방으로 이루어져 있다. 또 뒷방 바깥 둘레에 일정한 규격의 나무 각재를 사용해 쌓은 담을 3면에 둘렀는데, 이러한 배치 형식은 '제주형 덧널'로 한의 나무덧널무덤의 한 가지 유형에 속한다.[389] 이처럼 남정리 제116호 무덤은 구조와 건설 방식 측면에서 기존 귀틀식 나무덧널무덤과 한 무덤이 융합된 모습을 나타낸다. 이것은 배흘림식 벽돌방무덤이 귀틀식 나무덧널무덤에서 내부 발전한 결과가 아니라 외부에 한 무덤의 구조와 건설기술이 전해지고 융합하면서 발생한 결과임을 보여준다. 그렇다면 외부에서 한 무덤의 구조와 건설 기술을 가져왔거나 전해준 사람이나 집단이 있었어야 할 것이다. 그들이 바로 2세기대 고구려 공격으로 유민이 되어 대동강 지역으로 옮겨 산 낙랑·현토의 거주민일 가능성이 있다.

마지막으로 낙랑·현토 유민이 대동강 지역으로 옮겨 살았을 시기는 4세기대일 것이다.

서진 말기 팔왕의 난을 계기로, 북쪽과 서쪽의 여러 종족이 서진의 영역에 들어와 자리 잡기 시작한다. 선비족 계통의 모용 씨(慕容氏)는 지금의 하북성 북부 지역으로 내려와 자리 잡았다. 『진서』「지리지」에 따르면, 전연(前燕)을 세운 모용황(慕容皝)의 아버지인 모용외(慕容廆)는 서진으로부터 평주자사(平州刺史)란 관직을 받았다고 하는데, 서진의 평주는 낙랑군, 현토군, 대방군(帶方郡)을 포함한다. 모용황의 아들인 모용준(慕容儁)은 전연의 도읍을 지금의 베이징(北京) 지역인 계(薊)로 옮기고, 지금의 하북성 중남부 지역인 기주(冀州)를 공격했다. 이처럼 4세기 초반 낙랑군·현토군·대방군 지역이 속한 지금의 하북성 북부 지역과 요녕성 서남부 지역은 고구려의 공격뿐만 아니라 모용 씨의 전연 건국 등으로 매우 혼란스러웠다.

그렇다면 벽돌방무덤으로 확인된 봉산 태봉리 제1호 무덤의 주인인 대방태수(帶方太守) 장무이(張撫夷)는 4세기대 낙랑·현토·대방의 유민이거나 그 후손일 가능성이 있다. 장무이 관직이 대방태수인 것은 유민이라면 생전의 관직이었을 수도 있고, 유민의 후손이라면 장 씨 가문이 대방군의 힘 있는

---

389 黃曉芬 著; 김용성 역, 2006, 『한대의 무덤과 그 제사의 기원』, 학연문화사, 249쪽.

호족이었는데 대동강으로 이주한 후 정착하면서 백제에 자치권을 인정받아 '대방태수'라는 직함을 사용했을 수도 있다. 앞에서 언급한 적이 있지만, 항복이나 이주 등으로 대규모 집단이 자국에 정착할 경우, 이전에 가지고 있던 모든 것을 그대로 인정한다. 살던 지명, 풍습, 권력관계, 지배구조 등이 그대로 이어진다. 장 씨 가문이 대방군 출신의 강력한 호족 출신일 가능성은 역사기록에서 또한 찾을 수 있다.

472년 백제 개로왕(蓋鹵王)은 고구려 공격에 대응하기 위해 북위(北魏)에 군사를 요청하는 표문(表文)을 보냈다. 이때 백제 사신단 중에 '용양장군(龍驤將軍) 대방태수(帶方太守) 사마(司馬) 장무(張茂)'라는 인물이 있다.[390] 장무는 '대방태수'라는 직함과 성씨(姓氏)가 '장 씨(張氏)'인 점으로 보아 장무이 일가(一家)일 가능성이 있다. 장무 외에 장무이 일가일 가능성이 있는 인물은 또 있는데, 『송사(宋史)』 「백제전(百濟傳)」에 424년 구이신왕(久爾辛王)이 남조(南朝)의 송 소제(小帝)에게 장사(長史) '장위(張威)'를 파견했다는 내용이 있다.[391] 이처럼 장 씨 가문은 대방태수 관직을 세습하고, 백제의 주된 관직을 맡을 정도로 힘 있는 가문임을 알 수 있다.

337년 모용황(慕容皝)은 전연을 건국했다. 모용황은 전연을 건국하기 전인 336년, 같은 부족의 모용인(慕容仁)이 일으킨 반란을 진압한 뒤, 모용인과 그의 부하들을 붙잡아 죽인 적이 있다. 그때 붙잡히지 않은 모용인 부하들은 모용황의 보복을 피해 각지로 도망갔다. 『자치통감(資治通鑑)』은 모용인

---

390 『三國史記』卷第二十五 百濟本紀 第三 蓋鹵王
　　謹遣私署冠軍將軍‧駙馬都尉‧弗斯侯‧長史餘禮, 龍驤將軍‧帶方太守‧司馬張茂等, 投舫波阻, 搜徑玄津, 託命自然之俚
391 『宋書』 「夷蠻列傳」 百濟
　　少帝 景平二年, 映遣長史張威詣闕貢獻.

부하 가운데 동수(佟壽)나 곽충(郭充)이 고구려로 도망갔다고 적고 있다.[392] 그렇다면 모용인의 반란과 관련 있는 사람과 그 가족이 대동강 지역으로 도망 왔을 가능성도 있다고 할 수 있다.

그렇다면 평양역 고분의 주인으로 추정되는 동리는 고구려로 도망갔던 동수와 성명(姓名)이 비슷하므로 선비족 계통으로 볼 수 있고, 4세기대 대동강 지역으로 도망한 모용인의 반란과 관련 있는 인물일 가능성이 크다. 동리의 관직명은 '遼東韓玄菟太守嶺'으로, 명예직이지만 동리가 태수로서 담당하는 지역은 요동군(遼東郡), 한(韓), 현토군(玄菟郡)이다. 요동군과 현토군 지역은 낙랑군의 위치로 볼 때, 지금의 요녕성 북서부와 남서부 지역일 가능성이 크다. 이 지역은 모용 씨 부족의 활동 지역에 해당한다. 단, 한(韓)의 위치가 삼한(三韓) 지역을 의미하는지, 아니면 또 다른 어떤 지역을 의미하는지는 앞으로 연구를 통해 밝혀야 한다. 그리고 평양역 고분의 축조 시기가 명문 벽돌로 새겨진 대로 353년인 점은 동리가 모용인의 반란과 관련 있는 인물일 가능성을 뒷받침하고 있다.

『수서(隋書)』「백제전(傳)」을 보면 "사람들은 신라(新羅)·고려(高麗)·왜(倭) 등이 섞여 있으며, 중국 사람도 있다."라고 기록되어 있다.[393] 그리고 『남제서(南齊書)』「백제전」을 보면, 백제는 중국 남조(南朝)인 남제(南齊)에 공로가 있는 사람에게 관직을 내려달라는 표문을 자주 보냈음을 알 수 있다. 관직을 내려달라는 사람의 관직명과 내려달라는 관직명을 정리하면 다음과 같다.

---

392 『資治通鑑』卷九十五 晉紀十七 顯宗成皇帝中之上 咸康二年
　　 皝先爲斬其帳下之叛者, 然後賜仁死. 丁衡·游毅·孫機等, 皆仁所信用也, 皝執而斬之, 王冰自殺. 慕容幼·慕容稚·佟壽·郭充·翟楷·龐鑒, 皆東走, 幼中道而還, 皝兵追及楷·鑒, 斬之, 壽·充奔高麗
393 『隋書』「東夷列傳」百濟其人雜有新羅·高麗·倭等, 亦有中國人.

▶ 『남제서』의 백제 관직명

성명	기존 관직명	수여 관직명
高達(고달)	行建威將軍 廣陽太守 兼 長史 (행건위장군 광양태수 겸 장사)	假行龍驤將軍 帶方太守 (가행룡양장군 대방태수)
楊茂(양무)	行建威將軍 朝鮮太守 兼 司馬 (행건위장군조선태수 겸 사마)	假行建威將軍 廣陵太守 (가행건위장군 광릉태수)
會邁(회매)	行宣威將軍 兼 參軍 (행선위장군 겸 참군)	假行廣武將軍 淸河太守 (가행광무장군 청하태수)
慕遺(모유)	行龍驤將軍 樂浪太守 兼 長史 (행룡양장군 낙랑태수 겸 장사)	
王茂(왕무)	行建武將軍 城陽太守 兼 司馬 (행건무장군 성양태수 겸 사마)	
張塞(장새)	兼 參軍 行振武將軍 朝鮮太守 (겸 참군 행진무장군 조선태수)	

　관직명은 모두 군(郡)의 태수(太守) 관직으로, 그 군은 낙랑·대방·조선처
럼 한 4군과 관련 있는 것이 있고, 광양(廣陽)·광릉(廣陵)·청하(淸河)·성양
(城陽)처럼 한 4군과 관련 없는 것도 있다. 광양은 지금의 하북성 북부 지역,
광릉은 지금의 강소성(江蘇省) 동부 지역, 청하는 지금의 하북성 중부 지역,
성양은 지금의 산동반도(山東半島) 지역으로 추정된다. 이들은 당시 북위의
지명이라 하기 어렵고, 한과 서진(西晉)시대에 사용된 지명일 것으로 생각된
다.[394] 백길남은 이 지역들의 거주민이 2~4세기에 정치적 혼란을 피해 유민
이 되어 백제로 옮겨 살기 시작하자 백제는 이 유민들을 백제 군현과 별도로
그들이 거주했던 중국 군현을 영토 내에 설치해 안치(安置)하고, 그 지역에서
유력한 가문이나 사람에게 그 중국 군현의 태수 관직을 내려 통제·관리했다
고 추정한다.[395]

　이처럼 백제는 중국에서 유민이 되어 들어온 사람이 많았으며, 이들이 과

---

394 백길남, 「4~5세기 백제의 중국계 유이민의 수용과 태수호」, 『동방학지』 172, 연세대
　　학교 국학연구원, 6쪽 그림 1.

거 살던 지역과 같은 군현 이름과 권력 지배구조를 그대로 유지했다. 그러므로 평양 대동강면 무덤떼의 무덤 주인 일부가 중국에서 옮겨 들어와 살던 유민이나 그 후손일 가능성은 충분하다.

---

395 백길남, 「4~5세기 백제의 중국계 유이민의 수용과 태수호」, 『동방학지』 172, 연세대학교 국학연구원, 10-26쪽.

VI
결론

기원전 108년 한 무제는 위만조선을 멸망시키고, 그 영역에 4개의 군(郡)을 설치했다. 한 4군의 설치 위치는 고조선과 위만조선의 위치뿐 아니라 고구려와 백제의 초기 중심지를 고증하는 중요한 근거로, 한국 고대사에서 매우 중요한 문제로 인식된다. 현재 한 4군의 설치 위치는 낙랑군(樂浪郡)을 중심으로 추정되고 있는데, 이는 낙랑군의 설치 위치를 추정할만한 기록이 다른 3군보다 많이 남아 있기 때문이다.

낙랑군의 설치 지역은 조선 후기의 역사 지리 관련 저술에서 한반도 대동강설, 요동설(중국 요녕성 요하 동쪽), 요서설(중국 요녕성 요하 서쪽), 이동설 등이 제기되었으나, 현재 통일된 의견은 없다. 그런데 일반적인 학설(通說)은 지금의 평안남도 평양시 대동강 일대를 중심으로 한반도의 서북 지역에 설치되었다는 '한반도 대동강설' 이다. 한반도 대동강설이 일반적인 학설로 자리잡게 된 이유는 평양 대동강 남쪽의 평지나 낮은 산지에 분포하는 평양 대동강면 무덤떼의 축조 집단이 낙랑군이라는 고고학 연구 결과 때문이다.

평양 대동강면 무덤떼는 1909년 세키노 등의 일본 학자에 의해 처음 조사된 후 일본과 북한에 의해 발굴·조사되었다. 1909년 석암동 고분을 발굴한 뒤, 무덤을 발굴·조사한 세키노 등의 일본 학자들은 축조 집단을 고구려로 추정했다. 그런데 중국에 남아 있는 고구려 무덤을 답사한 경험이 가진 도리이 류조(鳥居龍藏)는 반론을 제기하며, 축조 집단은 한 4군 낙랑군이라고 주장했다. 이마니시 류(今西龍)는 1909년 발굴·조사된 대동강면 고분(을)의 껴묻거리 중 '王□'가 새겨진 금동 테두리 장식(金銅釦)을 발견하고, 이것을 낙랑군 호족인 '왕 씨(王氏)'와 연결 지어 평양 대동강면 무덤떼의 축조 집단은 낙랑군 호족이라고 주장했다.

평양 대동강면 무덤떼의 발굴·조사 초기, 평양 대동강면 무덤떼의 축조 집단에 관한 주장은 다양했다. 그런데 1911년부터 1913년까지 진행된 평양과 황해도 지역에 대한 유적 조사에서 낙랑군 관련 유물이 수습되었다고 알려지면서 이 유물들을 근거로 하여 평양 대동강면 무덤떼의 축조 집단은 낙랑군으로 확정되었다.

그러나 1910년대 초반에 발굴·조사한 평양 대동강면 무덤떼의 무덤은 불과 5기에 불과해 고고학 자료보다 문헌 자료를 근거로 했다. 일본 학자들이 근거로 제시한 문헌 자료는 『수경주』와 『괄지지』다. 『수경주』는 중국 북위시대인 5세기대 역도원이 3세기에 편찬된 『수경』에 주석(註)을 단 것이다. 『수경』은 중국 내 하천의 발원지·경류지·합류지·입해지(入海地) 등을 간단히 적은 책이다. 『수경』은 『한서』 「지리지」 낙랑군 조(條)에 기록된 '패수(浿水)'를 대략 남북으로 흐르는 강으로 기록했다. 그러나 역도원은 "그 물은 서쪽으로 흘러 옛 낙랑 조선현을 지나는데, 즉 낙랑군의 치소이며, 한 무제가 설치한 것이고, (패수가) 서북쪽으로 흐른다."라는 기록과 "옛 지리지에서 말하기를, 패수는 서쪽으로 증지현에 이르러 바다로 들어간다라고 하였다."라는 기록을 근거로 하여 패수는 대략 동서 방향으로 흐르는 강이라고 주장했다. 이기록들을 원전(原典) 사서에서 그 내용을 재확인한 결과, 역도원이 이 기록들을 자의(恣意)로 고쳤다는 점을 확인했다. 『괄지지』는 당 태종의 넷째 아들인 위왕(魏王) 이태가 편찬한 지리서다. 『괄지지』 「동이전」은 "고구려 평양성은 한나라 낙랑군 왕험성으로, 즉 옛 조선이다."라고 적고 있다. 이 기록은 『괄지지』 이후 편찬된 중국 사서와 조선 초기에 편찬된 역사·지리 관련 저술에 그대로 답습되었다. 그리고 조선 초기에 편찬된 역사·지리 관련 저술에는 이기록과 함께 "고구려 평양성이 조선 평양부다."라는 내용이 추가되었다. 조선 평양부는 지금의 평양시 지역에 해당한다. 『괄지지』 기록과 조선 초기의 역사 지리 관련 저술 내용으로 인해서, 조선시대 이후 지금의 평양시 지역이 고구려 평양성, 한의 낙랑군 지역으로 인식되기 시작했다. 그러나 『괄지지』 기록과 조선 초기의 역사·지리 관련 저술의 내용은 그것과 교차 검증할 수 있는 역사서 기록을 찾을 수 없고, 기록에 대한 구체적인 근거도 찾을 수 없다.

1911년부터 1913년부터 수습되었다는 평양시와 황해도 지역의 낙랑군 관련 유물에도 문제점이 있다. 1911년부터 1913년부터 수습되었다는 낙랑군 관련 유물 중에서 대표적인 것이 '봉니'와 '황해도 용강군 비'다. 봉니는 대동강면 토성리 토성에서 출토된 것으로, '樂浪太守章'등의 글자가 새겨져 있었다. 이 봉니들은 모두 지표에서 수습되어 그 출처가 분명하지 않다는 지적이 있었다. 그래서 1935년과 1936년 조선고적연구회가 발굴·조사를 했고, 이 발굴·조사에서 또 봉니가 출토되었다. 그러나 봉니 출토 사실을 증명할 만한 사진, 도면 등 객관적인 자료가 없다. 황해도 용강군 비는 세키노가

1913년 황해도 용강군 지역에서 발견했다. 세키노는 비의 내용 중에서 '점제 (秥蟬)'라는 글씨를 확인하고, 이것을 낙랑군 속현인 점제현과 관련 지었다. 그러나 황해도 용강군 비는 발견할 당시에 똑바로 서 있었고, 비와 관련한 전설이 마을에 전해져 오는 등 1913년 이전에 발견될 수 있었을 가능성이 있다. 그런데도 1913년 이전의 향토지(鄕土志)나 지리서에는 한 번도 등장하지 않는다.

더구나 이 유물들을 수습한 세키노가 1910년대 중국 베이징 골동품점에서 한나라 유물을 많이 사들였다는 점에서, 그가 수습한 유물이 해당 지역에서 수습되었는지도 의심스럽다.

평양 대동강면 무덤떼를 축조한 집단을 추정하는 근거로 제시된 문헌 자료와 고고학 자료는 모두 신뢰성이 부족하거나 그 출처가 의심스럽다. 따라서 이들을 근거로 하여 평양 대동강면 무덤떼의 축조 집단을 낙랑군으로 확정할 수 없다. 따라서 평양 대동강면 무덤떼를 발굴·조사한 결과와 낙랑군 관련 문헌 자료를 재검토하여 평양 대동강면 무덤떼의 축조 집단을 새롭게 추정해야 한다.

평양 대동강면 무덤떼는 나무덧널무덤과 벽돌방무덤 두 가지 유형으로 구분할 수 있다. 나무덧널무덤은 땅을 수직으로 파서 무덤구덩이를 만들고, 그 안에 나무 각재로 덧널을 만든 뒤 덧널 안에 널을 안치한 무덤이다. 평양 대동강면 지역의 나무덧널무덤은 무덤구덩이의 바닥 위에 나무 각재로 바닥 (床)을 만들고, 그 위에 나무 각재를 쌓아 덧널 벽면을 만들었다. 무덤에 따라 나무 각재에 점토 또는 받침목을 두어 지하수나 빗물이 덧널 안으로 스며들어 오는 것을 막으려고 했다. 덧널 벽면 바깥과 무덤 구덩이 사이에도 무덤에 따라 벽돌, 점토, 자갈 등을 채워 지하수나 빗물이 덧널 안으로 스며들어 오는 것을 막으려고 했다. 천장은 발굴·조사를 할 때 이미 썩어 있어서 자세히 알 수 없었지만, 덧널 바닥에 떨어진 나무 각재 잔해로 보아 나무 각재를 덧널 벽에 걸쳐 천장으로 삼은 것으로 추정된다. 무덤에 따라 천장이 받는 압력을 분산하기 위해 기둥이나 들보를 설치하기도 했다. 평양 대동강면 지역 나무덧널무덤의 특징은 그 평면 형태가 '井'자 모양을 하고 있다는 점으로, '귀틀식 나무덧널무덤'으로 불린다.

벽돌방무덤은 낮은 언덕을 수평을 파거나 땅을 수직으로 파서 무덤구덩이를 만들고, 그 안에 벽돌로 방(室) 형태의 무덤방을 만든 뒤 그 안에 널을 안치한 무덤이다. 벽돌방무덤은 무덤방에 널문과 널길을 설치해 외부 공간과 통할 수 있게 만들었다. 그래서 나무덧널무덤에 비해 도굴에 취약해 발굴·조사를 할 때 이미 도굴당한 벽돌방무덤이 많았다. 평양 대동강면 지역의 벽돌방무덤은 무덤구덩이 바닥 위에 민무늬 벽돌로 삿무늬 모양으로 깔아 바닥을 만들고, 그 위에 기하학무늬 벽돌을 3횡1종 방식으로 쌓아 벽면을 만들었다. 벽면은 바깥에서 전해지는 압력을 견디기 위해 약간 바깥으로 볼록한 배흘림 모양으로 했다. 천장은 발굴·조사를 할 때 대부분 무너져 있는 상태였지만, 일부 무덤에서 위로 갈수록 점차 좁아지는 사각뿔대 모양을 한 점이 확인되어 사각뿔대 모양이었던 것으로 추정한다. 평양 대동강면 지역의 벽돌방무덤은 무덤방이 하나인 외방무덤이 대부분이지만, 무덤방이 2개인 두방무덤이나 무덤방이 여러 개인 여러방무덤(多室墓)인 것도 있다. 두방무덤의 평명 형태는 '呂' 모양이 많다. 평양 대동강면 지역 벽돌방무덤의 특징은 무덤방 벽면이 배흘림 모양을 한 것으로, 본 글에서 '배흘림식 벽돌방무덤'으로 정의했다.

'귀틀식 나무덧널무덤'는 칠기, 질그릇, 청동 거울, 말갖춤, 수레갖춤, 꾸밈구슬 등 다양하고 화려한 껴묻거리가 출토되었지만, '배흘림식 벽돌방무덤'

는 칠기, 청동 거울, 질그릇 등이 출토되어 '귀틀식 나무덧널무덤'에 비교해 껴묻거리의 수량이 적고, 공예 수준도 낮다는 것을 알 수 있다.

평양 대동강면 무덤떼의 축조 시기는 기년(紀年)이 새겨진 껴묻거리와 청동 거울로 추정할 수 있다. 청동 거울은 한(漢)의 양식으로, 한에서 제작되어 평양 대동강면 지역으로 수입되었다. 한의 청동 거울은 그 등장과 유행 시기가 연구되어 현재 한나라 무덤이나 유적 연구의 시기를 추정하는 데 활용되고 있다.

'귀틀식 나무덧널무덤'에서 기년이 새겨진 껴묻거리는 칠기로, 일부 칠기에 한의 연호가 새겨져 있다. 칠기에 새겨진 한의 연호 가운데, 시기가 가장 빠른 것은 석암리 제194호 무덤에서 출토된 '始元 二年'칠이배로, 기원전 85년에 해당한다. 가장 늦은 것은 오야리 제20호 무덤에서 출토된 '永平 四十年'칠이배로, 기원후 71년에 해당한다. '귀틀식 나무덧널무덤'에서 출토된 한의 청동 거울 중에서 시기가 가장 빠른 것은 소명경으로, 기원전 1세기에 등장해 기원 전후까지 유행했다. 칠기의 기년(紀年)과 한의 청동 거울의 유행 시기를 종합하면, '귀틀식 나무덧널무덤'의 축조 시기는 대략 기원전 1세기 후반 이후로 추정할 수 있다.

'배흘림식 벽돌방무덤'에서 기년이 새겨진 껴묻거리는 벽돌이다. 봉산 태봉리 제1호 무덤의 '大歲 戊申年'은 348년에 해당하고, 평양역 고분의 '永和九年'은 353년에 해당한다. '배흘림식 벽돌방무덤'에서 출토된 한의 청동 거울 중에는 반룡경과 기봉경이 있고, 2세기 후반에 등장했다. 벽돌의 기년(紀年)과 한의 청동 거울의 유행 시기를 종합하면, '배흘림식 벽돌방무덤'은 대략 2세기 후반에 축조되기 시작해 4세기 후반에도 계속 축조된 것으로 추정할 수 있다.

평양 대동강면 무덤떼의 축조 시기와 구조 및 껴묻거리를 바탕으로 한 무덤과 비교해 보면 다음과 같다.

중국의 나무덧널무덤은 전국(戰國)시대인 기원전 5세기부터 등장했다. 한의 나무덧널무덤은 대형 무덤의 경우 서안과 낙양을 중심으로 하는 지역에서 기원전 2세기부터 축조가 줄어들고, 중소형 무덤의 경우 지역에 따라 차이를 보이지만 대체로 동한 초기인 1세기 초반부터 축조가 줄어든다. 한나라의 벽돌방무덤은 대형 무덤의 경우 서안과 낙양을 중심으로 지역에서 기원전 2세기부터 축조되었고, 중소형 무덤은 지역에 차이가 있지만 대체로 동한 초기인 1세기 초반부터 축조된 것으로 추정된다. 한 무덤의 축조 시기와 평양 대동강면 무덤떼의 축조 시기를 비교해 보면, '귀틀식 나무덧널무덤'은 한의 나무덧널무덤보다 약 400년 늦고, '배흘림식 벽돌방무덤'은 한의 벽돌방무덤보다 약 150년 늦다.

지리적으로 가까워 교류의 가능성이 큰 요동반도 남단 지역의 한 무덤과도 축조 시기에서 차이가 있다. 이 지역에 있는 한의 나무덧널무덤의 등장 시기는 기원전 3세기에서 2세기 중반으로, '귀틀식 나무덧널무덤'보다 약 200년에서 100년 빠르다. 이 지역에 있는 한의 벽돌방무덤의 등장 시기는 기원전 1세기 대로, '배흘림식 나무덧널무덤'보다 약 100년 정도 빠르다.

무덤의 형태나 껴묻거리도 한나라 무덤과 다르다.

한의 나무덧널무덤의 평면 형태는 '상자형 칸막이덧널'으로, 'ㅁ'자 모양을 하고 있다. 반면 평양 대동강면 지역의 나무덧널무덤은 '井'자 모양을 하고 있어 차이가 있다. 한의 벽돌방무덤은 무덤방 벽이 직선으로 되어 있고 천장은 돔(Dome) 모양이 많다. 반면 평양 대동강면 지역의 벽돌방무덤의 무덤방 벽이 바깥으로 약간 볼록한 배흘림 모양이고 천장이 사각뿔대 모양이라는 점에서 차이가 있다. 그리고 한의 벽돌방무덤이 등장한 초기는 공심 벽돌을 사용한 벽돌방무덤이 유행하는데, 평양 대동강면 지역의 벽돌방무덤 중에서 공심 벽돌을 사용한 벽돌방무덤은 확인되지 않는다.

한의 벽돌방무덤은 창고·부뚜막·우물 모양의 소형 명기와 가옥 모양의 도제 명기(陶樓)가 출토된다. 반면 평양 대동강면의 '배흘림식 벽돌방무덤'은 부뚜막 모양 소형 명기만 출토되고, 가옥 모양 도제 명기(陶樓)는 출토되지 않는다. 또 한의 벽돌방무덤은 인물, 동물, 식물 등을 새긴 그림 벽돌이 사용되기도 했지만, '배흘림식 벽돌방무덤'은 이러한 그림 벽돌이 없고 기하학무늬 벽돌이 대부분이다.

그리고 문헌 자료와 고고학 자료를 재검토한 결과, 낙랑군은 설치될 때부터 폐지될 때까지 하북성 북부 지역에 있었음을 알 수 있다.

『사기』「조선열전」을 보면, 위만은 패수(浿水)를 건너 진이 비어둔 땅(空地)에 살다가 왕험성(王險城)에 도읍했다. 위만이 건넌 패수는 고조선과 한의 경계로, 한은 고조선과 연(燕)·진(秦)의 경계인 장성(長城)이 지키기에는 멀리 있어서 그 경계에서 물러나 패수를 고조선과의 경계로 삼았다. 패수는 2,000년 전의 지명으로, 그 위치를 추정하기 어렵지만, 연과 진의 장성은 『사기』 등의 역사서에 그 범위를 추정할 수 있는 기록이 있다. 한은 연과 진의 장성이 멀어 뒤로 물러나 패수를 경계로 삼았으므로 연과 진의장성 안쪽에 있다. 그래서 연과 진의 장성의 기점을 추정한다면, 그 장성의 기점 안쪽지역에서 패수를 찾을 수 있다.

『사기』 등의 역사서를 검토한 결과, 연과 진의 장성 구간 가운데 고조선의 경계인 동쪽 끝은 지금의 중국 하북성 창려현 갈석산(碣石山)으로 확인된다. 고조선과 한의 경계인 패수는 이 연과 진의 장성 안에 있으므로 창려현 갈석산 안쪽 지역에서 경계가 될 만한 하천은 난하(灤河)뿐이다. 그러므로 위만조선은 이 난하의 동쪽 지역에 있었다고 할 수 있다. 위만조선이 하북성 북부 지역과 요녕성 남서부 지역에 있었다면, 낙랑군도 이 지역에 있었을 것이다. 『태강지리지』 등의 역사서도 낙랑군 수성현에서 진의 장성이 시작되었다고 하는데, 그 기점이 갈석산이라고 한다. 따라서 낙랑군은 이 갈석산 일대를 중심으로 중국 하북성 북부 지역과 요녕성 남서부 지역에 있었다고 할 수 있다.

고고학 자료도 문헌 자료와 일치한다. 1993년 대릉하 유역의 태집둔향 옛 고성에서 '臨屯太守章'가 새겨진 봉니가 발견되었고, 2001년 북경시에서 낙랑군 호적(戶籍)을 가진 '한현도'라는 사람의 무덤이 발견되었다.

이상 검토한 내용을 종합하면, 평양 대동강면 무덤떼의 축조 집단이 낙랑군과 연관성이 있다고 하기 어렵다. 평양 대동강면 무덤떼의 축조 집단은 기원전 1세기 후반부터 4세기까지 한반도에 존재한 집단 중에서 찾아야 한다.

기원전 1세기 후반부터 4세기까지 한반도에 존재한 집단 중에서 평양 대동강면 무덤떼의 축조 집단으로 추정할 수 있는 집단은 '마한'과 '백제'다.

마한 풍습 가운데 '구슬을 귀중히 여겨 구슬을 몸과 옷에 붙이고 다니는' 풍습이 있었다고 한다. 귀틀식 나무덧널무덤과 배흘림식 벽돌방무덤에서 공통으로 다양한 재질과 모양의 꾸밈구슬이 출토되었다는 점에서 마한의 풍속과 일치한다. 그런데 마한은 덧널을 사용하지 않고 널만 사용하는 장례 풍습을 가졌고, 『삼국사기』에 따르면, 마한은 백제가 건국한 기원전 1세기 후반 이전부터 존재했다고 하므로 귀틀식 나무덧널무덤의 등장 시기와 일치하지 않는다.

백제는 마한 땅에서 건국되었고 마한을 멸망시켰으므로 구슬과 관련한 마한의 풍습이 백제에도 전해졌을 가능성이 크다. 이러한 가능성은 백제 무령왕릉에서 다양한 재질과 모양의 꾸밈구슬이 대량으로 출토되었다는 점에서 확인할 수 있다. 『삼국사기』에 따르면, 백제의 건국 시기는 기원전 18년으로, 귀틀식 나무덧널무덤의 등장 시기와 대략 일치한다.

평양 대동강면 무덤떼 중 오야리 19호 무덤에서 사신(四神)이 새겨진 금동 널 장식 금구가 출토되었는데, 백제 무덤인 송산리 6호 무덤에서 또 사신도 가 확인된다. 송산리 6호 무덤은 무령왕릉과 같은 시기인 5세기 전반의 무덤 으로, 고구려의 벽화무덤보다 빠르다. 사신도를 공통의 문화 요소로 평양 대 동강면 무덤떼의 축조 집단과 백제를 연결 지어 볼 수 있다.

귀틀식 나무덧널무덤에서 출토된 껴묻거리의 문화 계통으로 보면, 흉 노·한·동남아시아·재지(在地) 문화까지 다양하다. 이것은 평양 대동강면 무 덤떼의 축조 집단이 원거리 해상 교역을 활발히 했고, 이를 뒷받침하는 정치 력과 발달한 제도를 가졌다고 할 수 있다. 백제는 건국 초기부터 강력한 정치 력과 발달된 제도를 가졌음을 기록을 통해 확인할 수 있고, 많은 연구를 통해 백제가 건국 초기부터 활발한 해상 교역을 했다는 점이 밝혀졌다.

이상 검토한 내용을 종합하면, 평양 대동강면 무덤떼의 축조 집단은 백제 일 가능성이 크다. 평양 대동강면 무덤떼의 축조 집단이 백제라면, 지금의 평 양시 지역은 백제 한성(漢城)일 가능성이 있다. 1924년 평양시 대동강면 무 덤떼를 조사했을 때 1,300기가 넘었다고 한다. 고대 사회에서 대형 무덤은 왕족과 귀족 등 특정 계급에 국한된 것이므로 특정 지역에 대형 무덤이 집중 적으로 존재하는 것으로 미루어볼 때 그 지역이 집단의 중심지였을 가능성이 크다고 볼 수 있다.

현재 학계에서 백제 한성으로 보는 지역은 지금의 서울시 송파구 몽촌토성 이다. 그러나 그 근거가 되는 문헌 자료와 고고학 자료에서 문제점이 확인된다. 『고려사』, 『조선왕조실록』 「세종실록지리지」는 지금의 서울 강남 3구(서초·강남·송파) 지역과 경기도 하남시와 광주시 일부 지역을 포함하는 지역이 백제 한성(漢城)이라고 적고 있다. 그 이유는 이 지역이 신라 한주(漢州) 지역으로, 한주란 지명이 한성에서 유래되었다고 추정되기 때문이다. 그리고 한강 일대를 중심으로 한반도 중부 지역에는 돌무지무덤(積石塚)이 많이 존재하는데, 이 돌무지무덤은 백제 초기의 주된 무덤으로 추정된다. 돌무지무덤은 고구려 무덤 형식이지만 백제 온조왕이 고구려 출신이기 때문이다. 그러나 한반도 중부 지역의 돌무지무덤은 모두 고구려의 전형적인 돌무지무덤 형식과 다르고 그 시기도 3세기 이전으로 올라가지 않는다. 백제의 건국 시기인 기원전 18년과 일치하지 않는다. 백제 한성의 위치에 대해 다양한 추정을 할 수 있으며, 백제 한성이 지금의 평양시 지역일 가능성도 충분히 있다.

평양 대동강면 무덤떼의 축조 집단이 백제일 가능성이 크다. 그런데 귀틀식 나무덧널무덤에서 '오관연(五官掾)'이나 '낙랑태수연(樂浪太守掾)'처럼 한 관직명이 새겨진 나무 도장이 출토되었고, 배흘림식 벽돌방무덤의 일부 무덤 주인이 '대방태수 장무이(張撫夷)'나 '요동한현토태수령 동리(佟利)'로 추정된다. 이것은 낙랑군과 현토군에서 대동강 지역으로 옮겨 온 군(郡)의 호족(豪族) 및 거주민과 연결 지어 설명할 수 있다. 낙랑군과 현토군의 호족과 거주민이 대동강 지역으로 이동한 시기는 총 세 차례로 구분할 수 있다.

첫 번째 시기는 1세기대다. 이 시기는 왕망의 신(新) 건국으로 한의 지배력이 약해진 시기다. 이때 일부 낙랑군 호족은 정치적 독립을 목표로 난을 일으켰지만, 동한의 토벌과 내부 분열로 결국 실패로 돌아갔다. 그러자 일부 낙랑군 호족은 고구려가 낙랑군을 공격해 오자 고구려에 호응해 고구려가 낙랑군을 멸망시키는 데 협조했다. 그러나 한이 다시 낙랑군을 차지하면서 고구려에 협조한 낙랑군 호족 일부는 한의 보복을 피해 주변 지역으로 옮겨갔을 것이다. 그 망명지 가운데 대동강 지역도 있었을 것이고, 대동강 지역으로 옮겨 온 낙랑군 호족 가운데 일부는 낙랑군에서 관직을 지낸 호족도 있었을 것이다. 석암리 제205호 무덤과 정백리 제127호 무덤의 주인은 생전에 '오관연'이나 '낙랑태수연'이란 낙랑군 관직을 지내다가 1세기대에 대동강 지역으로 옮겨 온 낙랑군 호족일 가능성이 있다.

두 번째 시기는 2세기대다. 이 시기는 고구려가 대규모 병력을 동원해 낙랑군과 현토군을 공격하고, 그 거주민을 포로로 잡아간 때다. 이 시기에 낙랑군과 현토군의 거주민은 고구려 공격을 피해 유민이 되어 주변 지역으로 옮겨 살았을 것이다. 대동강 지역은 낙랑군과 현토군 지역의 바다 건너에 있으므로 안전한 지역에 해당해 많은 유민이 옮겨와 살았을 가능성이 크다. 2세기대에 대동강 지역으로 옮겨온 유민은 그 규모가 크고, 다양한 사회적 배경과 직업을 가졌다. 그래서 자연스럽게 한 문화가 대동강 지역으로 전해졌고, 이때 한의 벽돌방무덤도 대동강 지역으로 전해졌을 가능성이 있다.

세 번째 시기는 4세기대다. 이 시기는 고구려가 대규모 병력을 동원해 낙랑군과 현토군을 다시 공격을 시작한 때이자 동시에 지금의 북경시(北京市) 지역을 중심으로 선비족 모용황이 전연(前燕)을 건국한 때다. 4세기대 대동강 지역으로 옮겨온 유민은 고구려의 공격과 5호 16국의 혼란을 피하려는 낙랑군과 현토군의 거주민과 전연 모용황의 정치적 보복을 피하려는 선비족 계통의 인물일 가능성이 있다. 봉산 태봉리 제1호 무덤의 대방태수 장무이(張撫夷)와 평양역 고분의 요동한현토태수령(遼東韓玄菟太守嶺) 동리(佟利)가 이때 대동강 지역으로 옮겨 와 살았을 유민이거나 그 후손일 가능성이 있다.

- 참고 문헌

1. 사서(史書)

『三國史記』
『高麗史』
『朝鮮王朝實錄』
『新增東國輿地勝覽』
『史記』
『漢書』
『後漢書』
『三國志』
『晉書』
『魏書』
『隋書』
『唐書』
『資治通鑑』
『遼史』
『水經注』
『括地志』

2. 고서(古書)

『星湖僿說』
『熱河日記』
『東國地理志』
『我邦疆域考』
『海東繹史』
『研經齋全集卷之十五』
『東國文獻備考』
『東國通鑑提綱』

3. 발굴조사보고서

조선총독부, 1915, 『朝鮮古蹟圖譜』一
朝鮮總督府, 1927, 『古蹟調查特別報告』第四冊
朝鮮總督府, 1920, 『大正六年度古蹟調查報告』.
東京帝國大學 文學部, 1931, 『樂浪』.
朝鮮總督府, 1935, 『昭和五年度古蹟調查報告』第一冊.
朝鮮古蹟研究會, 1934, 『古蹟調查報告 第一 -樂浪彩篋塚-』.
朝鮮古蹟研究會, 1935, 『古蹟調查報告 第二 -樂浪王光墓-』.
朝鮮總督府, 1932, 『昭和七年度古蹟調查報告』第一冊.
朝鮮古蹟研究會, 1934, 『昭和八年度古蹟調查報告』.
朝鮮古蹟研究會, 1936, 『昭和十年度古蹟調查報告』.
朝鮮古蹟研究會, 1938, 『昭和十二年度古蹟調查報告』.

樂浪漢墓刊行會, 1974, 『樂浪漢墓第1冊-大正十三年度發掘調査報告書』.
樂浪漢墓刊行會, 1974, 『樂浪漢墓第2冊』.
국립중앙박물관, 2001, 『鳳山 養洞里 塼室墓』日帝強占期資料調査報告 2.
국립중앙박물관, 2002, 『平壤 貞柏里 8·13號墓』.
유네스코동아시아문화연구센터, 2003, 『朝鮮古蹟研究會 遺稿 Ⅲ』.
국립공주박물관, 『武寧王陵 新報告書 Ⅳ -출토 유물1(옥석류)』, 2018.

4. 한국 자료
국립중앙박물관, 2007, 『낙랑』, sol
김원룡, 1973, 『韓國 考古學 槪說』, 일지사
숭실대학교 한국기독교박물관, 2013, 『한국기독교박물관 소장 낙랑 유물』
이성규; 정인성; 이남규; 오영찬; 김무중; 김길식, 2006, 『낙랑 문화 연구』 연구총서20, 동북
　　아역사재단
오영찬, 2006, 『낙랑군 연구』, 사계절
왕페이신(王培新); 오영찬 옮김, 2016, 『중국 고고학에서 본 낙랑고분』, 진인진
중앙문화재연구원, 2014, 『낙랑고고학 개론』, 진인진
한국고고학회, 2007, 『한국 고고학 강의』, 사회평론
황수영, 2014, 『일제기 문화재 피해자료』, 국외소재문화재단
黃曉芬 저; 김용성 역, 2006, 『한대의 무덤과 그 제사의 기원』, 학연문화사
G. 에렉젠; 양시은, 2017, 『흉노』 중앙문화재연구원 학술총서36; 동서문물연구원 학술총서 1,
　　진인진
국립공주박물관, 2018, 『武寧王陵 新報告書 Ⅳ -출토유물1(옥석류)』

강경구, 1993, 「樂浪漆器의 問題點」, 『한국상고사학보』 14, 한국상고사학회, 409-414.
강석구, 1988, 「平安·黃海道地方出土 紀年銘塼에 대한 硏究」, 『진단학보』 제65호, 진단학회,
　　1-28.
강인구, 1993, 「百濟 初期 都城 問題 新考」, 『韓國史研究』 제81호, 한국사연구회, 1-24.
강인구, 2008, 「公州水村里 백제 고분의 고찰-매장시설의 구조와 중요 유물을 중심으로」, 『한
　　국학논총』 30, 국민대학교 한국학연구소, 441-482.
공석구, 2015, 「中國歷史地圖集의 평양 지역까지 연결된 秦 長城에 대한 검토」, 『先史와 古代』
　　43, 한국고대학회, 137-168.
공석구, 2016, 「秦 長城 東端인 樂浪郡 遂城縣의 위치 문제」, 『韓國古代史研究』 81, 한국고대
　　사학회, 221-262.
공석구, 2017, 「청천강 유역까지 연결된 漢長城 東端 문제 고찰」, 『東北亞歷史論叢』 56, 동북
　　아역사재단, 6-46.
공석구, 2019, 「요서 지역으로 옮겨간 낙랑군의 추이」, 『白山學報』 115, 백산학회, 299-325.
국성하, 2004, 「일제강점기 일본인의 낙랑군 인식과 평양부립박물관 설립」, 『고문화』 63, 한국
　　대학박물관협회, 109-127.
권오중, 1984, 「樂浪郡의 設置 背景」, 『세종대학 논문집』 11, 세종대학교, 203-217.
권오중, 1985, 「樂浪郡의 民에 대하여」, 『東亞研究』 6, 서강대학교 동아연구소, 147-176.
권오중, 1988, 「樂浪郡의 支配構造」, 『人文研究』 10, 영남대학교 인문과학연구소, 105-134.

권오중, 1991, 「樂浪郡의 機能」, 『人文研究』 12, 영남대학교 인문과학연구소, 131-149.

권오중, 1999, 「樂浪 王光墓의 銅鏡」, 『釜大史學』 23, 부산대학교 사학회, 89-107.

권오중, 2004, 「중국사에서의 낙랑군」, 『韓國古代史研究』 34, 한국고대사학회, 19-40.

권오중, 2008, 「낙랑군 역사의 전개」, 『人文研究』 55, 영남대학교 인문과학연구소, 449-474.

권오중, 2009, 「'樂浪史' 時代區分 試論」, 『韓國古代史研究』 53, 한국고대사학회, 125-157.

권오중, 2011, 「요동 공손 씨 정권의 대방군 설치와 그 의미」, 『대구사학』 105, 대구사학회, 109-135.

김기섭, 2008, 「백제 한성 시기의 도성제 성립과 몽촌토성」, 『백제문화』 38, 공주대학교 백제문화연구소, 77-92.

김기섭, 2011, 「백제 漢城 都邑期 연구 동향과 과제」, 『백제문화』 44, 공주대학교 백제문화연구소, 5-36.

김남중, 2018, 「위만조선의 멸망과 1세기 이전 낙랑 지역에 대한 여러 인식」, 『한국사학보』 70, 고려사학회, 73-105.

김대환, 2016, 「조선총독부 고적조사 사업에서 후지타 료사쿠(藤田亮策)의 역할」, 『한국상고사학보』 91, 한국상고사학회, 121-141.

김성한, 2013, 「백제(百濟)의 요서(遼西) 영유와 "백제군(百濟郡)"」, 『역사학연구』 50, 호남사학회, 1-31.

김성환, 2014, 「한 군현을 둘러싼 한국 고대사의 몇 개 문제」, 『인문학연구』 50, 충남대학교 인문과학연구소, 85-119.

김영익, 1957, 「百濟 國都의 變遷에 對하여」, 『全北大 論文集』 1, 21-41.

김용국, 1983, 「하남위례성고」, 『향토서울』 41, 서울역사편찬위원회, 7-41.

김윤우, 1993, 「하북위례성과 하남위례성 考」, 『사학지』 26권, 단국사학회, 47-107.

김정학, 1981, 「서울 근교의 백제 유적」, 『향토서울』 39호, 서울역사편찬위원회, 7-18.

김창석, 206, 「중국계 인물의 백제 유입과 활동 양상」, 『역사문화연구』 제60집, 한국외국어대학교 역사문화연구소, 55-94.

노중국, 1987, 「百濟의 國家形成過程에 대하여」, 『한국학』 10, 한국학중앙연구원, 95-121.

노태돈, 1990, 「고조선 중심지의 변천에 대한 연구」, 『한국사론』 23권, 서울대학교 국사학과, 3-55.

문성재, 2016, 「중국 漢四郡 연구의 실태와 문제점」, 『국학연구』 20, 국한연구소, 2-49.

바오영챠오(包永超), 2018, 「樂浪 木槨墓의 棺槨制度 연구」, 『고고학』 17, 중부고고학회, 5-36.

박선희, 2009, 「평양 낙랑유적 복식유물의 문화 성격과 고조선」, 『단군학연구』 20, 단군학회, 143-189.

박선미, 2000, 「기원전 3~2세기 요동 지역의 고조선문화와 명도전유적」, 『선사와고대』 14, 한국고대학회, 139-166.

박성현, 2015, 「한서 지리지 낙랑군 3수의 비정에 대한 검토」, 『韓國古代史研究』 79, 한국고대사학회, 5-45.

박순발, 1995, 「한성백제 성립기 諸墓制의 編年檢討」, 『先史와 古代』 6, 한국고대학회, 1995, 3-21.

박순발, 2004, 「백제 토기 형성기에 보이는 낙랑 토기의 영향」, 『百濟研究』 40, 충남대학교 백제연구소, 59-72.

박순발, 2004, 「漢城百濟 考古學의 研究 現況 點檢」, 『고고학』 3-1호, 중부고고학회, 5-28.

박순발, 2013,「百濟 都城의 始末」,『중앙고고연구』13, 중앙문화재연구원, 1-34.

박준형, 2014,「기원전 3~2세기 고조선의 중심지와 서계의 변화」,『사학연구』제108호, 한국
　　사학회, 1-37, 2012.

박준형, 2014,「위만조선의 영역과 인구」,『白山學報』99, 백산학회, 109-143.

박해옥, 1994,「百濟前期都城『漢城』의 위치」,『應用地理』17, 성신여자대학교 한국지리연구소,
　　59-138.

백길남, 2015,「4-5세기 백제의 중국계 유이민의 수용과 태수호」,『동방학지』172, 연세대학교
　　국학연구원, 1-31.

복기대, 2004,「기원전 7_4세기 遼西 지역의 정치적 변화에 관하여」,『문학사학』제21호, 문화
　　사학, 1,077-1,100.

복기대, 2012,「한국사에서 백제의 의미」,『동북아 역사 속 우리 숨결』, 한성백제박물관 도록,
　　118-127.

복기대, 2016,「한군현의 문헌기록과 고고학 자료 비교-낙랑군을 중심으로」, 2016년 상고사
　　토론회-왕검성과 한군현 자료집, 동북아역사재단, 133-173.

복기대, 2017,「한 4군의 인식에 관한 연구1」,『몽골학』49, 한국몽골학회, 49-94.

복기대, 2018,「한 4군은 어떻게 갈석에서 대동강까지 왔나-한 4군 인식 2-」,『선도문화』25
　　권, 국제뇌교육종합대학원 국학연구원, 229-298.

서영수, 1988,「古朝鮮의 위치와 강역」,『한국사 시민강좌』2, 일지사, 19-50.

서영수, 1996,「衛滿朝鮮의 形成過程과 國家的 性格」,『韓國古代史硏究』9, 한국고대사학회,
　　91-130.

서영수, 1996,「衛滿朝鮮의 形成過程과 國家的 性格」,『한국고대사연구』제9권, 한국고대사학
　　회, 91-130.

서정석, 2013,「慰禮城과 漢山에 대하여」,『白山學報』제95호, 백산학회, 105-135.

서정석, 2019,「輕部慈恩의 공주 송산리고분군에 대한 인식 연구」,『호서고고학』43, 호서고고
　　학회, 32-59.

성주탁, 1983,「한강 유역 백제 초기 성지 연구」,『백제연구』14, 충남대학교 백제연구소, 107-
　　142.

손루(孫璐), 2012,「韓半島 北部地域 車馬具의 登場과 性格」,『한국상고사학보』76, 한국상고
　　사학회, 77-107.

송호정, 1994,「고조선의 국가적 성격」,『역사와 현실』제14권, 한국역사연구회, 122-151.

송호정, 2010,「古朝鮮의 位置와 中心地 문제에 대한 고찰」,『한국고대사연구』58, 한국고대
　　사학회, 19-60.

송호정, 2010,「한군현(漢郡縣) 지배의 역사적 성격」,『역사와 현실』78, 한국역사연구회, 37-
　　71.

신병곤, 1991,「樂浪郡 위치에 관한 考察」,『水原大文化』7, 수원대학교 교지편집위원회, 184-
　　193.

신용민, 1991,「西北地方 木槨墓에 관한 硏究(上)」,『考古歷史學志』7, 동아대학교 박물관, 159-
　　192.

신용민, 1992,「西北地方 木槨墓에 관한 硏究(下)」,『考古歷史學志』8, 동아대학교 박물관, 149-
　　192.

신용민, 2000,「樂浪郡지역 외래계 유물 출토 목곽묘 연구」,『考古歷史學志』16, 동아대학교

박물관, 79-95.

안정준, 2016, 「오늘날의 낙랑군 연구」, 『역사비평』 114, 역사문제연구소, 262-284.

안정준, 2017, 「1990년대 이후 한국학계의 낙랑군(樂浪郡) 연구현황과 문제의식」, 『인문학연구』 34, 경희대학교 인문학연구원, 99-125.

양아림, 2014, 「韓半島 出土 水晶多面玉의 展開 樣相과 特徵」, 『韓國考古學報』 93, 한국고고학회, 46-81.

오강원, 1998, 「고조선의 패수 (浿水)와 패수 (沛水)」, 『강원사학』 14권, 강원사학회, 61-88.

오세창, 1989, 「百濟 初都 慰禮城에 대한 연구」, 『향토사연구』 1, 한국향토사연구전국협의회, 49-56.

오영찬, 1996, 「樂浪郡의 土着勢力 再編과 支配構造」, 『韓國史論』 35, 서울대학교 인문대학 국사학과, 1-70.

오영찬, 2004, 「國立中央博物館 所藏 樂浪古墳 資料와 研究現況」, 『韓國古代史研究』 34, 한국고대사학회, 41-69.

오영찬, 2011, 「朝鮮古蹟研究會의 설립과 운영-1931~1932년을 중심으로」, 『한국문화』 55, 서울대학교 규장각 한국학연구원, 223-251.

오영찬, 2011, 「樂浪 金銀製 鉸具의 제작과 성격」, 『한국상고사학보』 72집, 한국상고사학회, 125-142.

오영찬, 2012, 「조선 후기 고대사 연구와 漢四郡」, 『역사와 담론』 64, 호서사학회, 1-35.

오영찬, 2013, 「'낙랑칠기' 연구와 식민지주의」, 『백제문화』 49, 공주대학교 백제문화연구소, 89-108.

오영찬, 2013, 「위만조선 및 낙랑군의 진변한 지역의 교섭」, 『梨花史學研究』 47, 이화사학연구소, 1-35.

오영찬, 2014, 「기원전 2세기대 서북한 고고 자료와 위만조선」, 『韓國古代史研究』 76, 한국고대사학회, 95-125.

오재진, 2006, 「西北韓地方 塼築墳의 展開過程」, 『중앙고고연구』 2, 중앙문화재연구원, 109-143.

오현수, 2018, 「『사기』 「조선열전」 기재 '秦故空地上下鄣'에 대한 검토」, 『한국사학보』 70, 고려사학회, 45-71.

유창종, 2016, 「와당으로 본 낙랑군」, 2016년 상고사 토론회-낙랑군의 위치 자료집, 동북아역사재단, 11-14.

윤무병, 1984, 「한강 유역에 있어서의 백제문화연구」, 『백제연구』 15, 충남대학교 백제연구소, 5-10.

윤무병, 1992, 「한강 유역에 있어서의 백제문화연구」, 『백제연구총서』 2권, 충남대학교 백제연구소, 17-26.

윤용구, 2010, 「낙랑·대방 지역 신발견 문자자료와 연구동향」, 『韓國古代史研究』 57, 한국고대사학회, 45-79.

이경미, 1992, 「樂浪古墳出土 漆器에 對한 一考察-」, 『한국상고사학보』 11집, 한국상고사학회, 7-95.

이기성, 2016, 「일제강점기 '古都'의 고적 조사」, 『역사와 담론』 79, 호서사학회, 1-39.

이남석, 2013, 「백제 적석총의 재인식-석촌동 백제 고분군의 묘제 검토-」, 『先史와 古代』 39, 한국고대학회, 39-69.

이덕일, 2017, 「낙랑군(樂浪郡) 조선현(朝鮮縣)의 위치」, 『역사와 융합』 창간호, 바른역사학술원, 45-81.

이도학, 1991, 「百濟의 交易網과 그 體系의 變遷」, 『韓國學報』 17, 일지사, 64-105.

이도학, 1992, 「百濟 漢城 時期의 都城制에 관한 檢討」, 『한국상고사학보』, 한국상고사학회, 25-47.

이도학, 2014, 「樂浪郡의 推移와 嶺西 地域 樂浪」, 『동아시아고대학』 34, 동아시아고대학회, 3-34.

이동희, 1998, 「남한지역의 고구려계 적석총에 대한 재고」, 『한국상고사학보』 28, 한국상고사학회, 95-146.

이병도, 1933, 「浿水考」, 『青丘學叢』 第十三號, 青丘學會, 110-136.

이병호, 2011, 「日帝强占기 百濟 故地에 대한 古蹟調査事業」, 『한국고대사연구』 61, 한국고대사학회, 113-155.

이유진, 2006, 「고대 누금세공(鏤金細工)기법의 전개와 발전」, 『기초조형학연구』 7, 한국기초조형학회, 375-384.

이정빈, 2016, 「한 4군, 과연 난하 유역에 있었을까?」, 『역사비평』 115, 역사비평사, 252-274.

이종욱, 1996, 「古朝鮮史의 展開와 그 領域」, 『白山學報』 47, 백산학회, 229-248.

이태호, 2003, 「三國時代 後期 高句麗와 百濟의 四神圖 壁畵」, 『고구려연구』 제16집, 고구려발해학회, 287-310.

이태희, 2015, 「조선총독부박물관의 중국 문화재 수집: 關野貞의 수집 활동을 중심으로」, 『미술자료』 87, 국립중앙박물관, 153-184.

이현혜, 1997, 「3세기 마한과 伯濟國」, 『백제연구총서』 5권, 충남대학교 백제연구소, 7-42

임기환, 2015, 「한 4군은 '어디에 있었나?' 그리고 '어떤 역사인가?'」, 『내일을 여는 역사』 60, 내일을 여는 역사, 164-180.

임영진, 2003, 「積石塚으로 본 百濟 建國 集團의 南下過程」, 『先史와 古代』 19, 한국고대학회, 85-105.

임찬경, 2016, 「고려시대 한 4군 인식에 대한 검토」, 『국학연구』 20, 국한연구소, 50-110.

임찬경, 2017, 「『수경주(水經注)』를 통한 고구려 평양의 위치 검토」, 『국학연구』 21, 국학연구소, 88-132.

장우순·문치웅, 2018, 「고대 갈석산의 위치 연구」, 『단군학연구』 38, 단군학회, 123-162.

정상우, 2008, 「1910~1915년 조선총독부 촉탁(囑託)의 학술조사사업」, 『역사와 현실』 68, 한국역사연구회, 237-271.

정인성, 2006, 「關野貞의 낙랑유적 조사 연구 재검토-일제강점기 고분조사의 기억 1」, 『湖南考古學報』 24, 호남고고학회, 139-156.

정인성, 2010, 「대방태수 張撫夷墓의 재검토」, 『한국상고사학보』 69, 한국상고사학회, 39-69.

정인성, 2011, 「일제강점기의 낙랑고고학」, 『한국상고사학보』 71, 한국상고사학회, 149-170.

정인성, 2017, 「고고학으로 본 위만조선 왕검성과 낙랑」, 『제41회 한국고고학대회 발표문』, 한국고고학회, 54-80.

정재윤, 2012, 「중국계 백제관료에 대한 고찰」, 『사총』 77, 고려대학교 역사연구소, 1-32.

정재윤, 2018, 「중국 요서(遼西) 지역에 보이는 백제의 실체」, 『東北亞歷史論叢』 61, 동북아역사재단, 261-398.

조뷔종(趙法鍾), 2000, 「衛滿朝鮮의 崩壞 時點과 王儉城·樂浪郡의 位置」, 『한국사연구』 110,

한국사연구회, 5-28.

조원진, 2018, 「고조선과 秦나라의 대외관계 연구」, 『사학연구』 제129호, 한국사학회, 197-236.

조흥국, 2010, 「고대 한반도와 동남아시아 및 인도의 해양 교류에 관한 고찰」, 『해항도시문화 교섭학』 3, 한국해양대학교 국제해양문제연구소, 2010, 91-125.

주경미, 2011, 「몽골 출토 흉노시대 금속공예품 연구」, 『新羅文化』 37, 동국대학교 신라문화 연구소, 179-219.

주경미, 2014, 「낙랑 출토 금제 교구와 중앙아시아」, 『중앙아시아연구』 18, 중앙아시아학회, 113-139.

주경미, 2015, 「낙랑 고분 출토 금은제 공예품의 연구」, 『한국전통문화연구』 15, 한국전통문화 대학교 한국전통문화연구소, 261-308.

차용걸, 1981, 「위례성과 한성에 대하여」, 『향토서울』 39호, 서울역사편찬위원회, 21-51.

천관우, 1976, 「三韓의 國家形成(下)」, 『한국학보』 2, 일지사, 112-156.

최몽룡, 1988, 「夢村土城과 河南慰禮城」, 『백제연구』 19, 충남대학교 백제연구소, 5-12.

켄지 타카구(高久健二), 1992, 「樂浪墳墓의 階層性について」, 『한국상고사학보』 10, 한국상고 사학회, 325-362.

켄지 타카구(高久健二), 1992, 「韓國 出土 철모의 傳播過程에 관한 硏究-樂浪地域에서 南部 地域으로」, 『考古歷史學志』 8, 동아대학교 박물관, 113-147.

켄지 타카구(高久健二), 1994, 「樂浪 墳墓 埋葬 主體部에 대한 硏究」, 『考古歷史學志』 10, 동아 대학교 박물관, 403-469.

켄지 타카구(高久健二), 1994, 「韓中 古墳文化의 比較-한국에 있어서의 고분 출현기에 대한 검토를 중심으로」, 『石堂論叢』 20, 67-96.

켄지 타카쿠(高久健二), 1995, 「樂浪 古墳 出土의 銅鏡」, 『考古歷史學志』 15, 동아대학교 박물 관, 49-75.

켄지 타카쿠(高久健二), 2000, 「樂浪 彩篋塚(南井里 116號墳)의 埋葬 프로세스에 관한 연구」, 『考古歷史學志』 16, 동아대학교 박물관, 97-130.

한준령, 2014, 「漢城百濟期 都城 周邊 地域 文化의 一樣相」, 『文化史學』 41, 한국문화사학회, 33-68.

홍보식, 1993, 「樂浪博築墓에 대한 一考察」, 『釜大史學』 17, 부산대학교 사학회, 1-42.

황효분, 2005, 「한묘와 낙랑 분묘의 비교」, 『한국상고사학회 학술대회 논문집』, 한국상고사학 회, 1-28.

홍승현, 2015, 「後漢 時期 邊郡 통치의 변화와 樂浪郡」, 『한국사학보』 61, 고려사학회, 109-143.

켄지 타카구(高久健二), 1994, 『樂浪古墳文化 硏究』, 박사학위논문, 동아대학교 대학원

신용민, 1999, 『漢代 木槨墓 硏究』, 박사학위논문, 동아대학교 대학원

김두철, 2001, 『韓國 古代 馬具의 硏究』, 박사학위논문, 동의대학교 대학원

김은진, 2005, 『樂浪 古墳 出土의 漆器 硏究-平壤 石巖里 205號墳을 中心으로』, 석사학위논문, 동국대학교 대학원

양아림, 2014, 『한반도 출토 수정다면옥 연구』, 석사학위논문, 영남대학교 대학원

5. 일본 자료

關野貞, 1904, 『韓國建築調査報告』, 東京帝國大學工科大學/姜奉辰 譯, 1990, 『韓國의 建築과

藝術:韓國建築調査報告』, 産業圖書出版公社

關野貞, 1907, 「靑國河南陝西流行談」, 『地學雜誌』, 19卷 6號, 367-374.

關野貞, 1907, 「靑國河南陝西流行談」, 『地學雜誌』, 19卷 8號, 550-556.

關野貞, 1914, 「朝鮮に於ける樂浪帶方時代の遺跡」, 『人類學雜誌』第29卷 第10號, 日本人類學會, 379-391.

關野貞, 1914, 「朝鮮平壤附近竝滿洲輯安縣附近における樂浪及高句麗の遺蹟」, 『朝鮮敎育會雜誌』第25號, 1-22.

關野貞, 1917, 「樂浪時代の古墳」, 『朝鮮彙報』1月號, 26-40.

關野貞, 1917, 「新に發掘せる樂浪時代古墳」, 『考古學雜誌』第8卷 第1號, 1-16.

關野貞, 1925, 「樂浪の漆器」, 『史學雜誌』第36編 第6號, 史學會, 470-471.

關野貞, 1941, 「塼より見たる百濟と支那南北朝特に梁との文化關係」, 『朝鮮の建築と藝術』, 岩波書店, 476-490.

關野貞, 1941, 「樂浪郡治の遺址」, 『朝鮮の建築と藝術』, 岩波書店, 227-233.

關野貞, 1941, 「樂浪土城の封泥」, 『朝鮮の建築と藝術』, 岩波書店, 234-235.

關野貞, 1941, 「前漢永光三年の銅鐘」, 『朝鮮の建築と藝術』, 岩波書店, 257-261.

今西龍, 1912, 「大同江南の古墳と樂浪王氏との關係」, 『東洋學報』2-1, 東洋協會調査部/今西龍, 1972, 「大同江南の古墳と樂浪王氏との關係」, 『朝鮮古史の硏究』, 圖書刊行會, 277-290.

今西龍, 1912, 「百濟國都漢山考」, 『史學雜誌』第23編 第1號, 史學會, 58-71.

今村豊, 1933, 「樂浪古墳骨の一例」, 『人類學雜誌』第48卷 第1號, 38-42.

今村豊, 1935, 「樂浪王光墓發見人骨に就いて」, 『樂浪王光墓』古蹟調査報告第2, 63-67.

輕部慈恩, 1930, 「樂浪の影響を受けた百濟の古墳と塼」, 『考古學雜誌』第20卷 第5號, 324-334.

那波利貞, 1927, 「樂浪出土漆器銘文中の沿の字につきて」, 『史學雜誌』第38編 第6號, 史學會, 596-597.

內藤虎次郎, 1926, 「樂浪遺跡出土の漆器銘文」, 『藝文』17-1/內藤虎次郎, 1933, 「樂浪遺跡出土の漆器銘文」, 『讀史叢錄』, 弘文堂, 411-419.

內藤虎次郎, 1926, 「再び樂浪出土漆器銘文に就て」, 『藝文』17-4/內藤虎次郎, 1933, 「再び樂浪出土漆器銘文に就て」, 『讀史叢錄』, 弘文堂, 421-426.

大原利武, 1933, 「浿水考」, 『滿鮮に於ける漢代五郡二水考』, 近澤書店, 49-93.

稻葉岩吉, 1910, 「秦長城東端及王險城 考」, 『史學雜誌』第21編 第2號, 史學會, 35-48.

梅原末治, 1938, 「王莽時代の漆器銘文」, 『東洋史硏究』3號, 226-230.

梅原末治, 1934, 「漢代漆器紀年銘文集錄」, 『東方學報』第5冊, 207-222.

梅原末治, 1936, 「漢代漆器紀年銘文集錄補遺」, 『東方學報』第6冊, 315-318.

梅原末治, 1941, 「漢代漆器紀年銘文集錄 補遺第二」, 『東方學報』第11冊 4分冊, 85-91.

梅原末治, 1939, 「梧野里出土の推定せられる一群の遺物」, 『史林』24-2, 433-442.

梅原末治, 1924, 「朝鮮に於ける最近の考古學上の發見」, 『朝鮮』114, 朝鮮總督府, 1-14.

梅原末治, 1972, 「樂浪の文化」, 『朝鮮古代の文化』, 國書刊行會, 57-79.

梅原末治, 1924, 「北朝鮮發見の古鏡」, 『東洋學報』14-3, 357-411.

梅原末治, 1925, 「再び北部朝鮮發見の古鏡に就いて」, 『東洋學報』第15卷 2號, 235-279.

白鳥庫吉, 1912, 「漢の朝鮮四郡疆域考」, 『東洋學報』2卷 2號, 東洋協會調査部, 125-182.

白鳥庫吉, 1921, 「漢の朝鮮四郡疆域考」, 『東洋學報』2-2, 東洋協會調査部, 125-181.

西川權, 1910, 『日韓上古史の裏面』, 偕行社.

松井等, 1909, 「秦長城東部の位置につきて」, 『歷史地理』 13卷 3號, 日本歷史地理學會, 255-269.

藤田亮策, 1925, 「樂浪の古墳と遺物(1)」, 『朝鮮』 120, 朝鮮總督府, 56-63.

藤田亮策, 1925, 「樂浪の古墳と遺物(2)」, 『朝鮮』 121, 朝鮮總督府, 35-46.

藤田豊八, 1926, 「問題の二語」, 『史學雜誌』 第37編 第9號, 史學會, 849-853.

栗山俊一, 1909, 「平壤及開城の古墳」, 『韓紅葉』, 度支部建築所, 13-17.

原田淑人, 1926, 「樂浪出土漆器の銘文に見ゆる䩹工に就て」, 『史學雜誌』 第37編 第8號, 史學會, 775-778.

原田淑人, 1927, 「再び樂浪出土漆器銘文中の䩹字に就て并に牢の字に就て」, 『史學雜誌』 第38編 第6號, 史學會, 553-556.

鳥居龍藏, 1910, 「洞溝に於ける高句麗の遺跡と遼東に於ける漢族の遺跡」, 『史學雜誌』 第21編 第5號, 史學會, 38-72.

津田左右吉, 1912, 「浿水考」, 『東洋學報』 2卷 2號, 東洋協會調查部, 211-227.

田澤金吾, 1926, 「東京帝國大學文學部の樂浪古墳發掘(上)」, 『史學雜誌』 第37編 第1號, 史學會, 55-63.

田澤金吾, 1926, 「東大文學部の樂浪古墳發掘(中)」, 『史學雜誌』 第37編 第2號, 史學會, 148-164.

田澤金吾, 1926, 「東大文學部の樂浪古墳發掘(下)」, 『史學雜誌』 第37編 第3號, 史學會, 261-271.

樋口隆次郎, 「朝鮮半島に於ける漢四郡の疆域及沿革考(第1回)」, 『史學雜誌』 第20編 第12號, 史學會, 1428-1454.

6. 중국 자료

內藤虎次郎, 1926, 「樂浪遺跡出土之漆器銘文考」, 『北京大學研究所國學門月刊』 1-1, 34-38.

容庚, 1926, 「樂浪遺跡出土之漆器銘文考」, 『北京大學研究所國學門月刊』 1-1, 39-42.

原田淑人/馬衡, 1926, 「關於朝鮮樂浪古墓發掘之通信」, 『北京大學研究所國學門月刊』 1-1, 43-44.

原田淑人 先生 作·姚薇元 譯, 1930, 「樂浪出土之畫象漆器」, 『清華周刊』 第33卷 第7-8期, 522.

于臨祥, 1958, 「營城子貝墓」, 『考古學報』 제71, 中國科學院, 71-95.

朱永剛, 2000, 「錦西邰集屯小荒地出土的曲刃青銅短劍與屠何故城」, 『文物春秋』 제51, 河北博物院, 6-10.

谷麗芬 王爽, 2016, 「遼寧邰集屯古城址發現的"臨屯太守章"封泥」, 『北方文物』 제38, 北方文物雜志社, 38.

尙珩 金和天, 2019, 「北京市大興區三合庄東魏韓顯度墓」, 『考古』 1078, 118-120.

鄭君雷, 2019, 「《中國東北地區漢墓研究》舊稿檢討」, 『邊疆考古与民族史研究續集』, 科學出版社, 83-112.

孫丹玉, 2019, 『遼海地區漢墓研究』, 吉林大學 博士